세계지배세력에 의해
금지된 지식

돈의 비밀

FORBIDDEN KNOWLEDGE

SECRETS OF MONEY

이 상징물은 연준위가 발행하는 미국 1 달러 지폐 뒷면에 보이게 숨겨져 있습니다. 피라미드 꼭데기에 있는 전시안은 자신들은 가축같은 인류 위에 군림하며 모든 걸 볼 수 있다는 의미입니다. 밑에 있는 라틴어 'NOVUS ORDE SECLORUM'은 혼란으로부터 새로운 질서가 만들어진다는 뜻으로 자신들의 세계정부가 혼란 후 설립될 것임을 암시합니다.

세계지배세력에 의해 금지된 지식

돈의 비밀

초판 1쇄 인쇄 • 2020년 5월 5일
지은이 • 데이비드 김
펴낸이 • 데이비드 김
펴낸곳 • 디디케이 프로덕션
주 소 • 경기도 용인시 강남서로 98번길 7-5 404호
전화·팩스 • 031-308-2277
E-mail • ddkimusa@gmail.com

등록번호 • 제2018-000055
등록일자 • 2018년6월 18일

* 책값은 표지에 있습니다
* 잘못된 책은 바꿔드립니다

ISBN 979-11-964245-2-7

목차

들어가면서

지금 세계를 지배하는 세력은 시온주의 유대계 은행가들로 형성된 미국의 월스트리트와 영국의 시티 오브 런던에 위치한 대형 국제은행들을 소유한 금권세력입니다. 그리고 그들은 달러와 유로는 물론이고 전 세계의 돈을 그들이 소유한 스위스 바젤에 위치한 국제결제은행으로 통제하고 있습니다. 그들은 그들이 아무비용도 안 들이고 발행하는 돈으로 세계의 모든 정치인들을 매수했을 뿐 아니라 우리가 전 세계의 눈과 귀의 역할을 하는 것으로 믿고 있는 언론매체들과 학계까지 소유, 통제하고 있습니다.

미국에서 엘리트 교육을 받고 변호사로 활동하던 저 역시 제 나이 50이 될 때까지 그들에게 철저히 속고 살았습니다. 저는 2008년 리먼브라더스 사태가 가져온 금융위기를 계기로 약 5년 동안 인터넷에서 그들이 통제하는 교육기관과 언론에서 가르치지 않는 자료를 조사해 그들의 존재와 실체를 파악하게 됐습니다. 그리고 그 때부터 약 5년에 걸쳐 제가 알게 된 그들의 실체를 폭로하는 '세계지배세력이 진행 중인 정보전쟁' 을 저술해 2018년에 출간했습니다.

제가 감히 겁 없이 그들을 거론하는 책을 출간 할 수 있었던 이유는 2016년 트럼프 대통령과 미국의 애국자 군부세력이 주도한 (미국 대선을 이용한) 혁명으로 미국 안에서 정권을 그들로부터 합법적으로 탈환했기 때문입니다. 그러나 이 엄청난 역사적 사건 역시 그들의 언론과 학계가 은폐하는 바람에 세계는 알지 못했습니다.

그 때부터 트럼프정부는 지배세력이 미국 안에 심어 놓은 숨은 정부와 치열한 보이지 않는 전쟁을 벌여왔습니다. 그들의 숨은 정부를 형성하고 있는 연방검찰과 연방수사국은 물론 국가 정보조직 CIA가 총동원돼 그들의 도구인 언론의 가짜뉴스로 트럼프를 탄핵시키려 했습니다. 그러나 그들이 조작한 가짜뉴스가 거짓이라는 게 드러나 그들의 정보전을 이용한 쿠데타는 실패했습니다. 그 결과 그들이 오히려 트럼프에 의해 제거될 국면에 처해져 있습니다.

그런데도 우리는 이 엄청난 사실을 모르고 있습니다. 그 이유는 지배세력의 도구에 불구한 대한민국 언론도 진실 된 정보를 국민들로부터 은폐하고 있기 때문입니다. 진실을 알아야만 우리도 세계지배세력이 만들어 놓은 패러다임 속에 살고 있다는 현실을 파악할 수 있습니다. 최근 우리 국민들이 촛불혁명으로 부패한 박근혜 정권을 하야시킬 수 있었던 이유도 그동안 대한민국을 통제하던 지배세력이 미국에서 트럼프를 막느라 겨를이 없었기 때문입니다. 지금도 그들의 통제를 받는 언론은 그들의 숨은 정부를 형성하고 있는 검찰과 보수 정치인들과 결탁해 국민들의 뜻을 받들고 그동안의 적폐를 청산하려는 현 정부의 노력을 방해하고 있습니다.

저는 이미 제가 저술한 '정보전쟁' 에서 그들이 어떻게 인류를 그들이 만들어 놓은 거짓 패러다임 속에 가두어 놓고 마치 미개인들 다루듯이 지배해 왔는지를 폭로했습니다. 그러나 마치 바다 속의 물고기가 바다를 볼 수 없듯이 대부분의 사람들이 우리가 지금 지배세력이 만들어 놓은 매트릭스 속에 살고 있다는 제 주장을 허황된 음모론 정도로 받아들이고 있는 게 현실입니다.

문제는 지금 미국 안에서 트럼프가 벌이고 있는 정보전쟁은 우리 경제와 직접적인 관련이 있어 그 사실을 인지하는 것이 시급하다는 점입니다. 트럼프 정부가 지배세력을 상대로 벌이고 있는 정보전쟁의 궁극적 목표는 그들의 지배를 가능하게 했던 달러 발권력을 소유한 연준위를 해체함과 동시에 미국정부가 지고 있는 도저히 갚을 수 없는 부채를 평가 절하된 새로운 달러로 교체하는 방법으로 조정할 계획이기 때문입니다.

달러는 세계 기축통화이기 때문에 달러의 재평가는 말 그대로 세계화폐개혁입니다. 달러에 의해 그 가치가 산정되는 원화 역시 하향 조정될 수밖에 없습니다. 그러므로 지금까지 우리가 사용해 온 화폐의 가치가 평가절하 된다는 말은 지금의 경제체제에 속한 많은 기업들이 구조 조정되고 지금까지의 경제 질서가 재편성될 것을 예고합니다. 그러한 변화에 적응하는 동안 대한민국을 포함한 세계 경제는 당분간 어려운 과도기를 겪어야 합니다.

이 엄청난 사실을 이해하기 위해서는 지금까지 세계지배세력이 숨겨온 돈에 대한 지식을 알아야 합니다. 그들이 일찍부터 그들의 돈으로 소유, 통제하는 데 성공한 언론과 학계로 인류가 돈의 지식을 배우는 것을 금지해 왔습니다. 제가 졸업한 시카고 대학 경제학과에서마저 돈이 어떻게 창조되는 지에 대한 지식을 가르치지 않아 저 역시 2008년 금융위기에 대한 탐구를 시작하고 나서야 알게 됐습니다.

그러므로 소위 대한민국의 내로라하는 경제 전문가들도 그 지식을 모를 뿐 아니라 알아야 할 필요성마저 인식하지 못하고 있습니다. 그래서 그들은 1997년 외환위기, 2000년 닷컴 붕괴, 2008년 리먼브라더스 사태를 단 한 번도 예고하지 못했던 것입니다. 그런데도 우리는 아직도 그 전문가들이 언론에서 논하고 있는 허황된 경제 분석에 의존하고 있습니다. .

그러므로 제가 이 책에서 소개하는 돈의 숨겨진 지식과 그들이 어떻게 그 지식을 이용해 그들이 구축해 놓은 달러 통화체제로 세계를 돈으로 지배해 왔는지를 아시게 되면 트럼프 정부가 준비하고 있는 세계화폐개혁이 불가피하다는 사실을 당연지사로 받아들이시게 될 것을 확신하는 바입니다.

부디 진실 된 정보로 무장하시어 다가오는 경제 과도기를 슬기롭게 대처하시기를 바랍니다.

2020년 4월 20일
데이비드 김 드림

1. 돈이 창조되는 원리

보이지 않는 금융제국의 존재

우리가 제일 먼저 알아야 하는 사실은 이미 세계지배세력은 아무 정부의 제재를 받지 않고 그들이 완벽하게 통제하는 세계금융제국을 설립해 놓았다는 점입니다. 그러므로 한국전쟁 이후 뒤늦게 세계경제에 합류하여 외화벌이를 위해 앞만 보고 달려온 우리는 우리가 그들이 구축해 놓은 통화체제 속에 살고 있다는 사실조차 감지하지 못하고 있습니다. 그리고 그들은 달러로 전 세계를 경제적으로 지배해 왔습니다.

이 세계금융제국의 총본부는 바젤 스위스에 위치한 BIS라고만 알려진 국제결제은행 (Bank for International Settlements)입니다. 세계 모든 중앙은행들의 금리와 준비금의 비율을 결정하는 BIS는 세계지배세력이 소유한 (주주의 정체가 비밀로 돼있는) 사유은행입니다. 이 세계중앙은행들의 중앙은행인 BIS는 바젤 스위스에 위치하고 있으나 스위스 정부의 제재를 받지 않는 독립된 기관으로 세계 어느 정부도 법적 관할권이 없습니다.

미국의 연준위, 유럽의 ECB, 일본의 Bank of Japan, 영국의 영국중앙은행, 심지어 대한민국의 한국은행까지 BIS가 임의적으로 정하는 준비금 비율과 어떤 자산을 준비금으로 보유할 수 있는 지에 대한 규정을 따르고 있습니다. 그 뿐 아니라 미국의 증권거래소, 에너지 선물 거래소, 상품 선물 거래소, 심지어 국가부채와 기업부채의 신용등급을 매기는 무디스, 피치 같은 신용등급사들 모두도 그들이 사유로 소유하고 있습니다.

은행들이 빚으로 창조하는 돈

우리가 아는 것과 달리 중앙은행이 돈을 발행하는 것이 아닙니다. 중앙은행은 모든 은행들의 전산망에 입력된 예금주나 대출자의 계좌에서 돈을 이체할 때 그 거래를 결제해주는 역할을 담당하고 있습니다. 중앙은행의 가장 중요한 역할은 대출 금리를 수시로 변동해 국가의 통화 공급량 (Money Supply)을 조절하는 것입니다. 금리를 낮출 경우 대출의 수요가 늘어나 더 많은 대출이 일어나 돈의 공급양이 늘고 반대로 금리를 올릴 경우 대출의 수요가 줄어들어 돈의 공급양이 축소되는 방법으로 조절하는 것입니다.

2008년 미국 발 금융위기 시처럼 비상시에는 '양적완화' 정책으로 연준위가 직접 돈을 창조할 수 있으나 평상시에 돈은 은행들이 여신을 일으킨 대출로 '창조'되는 것입니다. 그러므로 시장에서 공급되는 모든 통화량은 은행들이 여신 (credit)을 일으킨 금액을 대출자의 계좌에 컴퓨터 키보드로 입력해 줌과 동시에 창조되는 것입니다. 그렇게 입력된 금액을 중앙은행이 돈으로 인정해 주는 것이고 그렇게 창조된 돈이 시장에 유통되는 것입니다. 그러므로 돈은 대출, 즉 빚으로 창조되는 것입니다.

현금거래에 쓰고 있는 동화는 기본통화 (Base Money)라고 합니다. 원래 미국의 달러는 1913년 연준위가 설립되기 전에는 재무부의 금 보유량에 근거해 존재하던 통화입니다. 그래서 1933년 법으로 국민들이 금을 소유하는 것을 금지하기 전에는 0.9675 온스로 된 $20불 짜리 금동전이 존재했고 지패에는 금으로 태환할 수 있다고 기재돼 있었습니다. 그러나 금소유가 금지된 1934년부터 미국 국민들은 금동전을 반납하고 연준위가 발행하는 법정화폐(Fiat Currency)로 교환해야 했습니다.

이 기본통화를 지패와 동전의 수요에 따라 조폐공사가 인쇄하는 것입니다. 그러므로 지폐의 공급량은 은행들이 여신으로 창조하는 돈의 공급량에 비해 매우 작은 양입니다. 그러나 연준위가 창조하는 기본통화도 여신(credit)으로 창조되기는 마찬가지이기 때문에 은행들이 창조하는 달러처럼 빚에 불구합니다. 실제로 유통되고 있는 달러 지폐의 총 액수는 약 400억 불이고 동전은 약 280억 불에 불과하기 때문에 수십 조 달러의 달러 공급량에 비해 극 소량입니다. 모든 은행들은 전체 예금에 최소 2%를 현금으로 보유하고 있게 돼있으나 이는 지켜지지 않고 있습니다. 그래서 예금주들이 동시에 현금을 인출하려고 할 경우 은행들이 문을 닫아야 하는 것입니다.

그런데 은행들이 대출을 하며 여신(빚)으로 돈을 창조하지만 이자를 지불하기 위해 필요한 돈은 창조되지 않습니다. 그 말은 곧 은행대출의 이자를 상환하는 데 필요한 돈은 아직 존재하지 않으므로 더 많은 돈이 빚으로 창조돼야지만 빚을 상환하는데 필요한 돈이 시장에 생기는 것입니다. 즉, 돈의 양은 항상 빚을 창조하여 늘어나야만 하는 구조입니다.

그렇게 돈은 은행이 대출을 함과 동시에 무에서 창조하는 것이지 금고에 보관하고 있다가 빌려주는 것이 아니기 때문에 우리가 서부영화에서 보던 것과 달리 은행 강도들이 은행을 막상 털어봤자 은행의 금고에는 현금이 얼마 없으므로 수확이 없는 것입니다. 모든 은행이 보유하고있는 방 크기만 한 금고는 돈의 원리를 모르는 인류에게 마치 은행이 많은 양의 돈을 보관하는 것처럼 속이기 위해 설치된 것입니다.

경제학에서도 마치 은행이 예금주의 돈을 빌려주는 것처럼 가르칩니다. 경제학 교과서에 의하면 은행은 예금주가 입금하는 돈의 1/10을 준비금으로 보유하고 나머지 9/10을 빌려준다고 합니다. 왜 10을 다 보관하지 않고 1/10만 보유하고 9/10을 빌려줄 수 있는 지에 대해서는 설명하지 않습니다. 다만 1/10을 준비금으로 보유해야 하는 것은 은행법으로 제도화 된 부분준비금제도(Fractional Reserve System) 라고만 가르칩니다. 그러면서 은행은 예금주들이 입금한 예금을 빌려주는 사업을 하는 것처럼 속이는 것이고 저 역시 속았습니다.

실제로는 예금주가 입금하는 예금의 10배를 여신으로 일으켜 대출을 해 줌과 동시에 그 예금의 10배가 되는 돈을 창조하는 것입니다. 전체 대출금액의 1/10에 해당되는 예금을 준비금으로 보유하면 되기 때문입니다. 그 말은 은행들이 아직 시중에 존재하지 않는 돈을 연준위와 연결돼있는 컴퓨터 전산망에 설치돼 있는 그 은행의 원장에 입력함과 동시에 무에서 유로 마술처럼 창조되는 것입니다. 그러므로 우리가 공기와 물처럼 당연하게 쓰고 있는 돈은 그런 식으로 매일 은행들이 대출로 창조하고 있습니다. 물론 대출을 갚을 때에는 은행원장에서 그 금액이 '삭제' 됨으로 그만큼 돈의 양이 줄어듭니다.

부분준비금제도의 시초

이 무에서 아무비용도 안들이고 유로 돈을 창조하는 부분준비금제도가 어떻게 제도화 됐는지를 알기 위해선 은행들의 시작으로 거슬러 가야합니다. 원래 세계 어느 사회를 막론하고 인류 6,000년 역사상 거래의 수단인 돈은 금과 은이었습니다. 왜냐면 금과 은은 변하지 않을 뿐 더러 귀하기 때문입니다. 그런데 금과 은은 불편할 뿐 아니라 도둑을 맞을 우려가 있으므로 옛 상인들은 금과 은을 신뢰할 수 있는 보관 업자에게 맡기고 그 곳에서 발행하는 보관증을 대신 이용하여 거래하기 시작했습니다.

그 금과 은 보관증이 지금의 지폐의 역할을 한 것입니다. 그리고 그 금보관업에 종사하는 자들은 지금도 그러하듯이 주로 유대계 상인들이었습니다. 유대계 상인들은 일찍부터 금과 은 동전을 환전하는 사업에 종사했고 중세기에 종교로 유럽을 지배하던 교

황청은 고리대금업에 종사하는 것을 부도덕하다는 이유로 금지하면서도 교황청의 돈을 관리하던 유대계 상인들에게만 허용했습니다. 이 역시 돈에 대한 지식을 숨기기 위해서였습니다.

금 보관업을 하던 그들은 그들이 발행한 보관증을 금으로 환전하러 오는 상인들이 10명 중 1명도 안 된다는 사실을 발견했습니다. 그러므로 그들은 그들이 보관하는 금의 10배가 되는 보관증을 임의로 발행하여 9개의 존재하지 않는 금의 보관증을 빌려주어 이자를 벌었습니다. 숫자에 밝은 그들은 자신들에게 '예금' 해 둔 금의 10배가 되는 보관증을 발행하여도 단 1/10에 해당되는 준비금만 있으면 된다는 점을 이용했던 것입니다.

그러나 만의 하나 열 명 중 두 사람이 찾으러 올 때에는 그들이 구축해 놓은 조합으로부터 빌려서 대처하였고 그 조합이 그들 금보관업자들의 카르텔로 지금의 중앙은행인 셈입니다. 즉 부분만 준비금으로 보유하면 되더라는 의미에서 '부분준비금제도' 라고

명하게 된 것입니다. 일종의 속임수를 이용한 사기행각인 것입니다. 그러나 그들은 그 부분준비금제도를 당연하게 여기도록 인류를 세뇌하는데 성공해 지금까지 합법적으로 그 제도로 돈을 아무 비용도 안들이고 창조해 온 것입니다.

화폐 발권력을 은행가들이 사유로 소유하게 된 배경

그렇지만 왜 돈을 발행하는 발권력을 정부가 아닌 은행가들이 소유하게 됐는지를 알아야 합니다. 문민정부가 들어서기 전까지는 대한민국의 모든 은행은 정부 소유였습니다. 그러므로 문민정부가 들어서 민영은행들이 생기기 전에는 대한민국의 돈을 창조하는 권한은 정부가 독점했습니다. 그러나 은행이 가장 먼저 시작된 유럽에서는 돈을 창조하는 권한은 은행가들의 몫이었고 지금도 그러합니다. 그 것을 알기 위해서는 유럽의 최초 중앙은행인 영국은행의 시초를 알아야 합니다.

앞에서 금보관업에 종사하던 자들이 지금의 은행으로 발전했다고 했습니다. 그 이유는 유럽의 왕실도 금 보관업자들로부터 돈을 융통해야 했기 때문입니다. 봉건주의 시대로 시작한 왕건주의 사회에서는 농작물을 생산하는 토지가 부를 상징했습니다. 그러나 농작물은 제 철이 돼야 수확할 수 있었으므로 전쟁 시 군비를 조달하는 데 필요한 자금을 빌려서 융통해야 했습니다.

전쟁에서 승리할 경우에는 전쟁에서 확보한 전리품으로 빌린 자금을 갚을 수 있었지만 패할 경우에는 갚지 못했으므로 왕실의 신용은 떨어졌습니다. 그러므로 왕실은 금 대부업자들로부터 빌려서 조달해야 했습니다. 일찍부터 금보관업에 종사하던 그들은 왕이 발행하는 약속어음을 담보로 받고 그들이 사용하던 금 보관증을 빌려주었고 왕실은 그 보관증으로 전쟁에 필요한 군비를 조달하게 됐습니다.

숫자에 밝은 그들은 왕실을 움직여 자신들이 발행하는 보관증으로 백성들이 왕실에 받치는 세금을 징수하도록 설득했습니다. 그 말은 백성들이 세금으로 바치던 농작물을 그들의 보관증으로 환전한 후 그 보관증으로 세금을 내야 함으로 그들의 보관증이 법으로 정한 화폐로 둔갑했던 겁니다. 항상 자금이 필요했던 왕실은 어음, 즉 국채를 발행하면 됐고 그 어음을 못 갚더라도 세금으로 걷은 법정화폐로 둔갑한 보관증으로 이자만 갚아도 되므로 왕실은 얼마든지 필요한 자금을 은행가들로부터 빌릴 수 있게 됐습니다. 그 결과 왕실의 채무는 서서히 늘어났습니다.

왕실의 빚이 늘어나자 시중에 유통되는 보관증이 늘어났고 그 결과 그 보관증을 금으로 태환하러 오는 자들이 많아져 금 보관업자들이 보유한 금으로 태환해 주는 것이 불가능해 졌습니다. 그러자 왕실이 발행한 왕의 어음을 많이 보유하고 있던 보관업자들은 많은 어음을 주고 금을 빌려간 왕이 어음을 금으로 상환해 주지 못하여 금이 없다고 변명했습니다. 왕실도 왕의 명의로 그들에게 제공한 어음을 금으로 상환해주지 못하는 처지이다 보니 은행가들이 당면한 문제에 대한 책임이 있음을 인정해야 했습니다. 그때 그들은 왕에게 또다시 묘안을 냈습니다. 백성들이 국가의 최고

권력자인 왕이 보증하는 어음을 금 대신 받도록 법으로 정하는 것이었습니다. 그들에게 진 빚을 금으로 상환해 줄 능력이 없을 뿐 아니라 이미 그들의 자금에 전적 의존하게 된 왕실도 계속 그들의 자금으로 국가 재정을 꾸려나갈 수 있으므로 이를 수락했습니다.

그 때부터 그들은 보관증을 금으로 교환해 줘야 하던 의무를 그렇게 교묘하게 없애 원래 돈이었던 금 대신 왕실의 약속어음에 불과한 국채를 보관하면 됐던 것입니다. 실제로 그들은 1695년 최초로 영국의 윌리엄 왕이 허가해 준 중앙은행인 영국은행을 설립하여 그 은행이 발행하는 어음(지폐)을 법정화폐로 만드는데 성공했습니다. 그리고 영국왕실은 국가 어음, 즉 국채를 주고 영국은행이 '창조' 하는 화폐를 이자를 내고 빌려 쓰게 됐던 것입니다. 결국 영국왕실은 영국에서 융통되는 화폐 발권력을 대금업에 종사하던 유대계 상인들에게 넘겨주었고 그들은 그렇게 정부의 신용인 빚을 담보로 아무비용도 안들이고 그들의 금 보관증이었던 화폐를 발행하게 됐습니다.

1695년에 설립된 영국은행

그들은 이제 그들이 보유하던 금마저도 보유하지 않고 영국왕실의 신용을 바탕으로 왕이 소유해야 할 발권력을 갈취하게 됐던 것입니다. 그렇게 그들은 이제 왕의 신용인 어음을 받고 왕이 필요로 하는 자금을 빌려 주고 담보로 받은 어음의 10배, 20배의 보관증인화폐를 창조할 수 있게 됐습니다. 영국이 산업혁명으로 세계의 제국으로 발전하는 데 필요한 모든 돈을 창조하는 권한이 그들의 수중에 들어가 영국이 세계를 식민지화 하는데 필요한 군사자금 역시 빌려줌으로 그들은 대영제국으로부터 조공을 받는 실제 권력으로 부상한 것입니다.

1812년 영국연합군이 나폴레옹과의 워털루 전쟁 시 영국이 그 전쟁에 승리했다는 정보를 가장 먼저 입수한 후 영국이 패했다는 허위 정보를 흘려 영국의 국채 가격을 휴지 값으로 만든 후 헐값에 몽땅 인수해 영국은행의 대주주로 부상했던 은행가 메이어 로스차일드가 '내가 돈의 발권력을 소유한 이상 누가 왕이 되던 상관없다' 라는 말을 남겼던 대로 영국의 경제권은 영국의 돈을 창조하는 은행가들에게 넘어갔던 것입니다.

2. 돈으로 세계지배세력으로 부상

18세기 영국에서 시작한 산업혁명에 필요한 모든 자금을 영국은행을 소유한 그들이 무에서 창조한 영국 화폐로 대출해주게 됐고 그렇게 이자로 벌어들인 돈으로 대영제국의 모든 부를 차지할 수 있었습니다. 즉, 산업혁명이 필요로 하는 돈의 수요가 늘어나 아무비용도 안들이고 창조하는 돈을 기업들에 빌려주어 이자를 벌어들였고, 자신들이 설립한 동인도회사에게는 대출로 위장한 돈을 무한적으로 제공해 줌으로 동인도회사가 군대와 군함을 구매해 인도, 아프리카 같은 국가들을 식민지로 만들어 그 국가들의 부를 갈취했습니다. 반면에 그들이 창조하는 돈을 이자를 주고 빌려 써야 했던 영국제국은 왕실의 늘어나는 군사비용 때문에 국가 빚이 지하급수 적으로 늘어나 모든 정책을 그들 은행가들이 주문하는 대로 따라야 했습니다. 왕실의 가장 큰 채권자가 왕의 상전이 된 것입니다.

전 유럽의 중앙은행을 그런 식으로 소유하게 됐던 로스차일드를 비롯한 유대계 국제은행가들이 19세기에 대영제국을 포함한 모든 제국주의 국가들을 움직이는 실질적인 세계지배세력으로 부상했던 것입니다. 그러므로 그 후 19세기에 세워진 일본을 포함한 모든 제국들은 그들의 돈을 빌려 쓰는 그들의 경제 '식민지'에 불과했고 제국군대 역시 은행가들을 위해 존재하는 식민지 군대에 불과했습니다. 그러나 그들은 자신들의 소유한 은행들을 법인으로 만들어 실소유주인 자신들의 존재를 대중으로부터 숨겨 왔습니다. 대영제국이 제국주의 정책으로 벌어들인 모든 부는 고스란히 그들 손에 들어갔던 것입니다.

그런 식으로 그들은 인도, 아프리카, 아메리카를 식민지로 만들었고 그들이 소유한 동인도회사를 통해 아편장사, 노예장사 등 돈이 되는 모든 장사로 부를 축적했던 것입니다. 동인도회사는 자체 용병군대까지 소유하여 그들의 용병군대로 인도를 식민지화하고 지배하다가 인도 군인들이 혁명을 일으켜 통제가 불가능해지자 영국제국군대를 끌어들여 진압했습니다. 대영제국의 군대도 결국 그들의 군대나 다름 없었던 것입니다.

동인도회사 로고

같은 식으로 그 당시 가장 부유했던 중국을 상대로 교역에서 흑자를 내지 못하자 아편을 수출하는 방법으로 돈을 벌어들여 중국의 부를 약탈했습니다. 중국인구가 아편에 중독돼 중국의 청나라 왕실이 아편수입을 금지하자 그들은 영국의회를 설득해 영국제국군대를 끌어들여 중국을 진압하고 난징조약을 체결하고 홍콩, 마카오 섬을 갈취했습니다. 그 때부터 중국을 강제로 아편을 수입하게 만들어 중국의 돈이었던 은을 대량으로 벌어들이는 방법으로 중국의 부를 착취해 그 당시 세계에서 가장 부유했던 중국이 그들의 경제 식민지로 전락했던 것입니다.

미국 역시 돈으로 장악

우리가 알아야 할 사실은 북 아메리카에 위치한 미국 역시 원래 영국제국의 식민지였다는 사실입니다. 우리가 아는 것과 달리 미국은 청교도들이 제일 먼저 개척했던 것은 사실이나 실제로 미국을 독립한 미국의 조지 워싱턴 같은 창시자들은 영국귀족들의 자손들로 영국의 식민지 영토였던 버지니아에서 농장을 부여받아 흑인노예를 부리며 호화롭게 살던 자들입니다. 그러므로 미국이 영국으로부터 독립을 선언하게 된 진짜 이유는 미국에서 발굴된 은을 바탕으로 된 자체 통화를 사용하는 것을 1764년 영국 통화조례 법으로 금지하고 영국은행이 발행하는 화폐를 통화로 사용하게 법으로 강요했기 때문이었습니다.

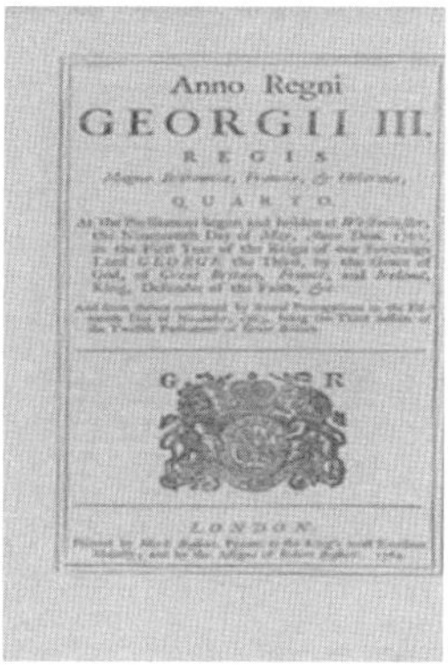
Anno Regni
GEORGII III.
REGIS
QUARTO.
G. R
LONDON:

그들은 이미 영국은행에 대해 알고 있었으므로 1776년 시작된 독립전쟁에 승리한 후 1787년 통과된 미국 헌법으로 미국의 통화는 금과 은으로 의회가 직접 발행하도록 정했었습니다. 그러나 그 당시 영국제국과 라이벌이었던 프랑스군의 도움으로 독립은 했으나 미국은 대영제국의 경제력을 대항하기에는 새롭게 출범한 신형국가로서 역부족이었습니다. 결국 독립전쟁 시 빌

미국 제일 중앙은행

렸던 전쟁 비용을 갚기 위해 초대 대통령인 조지 워싱턴은 결국 로스차일드에게 첫 번째 중앙은행의 설립을 허용해야 했습니다.

토마스 제퍼슨은 그 당시 은행가들은 국가의 통화량을 늘렸다 줄이는 방식으로 국민들의 부를 빼앗아 갈 수 있으므로 상비군보다도 더 국민들의 자유를 위협한다며 적극 반대하는 바람에 그 허가는 20년으로 국한 됐고 제퍼슨이 대통령이 된 후에는 재허가를 해주지 않았습니다. 1812년 일어난 영미 전쟁은 이에 반발한 로스차일드가 영국군대를 움직여 일으킨 전쟁이었습니다.

그 전쟁에서도 미국의 승리로 끝이 났으나 그 전쟁으로 인한 전쟁비용 때문에 자금이 바닥난 미국정부는 두 번째 중앙은행을 그들에게 허가해 주어야 했습니다. 그러나 아직 로스차일드의 존재를 알고 있고 1812년 영미전쟁에 참전했던 경력이 있던 앤드루 잭슨 대통령에 의해 그 은행도 1835년 폐지 됐습니다. 그만큼 미국의 창시자들은 지배세력의 은행들의 미국 진출을 적극 견제하며 저지했습니다.

그렇다고 세계를 지배하던 은행가들이 미국을 놔주지 않았습니다. 그들의 월등한 자금력과 영국의 산업혁명이 가능하게 한 기계화 된 제조업으로 미국을 경제식민지로 지배했습니다. 그들은 미국에서 수입한 원자재로 영국 공장이 가공한 완제품을 미국에 수출하는 방식으로 미국을 경제적으로 지배하려했습니다. 그러나 미국의 기업가들도 영국으로부터 기계를 사들인 후 영국에서 수입하던 제품들에 관세를 부과하는 보호무역으로 미국 자체의 제조업을 키웠습니다.

미국이 영국 산업과 경쟁을 할 수 있게 되자, 영국배후의 지배세력은 주로 목화농장을 운영하며 영국에 원자재를 수출하던 미국의 남부 주들을 부추겨 미국연합에서의 탈퇴를 유도했습니다. 미국의 경제적 발전을 방해하려는 그들의 계획을 알아차린 아브라함 링컨 대통령은 목화농장이 의존하고 있던 흑인 노예제도를 없앤다는 명분으로 남부의 탈퇴를 막는 남북전쟁을 일으켰습니다. 그러므로 우리가 아는 것과 달리 미국에서 일어난 내전은 경제 때문에 일어난 전쟁이었고 노예의 해방은 경제에 대해 무지한 국민들을 위한 명분에 불과했습니다.

전쟁이 길어지자 전쟁비용을 조달하는 수단으로 링컨대통령은 아직 세계를 지배하는 그들의 영국은행이 발행하는 화폐가 주통화였던 미국에서 미국정부가 직접 발행한 그린백이라는 돈을 직접 발행하는 방법으로 남북전쟁에 필요한 자금을 충당해 전쟁을 승리로 이 끌을 수 있었습니다.

남북전쟁이 종결되자 링컨은 지배세력의 예수회가 자신을 암살할 것이라고 예고했던 대로 암살당했고 감히 미국이 직접 발행하던 통화는 그 자체를 감추었습니다. 그의 암살자는 교황청으로 도피했고 그의 인도를 거부한 교황청과 미국은 수교를 끊었습니다. 1981년 레이건 대통령이 선출된 후 교황청과 수교를 재회했지만 끊겼던 원인은 학계나 언론에서 거론하지 않았습니다.

미국의 산업화를 막는 데는 실패하였지만 차선책으로 로스차일드가 그의 대리인 제이피 모건을 통해 미국에 설립한 민영은행으로 미국의 모든 산업에 필요한 자금을 무한으로 대출해주는 방법으로 미국의 석유산업, 철강 산업, 철도산업, 금융 산업 등 미국의 모든 경제 분야에 록펠러, 카네기 같은 악덕자본가들이 독점하도록 지원해 주어 미국의 경제를 그들 손에 넣었습니다. 그렇게 축적한 부를 이용해 미국정치자금으로 미국의 국회의원들은 물론 검찰과 사법부와 모든 정치인들을 매수하였고, 마침내 프린스턴 대학 총장을 지냈던 우드로 윌슨을 매수해 대통령으로 당선시킨 후 1913년 영국은행과 유사한 미국의 중앙은행인 연준위를 설립하는 법에 서명함으로 연준위가 발행하는 돈을 미국이 빌려 쓰게 만드는데 성공했습니다. 더 흥미로운

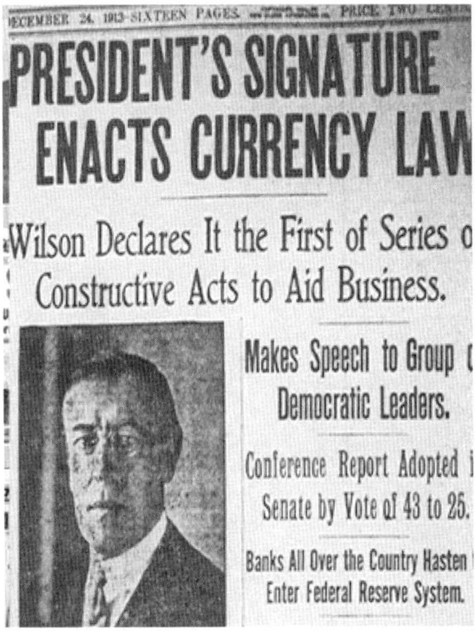
ECEMBER 24, 1913—SIXTEEN PAGES. PRICE TWO CEN

PRESIDENT'S SIGNATURE
ENACTS CURRENCY LAW

Wilson Declares It the First of Series o
Constructive Acts to Aid Business.

Makes Speech to Group o
Democratic Leaders.

Conference Report Adopted i
Senate by Vote of 43 to 25.

Banks All Over the Country Hasten
Enter Federal Reserve System.

사실은 그들이 같은 해에 미국의 국세청(IRS)을 수립해 국민들로부터 소득세를 부과했다는 점입니다. 그들에게 빌려쓰는 돈에 대한 이자를 충당하기 위한 조치였습니다. 그 때까지 미국에는 소득세가 없었고 그런 법을 통과시키려면 2/3애 해당하는 주들의 국민투표로 승인됐어야 함으로 소득세는 헌법에 위배됐습니다.

그들은 그 때부터 아무비용도 안들이고 창조하는 달러로 미국의 모든 언론매체들을 사들여 국민들을 그들이 조작한 허위 정보로 국민들을 정신적으로 지배하는 데도 성공했습니다. 연준위를 사유기관으로 설립해 그들에게 미국 달러의 발권력을 넘겨줘 그들에게 미국정부가 발행한 국채를 주고 그들이 발행하는 달러를 빌려쓰게 만든 법안은 미국 창시자들이 정부가 직접 돈을 창조하도록 하는 헌법과 위배됐지만 대법원을 포함한 그들에게 이미 매수당한 정치인들에 의해 미국의 국민들도 모르게 미국정부의 모든 경제권이 그들 손으로 넘어갔던 것입니다. 소수의 의식이 있는 의원들의 반대는 그들이 소유하고 통제하는 언론에서 은폐하여 국민들은 알지 못했습니다.

1929년 대공황으로 미국의 부 갈취

그렇게 미국 국민들을 위해 존재하는 것처럼 국민들을 속이는 데 성공한 연준위는 1920년대에 금리를 대폭 인하시켜 대출을 늘려 미국의 통화량을 증가시켰습니다. 돈의 양이 늘어나자 부동산과 주식가가 오르는 것 같은 착시현상이 일어났습니다. 자산 값이 오르는 게 아니라 돈의 양이 불어나는 바람에 돈의 가치가 희석돼 더 많은 돈이 한정된 부동산과 주식으로 몰리는 현상이 일어났던 것입니다. 이 사실을 모르는 국민들은 부동산과 주식 가가 오르는 줄로 착각하고 값싼 이자로 돈을 빌려 주식과 부동산에 투자했고 그렇게 '상승한' 자산가로 부자가 되었다고 믿고 돈을 흥청망청 소비하였습니다.

이것이 바로 미국의 창시자 토마스 제퍼슨 대통령이 은행가들이 그들의 고유의 '양털 깎기' 수법인 돈의 공급량을 팽창했다가 갑자기 수축시켜 국민들의 부를 갈취할 수 있다며 그들이 중앙은행 설립을 극구 반대했던 이유였습니다. 그가 우려한 대로 그들은 1929년 갑자기 금리를 대폭 인상시켜 통화량을 줄이는 방법으로 모든 대출을 갚지 못하는 기업들을 도산시켜 담보로 잡힌 자산들을 헐값에 인수하는 방법으로 미국국민들의 부를 갈취했습니다. 그렇게 그들은 자신들이 소유하지 않은 경쟁은행들을 모두 도산시키고 폭락한 기업들의 주식을 헐값에 인수하는 방법으로 미국의 대기업들을 모두 그들의 소유로 만들었습니다.

1933년 그 역시 지배세력에게 매수된 프랭클린 루스벨트 대통령은 미국 경제활성화를 위해서라는 명분으로 국회와 상의도 없이 대통령 명 6102로 미국 국민들의 금 소유를 불법으로 만들어 미국 국민들이 소유한 금을 1온스에 20.67불에 쳐주며 국민들로부터 몰수했습니다. 그 때부터 그들의 연준위는 미국의 달러

POSTMASTER: PLEASE POST IN A CONSPICUOUS PLACE—JAMES A. FARLEY, Postmaster General

UNDER EXECUTIVE ORDER OF THE PRESIDENT

Issued April 5, 1933

all persons are required to deliver

ON OR BEFORE MAY 1, 1933

all GOLD COIN, GOLD BULLION, AND GOLD CERTIFICATES now owned by them to a Federal Reserve Bank, branch or agency, or to any member bank of the Federal Reserve System.

Executive Order

For Further Information Consult Your Local Bank

GOLD CERTIFICATES may be identified by the words "GOLD CERTIFICATE" appearing thereon. The serial number and the Treasury seal on the face of a GOLD CERTIFICATE are printed in YELLOW. Be careful not to confuse GOLD CERTIFICATES with other issues which are redeemable in gold but which are not GOLD CERTIFICATES. Federal Reserve Notes and United States Notes are "redeemable in gold" but are not "GOLD CERTIFICATES" and are not required to be surrendered

Special attention is directed to the exceptions allowed under

를 금으로 보장하고 언제든지 20.67불에 1온스의 금으로 태환해주어야 하던 의무를 없앴습니다. 그 말은 미국국민들에게는 미국의 달러를 금 대신 미국정부가 발행하는 국채가 준비금인 이상 달러는 정부가 법으로 보장하는 돈인 법정화폐가 됐습니다. 그런 직후 그들은 1온스에 20.67불하던 금 값을 1온스에 35불로 올렸습니다. 국내에서는 그렇게 금을 태환해 주는 의무를 없앨 수 있었지만 아직 전 세계의 통화가 금본위제였던 관계로 국제무역에서는 금으로 태환해주는 의무를 유지했습니다. 그 대신 금값을 1온스에 35불로 '올려' (즉 달러를 금 대비 약 60% 평가 절하시켜) 세계무역에서 미국의 제품이 상대적으로 저렴하게 됨으로 미국 기업들의 수출경쟁력을 향상시켰습니다.

그러므로 우리가 대학에서 배운 것과 달리 미국의 중앙은행인 연준위는 미국국민들을 위해 존재하는 것이 아니라 연준위를 사유로 소유한 국제은행가들을 위해 존재하는 카르텔입니다. 이 말은 외형적으로는 국가경제를 위한 조직으로 행세하고 있으나 실제로는 오히려 국민들의 권익과 상반되는 정책으로 은행가들이 국민들의 부를 갈취하는 역할을 담당해 온 것입니다. 그러나 그들은 그렇게 아무비용도 안들이고 창조(발행)하는 돈으로 경제학자들과 금융 전문가들까지 매수하였고

그들이 소유한 언론에 그들을 출현시켜 연준위의 경제정책이 국민들에게 유익한 것처럼 속이고 있는 것입니다. 많은 경우 그런 전문가들 역시 돈의 원리를 몰라 자신들 역시 속고있다는 사실을 모르고 있습니다. 세계지배세력의 경제 식민지 국가에 불과한 대한민국이 같은 형편인 것은 말할 나위도 없는 것입니다.

3. 세계지배세력의 실체와 원천

1897년 시온주의 국제대회

세계지배세력은 로스차일드를 위시한 시온주의(Zionism)를 추구하는 유대계 은행가들로 형성돼 있습니다. 시온주의는 1897년 유대계 은행가들에 의해 창설된 조직으로 그 목적을 그들이 로마제국에 의해 추방됐던 고향이며 그들의 신이 약속했다는 팔레스타인을 되찾아 그 곳에 그들의 국가 이스라엘을 건국하는 것이었습니다. 그들은 1948년 팔레스타인을 침입하여 그 곳에 이스라엘을 건국함으로 그 목적을 달성했습니다.

문제는 그들의 목적이 거기서 끝나지 않는다는 사실입니다. 같은 시기에 작성된 그들의 비밀 병서인 '시온장로들의 의정서' 에는 돈으로 전 세계를 정복하는 계획이 소개돼 있습니다. 그들은 그 의정서에서 유대인 자신들은 가축과 다름없는 이방인들을 지배하도록 신에게 선택된 민족이라고 가르치고 있습니다. 자신들이 신에게 선택된 민족이라는 사실은 그들이 모든 국가들을 자국이 직접 발행할 수 있는 화폐를 자신들이 창조하는 돈을 빌려서 쓰게 만드는데 성공한 것이 증명한다고 자부했습니다. 그들은 세계를 정복하는 방법은 영토를 차지하는 게 아니고 돈을 이용해 경제적으로 지배하는 것이라고 가르쳤습니다. 그리고 그 목적을 달성하기 위해서는 국가들끼리 반감을 조성한 후 서로 전쟁을 하게끔 유도하라고 가르쳤습니다.

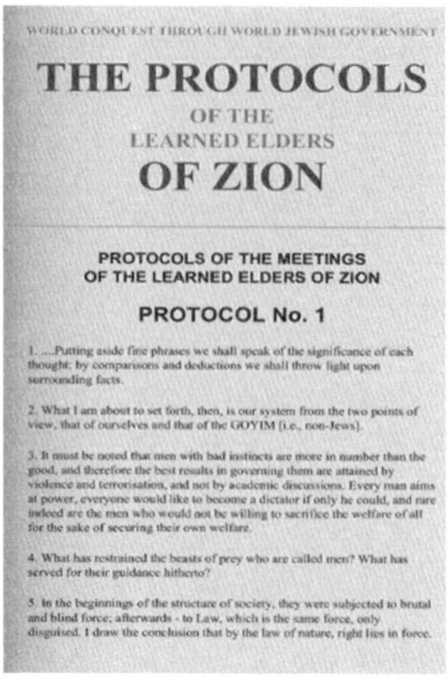

WORLD CONQUEST THROUGH WORLD JEWISH GOVERNMENT

THE PROTOCOLS OF THE LEARNED ELDERS OF ZION

PROTOCOLS OF THE MEETINGS OF THE LEARNED ELDERS OF ZION

PROTOCOL No. 1

1. ....Putting aside fine phrases we shall speak of the significance of each thought: by comparisons and deductions we shall throw light upon surrounding facts.

2. What I am about to set forth, then, is our system from the two points of view, that of ourselves and that of the GOYIM [i.e., non-Jews].

3. It must be noted that men with bad instincts are more in number than the good, and therefore the best results in governing them are attained by violence and terrorisation, and not by academic discussions. Every man aims at power, everyone would like to become a dictator if only he could, and rare indeed are the men who would not be willing to sacrifice the welfare of all for the sake of securing their own welfare.

4. What has restrained the beasts of prey who are called men? What has served for their guidance hitherto?

5. In the beginnings of the structure of society, they were subjected to brutal and blind force; afterwards - to Law, which is the same force, only disguised. I draw the conclusion that by the law of nature, right lies in force.

전쟁으로 돈을 버는 지배세력

시온주의자들은 시온주의를 창설할 당시인 1897년에 이미 자신들의 세계정복 계획을 달성하기 위한 3 차례의 세계전쟁을 예고했습니다. 그 때까지 세계적인 전쟁을 경험해 본 적이 없었음으로 그들의 예고는 뜬금없어 보였습니다. 그러나 실제로 그들의 예언대로 제 1차, 제 2차 세계전쟁이 유럽에서 일어났고 제 2차 대전의 종결과 함께 이스라엘을 건국했습니다. 그리고 그들은 마지막 전쟁이 될 제 3차 전쟁이 중동에서 이슬람을 상대로 일어날 것이라고 예고했던 대로 중동에서는 전쟁이 끊이지 않고 있습니다.

그들의 의정서에서 그들은 그들에게 빌려서 자국의 화폐를 발행하는 모든 국가들이 도저히 갚을 수 없는 빚을 지게한 후 정부가 돈을 과잉발행하게 만들어 하이퍼인플레이션으로 국민들이 보유한 화폐의 가치를 폭락시키는 방법으로 거지로 전락시킨 후 그들을 구제해준다는 속임수로 자신들이 설립할 세계정부의 지배 하로 들어오게 하라는 계획이 소개돼 있습니다. 그러므로 그들에게 돈은 세계정복을 하는 데 사용되는 최고의 무기인 것입니다. 그들은 돈을 가지고 학계와 언론을 장악해 인류를 정신적으로 지배하고 정치인들을 매수해 그들의 충직한 하수인들을 만들면 되기 때문에 돈이야 말로 세계정복을 위한 가장 막강한 무기라고 가르쳤습니다.

그들이 예고했던 대로 세계지배세력은 미국의 돈으로 제 1차 제 2차 대전에 필요한 자금을 양쪽에 대출해 주는 방법으로 세계전쟁을 일으켰습니다. 제 1차 대전이 연준위가 설립된 1913년의 다음해인 1914년에 일어난 것은 그러므로 결코 우연이 아닙니다. 돈 장사를 하는 그들에게 전쟁은 가장 수지맞는 장사입니다. 우리는 전쟁이 일어나는 바람에 대출을 상환하지 못해 은행들이 망하는 것으로 알고 있습니다. 그러나 정부에게 대출을 해주는 지배세력의 은행에게 전쟁은 가장 수지맞는 돈 장사입니다.

로스차일드의 가문을 시작했던 메이어 로스차일드의 대를 이은 다섯 형제의 어머니였고 그의 부인은 자신들의 자식들이 아니면 유럽에 전쟁은 사라질 것이라고 말했을 정도로 그 후에 일어난 모든 전쟁의 배후에는 은행가들이 있었고 지금도 그러합니다. 그들이 소유한 무기산업과 제조업으로도 많은 돈을 벌어들이는 것은 말할 여지도 없습니다. 그들은 전쟁 시에 필요한 무기는 물론이고 모든 생필품에 필요한 자금을 양 쪽에 대출해 주어 승리하는 국가로부터는 그들이 아무비용도 안들이고 창조한 돈에 대한 막대한 이자를 벌고 패하는 국가로부터는 승리한 국가들의 도움으로 패한 국가의 자산을 약탈하고 그래도 모자라는 돈은 그 국가가 재건하는데 필요한 자금을 새롭게 창조한 돈으로 대출 해주어 그 돈의 일부로 자신들에게 밀린 빚을 갚게 만듭니다. 그렇게 대출을 받은 국가는 이제 더 늘어난 대출에 대한 이자를 갚기 위해 온 국민이 일 해야 하는 경제 식민지로 전락하는 것입니다.

그들이 배후에서 일으킨 제1차 세계전쟁

HEIR TO AUSTRIAN THRONE ASSASSINATED;
WIFE BY HIS SIDE ALSO SHOT TO DEAT
EARLIER ATTEMPT ON THEIR LIVES FA

SLAYER A SERVIAN

대영제국의 배후에서 세계를 지배하던 지배세력은 영국제국의 패권을 위협하기 시작한 독일제국과 각 제국의 동맹국가들이 개입된 제 1차 세계전쟁을 일으켰습니다. 그들은 그 당시 독일제국의 동맹국인 오스트리아 헝거리 제국의 왕자 페르디난드가 영국의 동맹국 진영에 속한 세르비아를 방문 시 그들이 고용한 자객이 퍼디넌드 왕자를 암살해 그 자객이 오스트리아 헝거리의 지배를 거부하는 세르비아의 국민당의 소행으로 돌려 이에 분노한 오스트리아가 전쟁을 선포하게 만들어 미리 그들에 의해 두 진영으로 나뉘어져 있던 유럽 국가들이 각각 소속된 동맹을 위하여 전쟁에 가담함으로 세계전쟁으로 확산됐습니다. 그들은 그렇게 유럽을 두 진영으로 나누어 놓고 전쟁의 불씨는 그들의 언론이 그들이 배후에서 꾸민 '암살'을 대서특필로 보도하여 유럽 국가들을 선동하여 불붙였습니다.

그들이 시온주의 총회에서 예고했던 세계전쟁은 그러므로 그들의 돈으로 매수된 정치인들을 통해 전 유럽 국가들을 두 동맹으로 갈라놓았다가 그들이 기획, 연출한 암살을 한 쪽의 소행으로 돌려 이에 속은 쪽이 전쟁을 선포하게 만드는 일종의 이간질로 전 유럽을 전쟁으로 몰고 갔던 것입니다. 그들은 그런 식으로 세계를 두 대립되는 진영으로 분리시켜 서로 전쟁을 하게 만드는 구도를 만들어 제 2차대전도 일으켰고 제 2차 대전 후에는 냉전을 빙자해 공산주의와 민주주의 두 진영이 대립하는 구도로 만들어 놓고 그들의 돈으로 양쪽을 다 통제해 왔습니다.

제 1차 세계 전쟁은 유럽에서 뿐 아니라 그들의 식민지 국가들이 있는 중동, 인도, 아프리카 등도 개입된 세계전쟁이었습니다. 애초부터 전쟁을 할 마음이 없었다가 전쟁에 말려들었던 독일은 그들의 월등한 군사력으로 영국 동맹국가들의 군대를 소멸시켰습니다. 그 때 독일은 영국이 항복할 경우 독일이 빼앗은 유럽의 모든 영토를 되돌려주겠다는 조건으로 영국이 주도하는 연합군 동맹이 항복할 것을 제안했습니다. 이미 월등한 독일군대에게 완패했던 영국은 이 제안을 받아들여야 할 처지였습니다. 그 때에 지배세력은 영국이 전쟁에 승리할 수 있게 미국을 전쟁에 개입시켜주는 조건으로 영국이 차지하게 될 중동지역에 위치한 팔레스타인에 이스라엘을 건국하는 걸 허용해 줄 것을 요구했습니다. 지푸라기라도 잡아야할 처지인 영국정부는 당연히 수락하고 영국 외교장관 벨푸어는 지배세력의 수장인 로스차일드 앞으로 이스라엘의 건국을 허용하겠다는 '벨푸어 선언' 으로 알려진 서면을 보냈습니다. 그러자 그들은 미국 여객선 루시타니아호에 무기를 실어 운반하여 독일군함이 침몰시키게 유도한 후 이를 핑계로 미국이 독일과 전쟁을 선포하게 만들어 미국 군대를 전쟁에 개입시켰습니다.

Foreign Office,
November 2nd, 1917

Dear Lord Rothschild,

I have much pleasure in conveying to you, on behalf of His Majesty's Government, the following declaration of sympathy with Jewish Zionist aspirations which has been submitted to, and approved by, the Cabinet.

"His Majesty's Government view with favour the establishment in Palestine of a national home for the Jewish people, and will use their best endeavours to facilitate the achievement of this object, it being clearly understood that nothing shall be done which may prejudice the civil and religious rights of existing non-Jewish communities in Palestine, or the rights and political status enjoyed by Jews in any other country."

I should be grateful if you would bring this declaration to the knowledge of the Zionist Federation.

Yours sincerely,
Arthur James Balfour

The New York Times. EXTRA

LUSITANIA SUNK BY A SUBMARINE, PROBABLY 1,260 DEAD; TWICE TORPEDOED OFF IRISH COAST; SINKS IN 15 MINUTES; CAPT. TURNER SAVED, FROHMAN AND VANDERBILT MISSING; WASHINGTON BELIEVES THAT A GRAVE CRISIS IS AT HAN

미국을 전쟁에 개입시킨 루시타니아호의 침몰

이미 전쟁을 계속할 경제력이 소갈된 독일은거꾸로 영국에게 항복해야 했습니다.자신들은 오스트리아 헝그리와의 조약 때문에 전쟁에 말려들었던 죄 밖에 없는 독일은 무조건적인 항복을 했습니다. 독일제국은 시오니스트들이 이미 1897년에 독일 제국을 제거시키기로 예고한 제 1차 세계 전쟁에 그들이 배후에서 조작한 전쟁에 말려든 것이라는 사실을 모르고 국제 연맹에서 공평한 결정을 내릴 것을 믿고 무조건적인 항복을 했습니다. 그러나 국제 연맹은 베르사유 조약으로 독일의 빌헤름 황제가 하야하여 독일제국을 해체시키고 독일이 차지한 영토를 원상태로 돌리는 것을 기대했던 것과 달리 오히려 전쟁의 책임을 독일에게 씌워 독일의 영토 일부분을 빼앗고 독일이 도저히 갚을 수 없는 2천500

만 불이라는 (지금 돈으로 18조 달러) 전쟁배상금을 징수했습니다. 그 베르사유 조약에 미국과 독일의 대표로 각각 선정됐던 자들이 은행가 바르부르크 형제였다는 사실이 그들이 양 쪽을 다 지원해 주었다는 사실을 입증하고 있습니다. 폴 바르부르쿠는 미국 연준위의 이사였고, 맥스 바르부르쿠는 독일 중앙은행의 책임자였습니다. 바르부르쿠 가문은 원래 도시국가 베니스의 대부였던 델방코 가문의 후손입니다.

그렇게 엄청난 전쟁배상금을 감당할 수 없던 독일의 바이마르 공화국은 결국 돈을 과잉 발행하여 하이퍼인플레이션으로 망하여 파시스트 히틀러의 나치스가 부상할 수 있는 환경을 조성했습니다. 결국 그들은 제 2차 대전이 일어날 수밖에 없는 상황을 미리 기획했을 뿐 아니라 그 때부터 배후에서 그들의 자금으로 히틀러의 나치스를 경제적으로 지원했

습니다. 나치스 당은 그 당시 시오니스트 당과 합쳐 시오니스트의 경제지원에 힘입어 불과 7년 만에 유럽의 최고 산업국으로 발전했습니다. 나치스를 키워 그들이 예고했던 제 2차 대전으로 유럽을 장악하는 계획을 시작했던 것이고 제 1차 대전은 전쟁무대를 소련을 위시한 아시아까지 포함시키는 더 방대한 제 2차 세계대전을 위한 기반을 만드는 준비전쟁에 불과 했던 것입니다. 그들이 기획한 다음 전쟁은 독일을 파시스트 국가로 만들어 히틀러의 나치스로 유럽을 장악한 후 독일과 소련과의 전쟁을 일으키는 것이었습니다. 동시에 그들은 그들이 이미 키워놓은 일본제국으로 동남아시아를 장악한 후 만주를 공격해 중국을 전쟁에 끌어들이는 것으로 전 세계 국가들이 동원될 세계전쟁을 기획했습니다.

더 흥미로운 사실은 제 1차 대전이 끝난 지 얼마 안 돼 국제결제은행 BIS가 스위스 바젤에 설립됐습니다. 그런 후 제 2차 대전 중 스위스는 중립을 선언하였습니다. 그러며 그 은행의 이사로는 적대관계인 히틀러가 보낸 독일 나치스의 대표와 연합군인 영국, 불란서 등에서 보낸 대표들이 같이 이사로 활동했습니다. 그리고 히틀러의 나치스가 유럽의 국가들을 침략할 때 가장 먼저 한 일이 그 국가의 금을 보관하는 중앙은행에서 금을 약탈하는 것이었습니다. 그리고 그 약탈된 금은 BIS로 보내져 현금화하던지 예수회가 있는 교황청으로 옮겨졌습니다. 나치스를 조종하던

그들의 본부가 교황청이었기 때문입니다. 그렇게 하여 BIS는 독일과 영국 연합군 양 쪽이 필요로 하는 전쟁비용에 필요한 자금이 원활하게 돌아가도록 윤활유 역할을 담당했습니다.

제 2차 대전 동안 전 유럽을 침략하던 나치스가 조그만 스위스 국가가 중립을 선언한다고 존중한다는 것은 있을 수 없는 일이지만 그들이 만든 역사책에는 마치 이것이 당연한 것처럼 묘사돼 있어 우리는 속아왔습니다. 그 사실만으로도 세계 전쟁은 그들이 배후에서 조작한 전쟁이었다는 사실이 입증되는 정황입니다. 그리고 그 BIS은행은 지금까지도 전 세계 모든 중앙은행들의 수뇌부인 세계금융제국의 본부로 아무 정부의 제제를 받지 않는 독립된 기관으로 존재하고 있는 것입니다.

제 2차 대전을 우리는 미국의 우방인 영국연합군과 나치스 사이의 전쟁으로 알고 있습니다. 그러나 실제로는 독일과 소련 사이에 벌어진 치열한 전쟁으로 소련은 약 2천700만명, 독일은 약 3백만 명의 목숨을 앗아간 전쟁이었습니다. 거기에 비해 미국과 영국연합군의 희생자들은 30만 명이 조금 넘습니다.그 전쟁을 일으키기 위해 지배세력은 그들의 월스트리트 은행들이 독일의 나치스당에게 대출해 준 돈으로 독일을 급속히 산업화시킴과 동시에 공산주의 국가 소련에게는 지배세력이 미국의회를 움직여 미국정부가 랜드리스

s. Franklin D. Roosevelt signs the Lend-Lease Act,
brary of Congress

랜드 리스 법안에 서명하는 루스벨트

(Lend-lease)라는 정부프로그램으로 소련이 필요한 무기를 구입해 소련에게 무료로 빌려주게 하는 방식으로 소련을 무장시켰습니다.

1939년 독일의 히틀러는 (이미 지배세력의 은행들에게 진 전쟁빚 때문에 그들의 통제를 받게돼) 아무 저항을 못하는 불란서를 포함한 유럽 국가들을 손쉽게 장악 하였습니다. 그런 후 진짜 치열한 전쟁은 소련과 벌어졌습니다. 미국이 1943년 노르만디 상륙작전으로 전쟁에 개입했을 때에 독일은 이미 소련에게 패하고 패잔병만 남아있었습니다. 그런데 지배세력은 그들의 언론과 학계를 통해 마치 미국이 나치스를 제거한 것처럼 역사책에 묘사해 놓아 미국을 포함한 세계는 그런 줄 알고 있습니다.

또한 그들의 언론과 학계는 미국이 그렇게 세계대전에 뒤늦게 개입했음에도 미국이 대영제국을 포함한 19세기부터 존재하던 제국주의 국가들을 해체시켜 모든 식민지 국가들을 해방시켜 준 선의의 국가로 가르치고 있습니다. 그러나 이는 그들이 통제하는 학계와 언론이 만들어낸 고도의 속임수입니다. 제 2차 세계 대전은 그들이 기획한 전쟁으로 독일 나치스가 유럽을 장악한 다음 소련과 전쟁을 벌이고 그 전쟁에서 나치스가 오리려 소련에게 패해 그 때까지 나치스가 장악했던 동유럽 국가들을 소련에게 넘겨줌으로 소련의 지배하에 공산제국을 설립하는 것이었습니다.

그렇게 그들은 제2차 대전을 계기로 소련의 공산제국을 키워 미국과 민주주의 국가들을 대항하는 가상의 적으로 부상시켜 세계를 두 진영으로 나누었습니다. 그러므로 제 2차 대전은 그들이 기획한 전쟁으로 소련이 나치스를 물리치게 한 후 동유럽과 중국을 공산화시켜 공산주의와 민주주의와의 대결로 세계를 두 진영으로 나누어 냉전을 핑계로 양 쪽을 다 통제하기 위한 고도의 속임수였습니다. 이러한 믿기지 않는 역사적 배경은 제가 저술한 '세계지배세력이 진행 중인 정보전쟁 (이하 '정보전쟁')' 에 자세히 소개돼 있으니 참조하실 것을 권해 드립니다.

돈의 비밀을 다루는 게 목적인 이 책에서는 민주주의 체제를 위협한다고 과장됐던 소련의 공산주의가 1991년 총 한번 쏴보지 못하고 지배세력의 달러를 이용한 화폐공격에 힘없이 붕괴한 사실만으로 냉전은 지배세력이 조작한 가상의 전쟁이었음을 입증하고 있다고만 지적해 드리겠습니다.

국회의사당 앞 탱크 위의 엘친

더욱이 공산주의의 붕괴 후 구 공산주의 국가들은 자본주의 국가들을 침략하기는커녕 자체생산을 할 만한 산업체계도 갖추지 못한 후진국이었음이 고스란히 드러났습니다, 그러나 언론과 학계에서 이를 조명하지 않아 우리는 공산주의가 민주주의 국가들을 위협한다고 과장하며 민주진영 국가들을 소련으로부터 보호하고 있다던 그들의 선전이 거짓말이었다는 사실을 간파 하지 못했습니다.

공산주의는 그러므로 그들이 그들의 '시온장로들의 의정서' 에서 자랑했던 대로 멍청한 인류를 정신적으로 지배하기 위해 그들이 만들어낸 조작된 이론에 불과합니다. 공산주의 이론을 창조한 카를 마르크스는 시온주의 유대인으로 부유한 가문 출신의 학자였던 것도 우연이 아닌 것입니다. 공산주의가 민중을 위한 것처럼 속여 자유를 위탁하게 한 후 공산정권이 들어선 후에는 소수의 경찰력으로 독재를 하면 된다고 그들의 의정서는 가르치고 있습니다. 공산주의 이론이 속임수였다는 정황은 러시아와 중국의 공산화가 마르크스가 말한 것처럼 자본주의자를 상대로 혁명을 일으킨 노동자들에 의해서가 아니고 공산당의 속임수에 넘어간 순진한 농민들의 무지에 의했다는 사실입니다.

그들의 의정서에서 그들은 민주주의도 멍청한 인류가 자신들의 자유를 위탁하도록 만든 후 소수의 경찰력으로 통제할 수 있는 제도이므로 보수와 진보를 상징하는 두 개의 상반되는 당을 구축한 후 두 당이 분쟁하느라 아무 결정도 못하게 만든 후 자신들에게 매수된 정치인들이 결정을 내리게 하면 된다고 가르쳤습니다. 이런 믿기지 않는 내용은 제 '정보전쟁' 에도 요약돼 있지만 인터넷에서 '시온장로들의 의정서' 를 검색하시면 한글 번역본을 다운 해 보실 수 있습니다. 18세기에 시작된 '계몽주의' 시대의 선두자로 민주주의의 바탕이 됐던 존 루소의 '사회계약론'을 비롯해 자유시장주의를 시작한 아담 스미스의 '국부론' 과 19세기에 출간된 카를 마르크스의 '공산당 선언' 모두 그들이 배후에 있었습니다.

러시아 이중 스파이로부터 입수해 러시아어로 1907년 발간됐다가 그들에 의해 자취를 감춘 이 의정서의 영어 번역본을 접해 읽게된 핸리 포드 자동차 창시자는 이 사실을 국민들에게 알리려고 디어본 인더펀댄트라는 신문을 창간해 연재했으나 이 신문 역

The Ford International Weekly

THE DEARBORN INDEPENDENT

The International Jew:
The World's Problem

시 지배세력에 의해 패간 됐습니다. 그는 국민들이 이 엄청난 사실을 알게되면 그 다음 날로 혁명이 일어날 것이라고 믿었으나 지배세력의 권력의 깊이를 측정하지 못하여 오히려 그들에게 희생됐던 것입니다..

지배세력은 그렇게 1945년 포츠담회담에서 제 2차 대전의 승전국인 소련에게 동독과 북한을 포함한 동유럽을 떼어주는 방법으로 소련의 영토를 늘려주고 나머지 국가들은 민주주의 국가로 설립하어 세계를 두 진영으로 나누었습니다. 그런 후 공산주의제국 소련이 민주주의 국가들의 자유를 위협하는 적으로 세계를 세뇌시켜 한국전쟁과 베트남전쟁으로 공산주의와의 냉전을 시작했습니다. 소련 공산주의 제국은 냉전을 빙자해 전 세계를 두 진영으로 나누어 경제적으로 지배하기 위해 그들이 창조한 가상의 적이었습니다. 그리고 그 이용가치가 다하자 1991년 화폐공격으로 붕괴시켜버린 것입니다.

4. 제2차 대전 후 기축통화가 된 달러

1944년 브래튼 우즈 통화회담

제2차 대전이 끝날 무렵 본토에서 전쟁을 겪지 않고 전쟁에 필요로 하는 물자와 무기를 생산하게 된 미국은 세계의 물가생산량(GDP)의 반을 차지하는 경제대국으로 부상했습니다. 그 당시 모든 국제무역의 결제는 금으로 이루어졌기 때문에 전쟁 중이던 모든 국가들은 전쟁에 필요한 무기와 생필품을 구매하기 위해 그 국가들이 자국의 화폐를 보장하기 위해 보유했던 모든 금이 미국으로 유입되었습니다. 그렇게 그들은 그 당시 제국주의 국가들을 두 진영으로 나누어 전쟁으로 돌입시켜 두 진영의 국가들을 전쟁비용으로 부를 고갈시키고 산업기반을 파괴시킨 뒤 유일하게 본토에서 전쟁을 겪지 않아 산업기반을 보유하며 양 쪽에 무기와 필수품을 대 주며 부를 축적한 미국을 초강대국으로 부상시켰던 것입니다.

전쟁으로 금이 바닥이 난 모든 국가들은 이제 국제무역의 결제

수단이었던 금이 고갈돼 금을 대신할 새로운 통화체제가 필요했습니다. 고로 1944년 미국 브래튼우즈에 44개국의 대표들이 모여 세계통화체제를 위한 협의를 했고 그 국제회의에서 유일하게 대부분의 금을 보유한 미국의 달러를 35불에 1온스로 태환해 주는 조건으로 달러가 세계무역 결제수단의 기축통화로 선정됐습니다. 금을 보유하지 못한 유럽을 포함한 모든 국가들은 금으로 보장된 달러를 기준으로 그 가치가 설정됐습니다. 그 결과 연준위는 그 국가들에게 달러를 대출해 주어 그 국가들의 화폐를 보장하는 금을 대신하게 됐습니다. 그렇게 지배세력의 국제은행들은 달러를 세계에게 대출해 줄 수 있게 됨으로 그 때부터 그들의 은행들이 세계의 돈인 달러를 빚으로 창조하게 됐던 것입니다.

그러므로 지배세력이 소유한 달러가 세계의 돈이 되는 순간 전 세계는 이제 그들이 소유한 달러체제에 속하게 됨으로 미국은 이제 무력이 아닌 돈으로 세계를 지배하는 유일무이 한 경제제국주의 국가로 부상했던 것입니다. 세계의 무역거래가 달러로 이루어지는 한 모든 국가들은 자국의 통화를 달러로 교환해 지불해야 했고 모든 국제거래는 연준위가 소유한 결제 망을 통해 결제돼야 했습니다.

공산주의 국가들 역시 외국에서 수입하기 위해서는 자국의 화폐를 달러로 교환해야 했고 소련 같은 자원이 풍부한 국가는 원자재를 외국에 팔아도 달러로 받아야 했습니다. 공산주의 국가들도 국내경제는 계획경제로 운영하더라도 외국으로부터의 수입은 달러가 있어야 가능했습니다. 그래서 로스차일드를 위시한 은행가들이 소련 한 복판에 자신들의 은행을 두고 개인 활주로를 이용해 소련을 출입할 수 있었던 것이고 공산주의와의 전쟁으로 묘사된 냉전은 세계지배세력에게는 적용되지 않았던 것입니다. 그러나 그들을 제외한 모든 인류에게 냉전은 실제 전쟁이었고 한국전쟁, 베트남 전쟁은 모두 세계지배세력이 냉전을 실제 전쟁으로 세계를 인식시키기 위해 조작된 전쟁이었습니다.

지배세력의 계획을 저항한 루스벨트

그러나 그들의 세계를 두 진영으로 나누는 계획을 알아차린 미국의 프랭클린 루스벨트 대통령은 그들의 계획에 저항하고 나왔습니다. 그는 원래 지배세력의 하수인으로 앞에서 말한 랜드리스 법안에 서명해 소련을 무장시켰던 자입니다. 그러나 그는 소련과 미국을 두 진영으로 나눌 경우 미국까지 개입되는 다음 전쟁은 핵전쟁이 될 것이라는 것을 우려했던 것으로 보입니다. 그런 정황은 그가 소련의 스탈린과의 관계를 그들이 원하는 대로 적대 관계가 아닌 오히려 우방적인 관계를 추구하고 거꾸로ㅈ 영국의 처칠수상을 적대시하고 나온 사실입니다. 그 뿐 아니라 그는 나치스를 도와 독일 안에다 공장을 설립해 막대한 돈을 번 (조지 부시대통령의 부친인) 프레스코트 부시를 전쟁범으로 몰아 그의 스위스 UBS은행 주식을 몰수하고 독일 나치스에게 자금줄 역할을 한 국제결제은행 BIS를 해체시킬 것을 지시했습니다.

그 결과 그는 지배세력에 의해 독을 이용한 암살로 제거되고 그런 사태를 대비해 그의 부통령으로 선출됐던 해리 트루먼이 그의 뒤를 이어 포츠돔 회담에 참석하여 그들의 계획을 진행시켰고 부시도 사면해주고 BIS를 해체시키는 지시도 철회했습니다. 동시에 그는 미국을 그들이 설립한 국제연합 UN에

가입시켜 (로스차일드가 미국을 제1차 대전에 개입시킬 때 약속받은) 이스라엘의 건국을 UN과 함께 제일 먼저 공식으로 인정해주었습니다. 그들이 세계평화를 위해서라는 명분으로 설립한 UN의 제일 첫 번째 결정은 국제법을 위반하고 무력으로 팔레스타인 안에 건국한 이스라엘을 공식으로 승인해 주는 것이었습니다.

또한 트루먼을 통해 그들이 세계를 지배하는데 필요한 CIA를 미국 안에 수립했습니다. CIA는 미국 군부가 아닌 그들의 숨은 정부의 지시를 따르는 사조직으로 본부는 버지니아 주로 알려졌으나 실제 본부는 MI6가 있는 영국에 위치하고 있습니다. 그들은 그렇게 영국 MI6를 위시한 미국, 호주, 뉴질랜드, 캐나다가 포함된 세계적인 정보조직인 FIVE EYES로 세계를 지배하는 계획을 완성했습니다. 미국 CIA의 초대국장으로 임명된 알란 덜러스는 유수한 나치스 과학자들을 영입한다는 명분으로 진행된 '페이

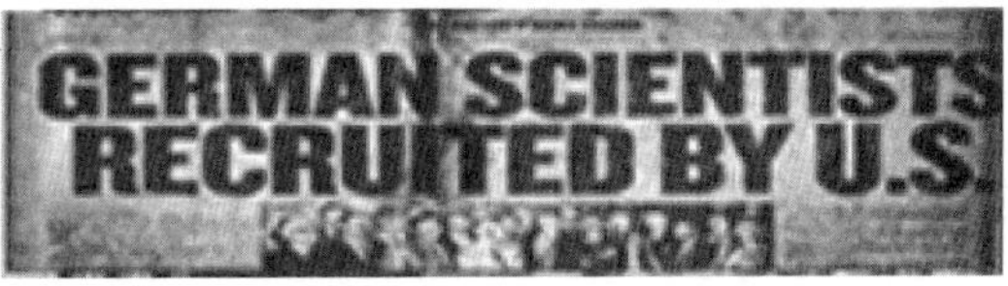

퍼클립 작전' 으로 나치스의 군 정보조직이었던 SS의 정보장교들을 미국 안에 들여와 CIA 조직의 주요 간부들로 등용했습니다.

그때부터 그들의 CIA와 MI6는 이스라엘의 정보조직

MOSSAD와 함께 중동지역을 통제하며 제 2차대전의 종결과 함께 수립된 이란의 초대수상 모사다그가 이란의 원유를 국영화시켜 그들의 석유회사 BP를 쫓아내자 그 정부를 전복시켜 그들의 하수인 샤를 왕으로 임명하여 이란의 원유 국영화계획을 철회시키고 이스라엘 군대로 중동 국가들과 전쟁을 도발해 그 지역에 전운을 조성했습니다. 또한 중국을 공산진영에 합류시키는 계획을 위해 일본제국이 항복한 후 국민당의 장제스와 내전 중이던 공산당의 마오쩌둥을 은밀히 지원해 그가 승리할 수 있도록 도왔습니다.

한국전쟁을 일으킨 지배세력

제 2차 대전 전에는 미국정부의 돈으로 소련을 무장시켰으면서 제 2차대전이 종결되자 그들은 소련을 미국의 민주주의를 위협하는 공공의 적으로 돌변시켰습니다. 공산주의와의 전쟁을 선언한 조셉 메카시 의원을 이용해 미국 안에 공산당을 숙청하는 히스테리아를 조성했습니다. 이는 그들이 가상의 적으로 부상시킨 공산주의 소련과의 냉전을 세계에 인식시키는 전쟁인 한국전쟁을 일으키기 위해서였습니다. 그 목적으로 그들은 한국을 이등분 해 북한에는 공산당 정부를 수립하고 남한에는 민주주의 정부를 수립했습니다. 그 전쟁을 위해

그들은 미군이 남한을 철수할 때 모든 군비도 철수시켜 남한이 전혀 방어할 능력이 없도록 만듦과 동시에 미국의 국무장관 에친슨은 고의로 남한을 미국 방어선에서 제외시켜 북한의 침공을 유도했습니다.

그들의 계획을 모르는 북한의 김일성은 남한을 침공했고 그 핑계로 그들은 UN군대를 소집해 민주주의를 공산주의로부터 보호한다는 명분으로 전쟁에 개입시켰습니다. UN 안보리 회원국가로 거부권을 소유했던 소련이 UN의 개입을 반대하지 않은 사실도 그 들이 소련을 조종하고 있었음을 입증하고 있습니다. 그들에게는 한국전쟁에서 승리하는 것이 목적이 아니라 세계에게 공산주의의 위협을 인식시키기 위한 전쟁이라는 사실을 몰랐던 맥아더 UN 사령관이 중국을 선제공격하는 계획을 세우자 트루먼이 이를 거부하고 오히려 맥아더를 해임시켰습니다. 그러고 난 후 중국의 전쟁개입을 허용해 1.4후퇴로 몰리는 것처럼 했다가 원점인 38선에 되돌려 놓고는 '휴전'을 시켜 남한과 북한을 공산주의와의 대결을 상징하는 국가들로 남김으로 전 세계에게 냉전이 실제 전쟁임을 인식시켰습니다.

케네디 대통령의 암살

그런데 1960년 그들의 통제를 받지 않는 젊은 상원의원 존 에프 케네디가 아이젠하워의 부통령을 지내고 지배세력이 차기대통령으로 선정해 둔 닉슨을 누르고 대통령으로 선출되는 이변이 일어났습니다. 그는 감히 지배세력의 CIA가 베트남에서 전쟁을 일으키기 위해 임시로 파병시켜 놓은 미군을 철수시키려했습니다. 그 뿐 아니라 그들의 연준위가 발행하는 달러 대신 미국 재무부가 직접 발행하는 은을 바탕으로 하는 달러를 유통시키는 대통령 명 11110에 서명했습니다. 거기다

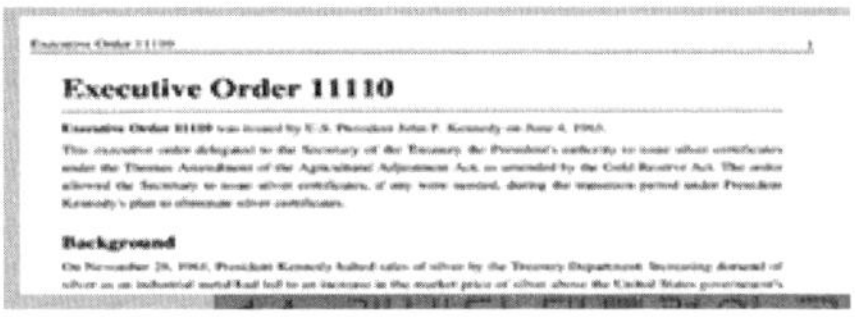
Executive Order 11110

Background

그는 CIA가 그의 사전 허락도 없이 일으킨 '피그스 만 작전'.의 책임을 물어 알란 덜러스 국장을 해임하고 CIA를 해체시키는 계획을 착수했습니다. 그러나 그는 지배세력이 이미 미국 안에 심어놓은 숨은 정부의 깊이를 과소평가하는 바람에 1963년 그들에 의해 공개적으로 암살당하는 최후를 맞았습니다.

그들은 그렇게 케네디를 암살한 후 그들이 미리 그의 부통령으로 심어 두었던 린던 존슨을 통해 케네디가 서명한 재무부가 직접 달러를 발행하는 대통령명 11110을 철회하고 통킹만에서 베트콩으로부터 공격을 받았다는 허위 뉴스를 근거로 베트콩과 전쟁을 시작했습니다. 이 통킹 만 사태가 조작됐었던 사실은 이미 그 당시 국무장관을 지냈던 맥나마라에 의해 밝혀졌을 뿐 아니라 그 후 기밀이 해제된 팬터곤페이퍼에서 확인됐으나 언론에서 은폐해 세계가 모르고 있는 것입니다. 베트남 전쟁은 지

배세력이 공산주의의 위협을 세계에 인식시키는 목적 말고도 베트남과 캄보디아의 국경에 있는 골든트라이앵글로 알려진 마약 재배 사업을 베트남을 식민지로 지배하던 불란서의 프리메이슨 조직으로부터 강탈하기 위해서 일어난 전쟁이기도 했습니다. 그래서 아무 전쟁 선포도 없이 캄보디아를 침략했던 것이고 그 계획이 성사되자 베트남을 공산진영에 넘겨주고 철수했던 것입니다. 불란서의 드골 대통령이 미국의 달러를 공개적으로 공격하게 된 숨은 이유이기도 합니다.

CIA를 이용한 미국과 세계의 지배

그 때부터 지배세력은 그들의 CIA가 원래 외국의 언론을 통제하는 명분으로 시작한 '모킹버드 작전'으로 미국 국내도 통제하게 됨으로 미국국민들의 눈과 귀의 역할을 하는 것으로 알고 있는 언론 안에도 CIA요원들을 심어놓고 그들의 언론에 속한 언론인들을 감시, 통제했습니다. 1970년대에 이 작전에 대해 알게 된 프랭크 처치 상원의원이 이 사실을 그가 주관하는 처치커미션이 진행한 공청회에서 노출했지만 그들의 언론이 이를 은폐하여 국민들은 알지 못했습니다.

그 때부터 미국의 모든 언론매체들은 물론이고 미국의 모든 방송프로그램, 영화, 음반, 출판계가 CIA의 관리 하에 들어감으

로 그들의 의정서에서 가르친 대로 모든 국민들의 생각을 통제하는 체제를 수립하는데도 성공했습니다. 그 때부터 케네디의 암살을 거론하는 자들을 '음모론'자로 몰아 국민들의 비웃음을 사게 만드는 심리전법도 CIA의 '모킹버드 작전'의 일환으로 개발된 것입니다. 그렇게 그들을 대항했던 처치 상원의원은 그와 경쟁하는 후보를 경제적으로 지원해주는 그들의 전형적인 수법으로 그를 다음 선거에서 낙마시켰습니다.

그들의 CIA는 유럽에서도 감히 지배세력을 대항하는 정치인들을 '글래디오 작전'으로 제거했습니다. 이태리에서 그들을 저항하고 나온 알도 모로 전 이태리 수상을 그들이 배후에서 조종하는 붉은 여단을 무장시켜 공개적으로 납치하여 한 달이 넘게 인질극을 벌인 후 그를 살해해 버렸습니다. 그러므로 1970년대에 유럽을 공포로 몰았던 '납탄 시대' 도 CIA가 배후에서 조성한 작품이었습니다.

남미에서는 아르헨티나의 후암 페론 대통령의 정부를 그들의 지원을 받는 군사정권이 일으킨 쿠데타로, 브라질에서는 국민들에 의해 선출된 주앙 굴라르 정권을, 칠레에서는 살보도로 아엔데 정권을 쿠데타로 전복시켜 피노체 같은 그들의 하수인들을 정권에 앉혔습니다. 아프리카에서는 통고 이민공화국의 수상으로 선출된 루뭄바를 암살한 후 그들

의 하수인 모부투를 정권에 앉히고 아시아에서는 인도네시아의 수카르노를 구데타로 전복시켜 수하르토를 정권에 앉혔습니다. 그리고 앞에서 이미 지적했듯이 이란국민들에 의해 선출된 모사데그 수상을 전복시킨 후 그들의 하수인 샤를 국왕으로 임명했습니다.

그러면서도 그들은 대한민국에서 쿠데타로 정권을 잡은 그들이 통제할 수 없는 박정희 정권은 군사 정권이라는 이유로 민주화를 외치는 반정부 문민세력을 지원해 그의 정책을 사사건건 방해했습니다. 그러나 그들의 학계에서 교육을 받은 대한민국 국민들은 그들의 이런 모순된 수법을 감지 못했던 것입니다. 이런 그들에 의해 가르치는 게 금지된 근대사 역시 저의 '정보전쟁' 에 자세히 소개돼 있으니 참조하시기 바랍니다.

여기서 분명히 짚고 넘어가야할 중요한 대목은 그들의 이런 방대한 계획을 성사시키는 게 가능했던 이유는 그들이 아무 비용도 안들이고 국민들도 모르게 창조하는 달러를 무한으로 창조할 수 있었기 때문이라는 사실입니다. 그렇게 지배세력은 세계를 두 진영으로 나누는 냉전을 빙자해 세계의 모든 국가들을 침투한 후 돈으로 미국 뿐 아니라 세계의 모든 정치인들을 매수했고 매수가 불가능 한 자들은 그들의 정보기관을 동원해 제거하던지 전복시켜 그 자리에 그들의 하수인들을 앉히는 수법으로 전 세계를 지배할 수 있었습니다. 그들은 그러므로 그들의 의정서에서 가르친 대로 언론을 통제해 인류의 생각을 지배해 왔습니다. 거기다 그들은 소위 학자들도 그들의 돈으로 매수해 그들의 사악한 정체를 역사책에서 지워버리고 그런 역사를 가르치는 것을 금지함으로 세계는 그들의 숨은 존재를 알지 못하고 있는 것입니다.

페트로 달러의 시작

세계가 달러를 기축통화로 합의하게 된 가장 큰 이유는 미국이 달러를 금으로 태환해 주겠다는 약속이 있었기 때문이었습니다. 달러를 금으로 보장한다는 말은 달러를 미국이 보유한 금의 한도 내에서 발행하겠다는 약속이었습니다. 그러나 미국의 돈을 통제하는 지배세력은 이 세계와의 약속을 지킬 의도가 전혀 없었습니다.

한국전쟁은 물론이고 그 후 미국의 존슨대통령이 시작한 베트남전쟁과 '빈곤과의 전쟁'이라고 칭한 사회복지정책으로 미국이 달러를 남발하고 있다는 사실을 제일 먼저 알아차린 프랑스의 드골 대통령이 전쟁 후 수출로 벌어들인 달러를 금으로 태환해 가기 시작하자 유럽 국가들이 모두 같은 식으로 달러를 금으로 태환해 가기 시작했습니다.

그 말은 곧 달러의 남발로 달러의 가치가 희석되고 있음으로 온스 당 35불로 정해져 있던 금의 가치가 달러대비 상승하는 효과를 가져왔습니다. 그러자 미국은 금을 시장에 쏟아내 금값을 떨어트리는 조치를 취했으나 이미 미국의 연준위가 달러를 남발하

고 있다는 정황을 알아차린 투자자들은 미국이 내놓은 금을 순식간에 구매함으로 미국이 금값을 떨어트리는 데 실패하였습니다.

약 2만4천 톤을 보유하던 미국의 금 보유량이 약 8천 톤으로 줄자 지배세력의 하수인에 불과한 리처드 닉슨 대통령은 1971년 8월, 브랜트 우즈 협약을 체결한 국가들은 물론 미국의회와마저도 단 한 번의 상의도 없이 일방적인 대통령 명으로 미국이 더 이상 달러를 금으로 태환해 주지 않겠다고 선언했습니다. 역사가 그의 이런 발표를 '닉슨 쇼크'라고 칭하는 이유입니다. 그는 금 투기꾼들이 금값을 조작하기 때문에 임시적인 조치라고 했으나 세계는 그의 말을 믿지 않았고 즉시 금값이 상승하기 시작하여 달러의 기축통화 지위가 흔들리기 시작했습니다.

심지어 유럽에서는 달러를 안 받는 사태까지 벌어졌습니다. 그러나 지배세력은 이미 달러를 금 대신 석유로 보장하는 '페트로 달러'로 전환하기 위한 준비를 기획한 후였습니다. 닉슨의 국무장관이며 지배세력의 두뇌로 알려진 헨리 키신저는 배후에서 지배세력이 중동에 건국해 놓은 이스라엘 공군의 공습으로 중동에 전운을 조성한 후 중동의 사우디아라비아를 비롯한 원유생산국들에게 미국이 그 국가들의 안전을 보장해 주는 조건으로 원유를 달러로만 팔게 설득했습니다. 미국의 군사력을 이용한 일종의 조폭행위였습니다.

그 대신 지배세력은 원유의 가격을 4배로 올려줄 것을 약속함과 동시에 그렇게 벌어들인 달러를 미국의 국채를 구매해 그들의 은행에 예금해 이자수입을 벌 것을 제안했습니다. 원유생산국들의 수입이 4배로 뛰고 지배세력이 소유한 석유 정유사업도 득을 보는 정책으로 원유생산국들이 마다할 이유가 없었습니다. 물론 세계에게는 원유가 고갈돼서 부족해서 일어나는 현상이라고 속였고 세계는 정말 그런 줄 알았습니다.

거기다 지배세력은 원유 생산 국가들이 예금한 달러를 준비금으로 활용하여 더 많은 달러를 창조할 수 있게 된 것입니다. 그러자 원유 수입에 의존하는 세계 모든 국가들은 갑자기 그 가격이 4배로 상승한 원유를 구매하기 위해 더 많은 달러를 보유하게 됨으로 달러의 기축통화 지위를 지킬 수 있었습니다. 그러므로 그 당시 세계를 불황으로 몰았던 원유파동은 지배세력이 달러를 금과의 연계를 끊고 페트로 달러를 출범시켜 달러를 세계의 기축통화로 유지하기 위해 조작된 사건이었습니다.

애초부터 지배세력이 금으로 태환해 줄 것을 약속했던 이유는 달러를 세계의 돈으로 만드는데 국제 합의를 이끌어내기 위한 수단이었고 그들은 이제 금 보유량의 한계를 벗어던지고 미국의 약

속 어음에 불과한 국채를 담보로 아무비용도 안들이고 창조하는 돈으로 전 세계의 자산과 자원은 물론 제조품을 구입할 수 있게 되었던 것입니다.

그러나 불란서의 드골 대통령 같은 불란서제국을 운영해 본 경험이 있는 자들 말고는 지배세력이 달러로 전 세계를 경제적으로 지배하게 된 사실을 감지하지 못하였습니다. 드골 대통령이 유일하게 달러체제를 대항할 새로운 통화체제의 필요성을 주장했지만 공산주의 소련의 핵위협으로부터 방어를 해주는 것을 사실로 믿도록 그들이 소유, 통제하는 언론과 학계에 의해 세뇌된 세계 국가들은 감히 미국의 그런 행위를 문제 삼기는커녕 오히려 당연하다고 받아들였습니다.

금 대신 미국의 부채인 빚으로 보장하는 달러

그 때부터 달러는 그 때까지 금의 양에 맞추어 발행해야 했던 달러를 이제 미국 정부의 빚에 불과한 미국 국채를 담보로 창조하는 통화인 법정화폐로 변질 됐습니다. 그 말은 미국 연준위가 달러를 창조하려면 미국의 국채를 준비금으로 확보하면 된다는 뜻으로 미국 정부의 신용이 달러의 건전성을 보장하게 된 것입니다. 물론 그 때만해도 전 세계의 채권 국가이며 최대 강대국인 미국의 신용을 문제 삼을 국가가 없었습니다.

그러나 그 때부터 달러는 금 보유량과 상관없이 정부가 발행하는 정부의 빚을 담보로 무한으로 창조할 수 있게 됐고 그 남발은 곧 인류가 인플레이션으로 받아들이도록 세뇌된 물가상승으로 나타났습니다. 1971년 닉슨 쇼크 후부터 1981년 연준의장 폴 보커가 금리를 20%로 올리는 극약 처방으로 제어가 안 되게 상승하던 인플레이션을 잡을 때까지, 연 10%에서 20%씩 총 약 117%의 인플레이션이 일어났습니다.

인플레이션은 달러의 남발로 그 가치가 희석돼 더 많은 돈으로 같은 자산을 쫓게 되는 현상입니다. 100불 하던 물건이 돈의 양이 두 배로 늘어나면 당연히 200불이 돼야 하듯이 돈의 구매력이 떨어져 일어나는 현상입니다. 그러나 지배세력이 그런 식으로 돈의 공급량을 늘리고 있다는 사실을 모르는 일반인들에게는 100불 하던 물건이 200불로 오른 것으로 보이는 것입니다.

그들의 통제를 받는 언론과 학계는 이 돈의 가치, 즉 구매력의 하락으로 일어나는 현상을 인플레이션에 의한 물가의 상승이라고 학계와 언론을 통해 인류를 주입시켰습니다. 돈의 원리에 대해 무지한 인류는 그 때부터 돈의 발권력을 남용하는 은행가들에 의해 일어나는 현상인 인플레이션을 당연한 것으로 받아들이게 됐습니다. 그러므로 1971년과 1981년 10년 사이에 달러의 발권력을 보유한 연준위의 주인들인 지배세력은 미국국민들은 물론 세계로부터 기존 달러양의 117%인, 약 1 배 이상을 추가로 발행하여 그 추가 발행된 금액을 보이지 않는 '조공'으로 비밀리에 세계로부터 걷어간 것입니다. 1971년에 $1.00 하던 물건이 1981년에는 $2.17이 돼 $1.17을 걷어간 것입니다.

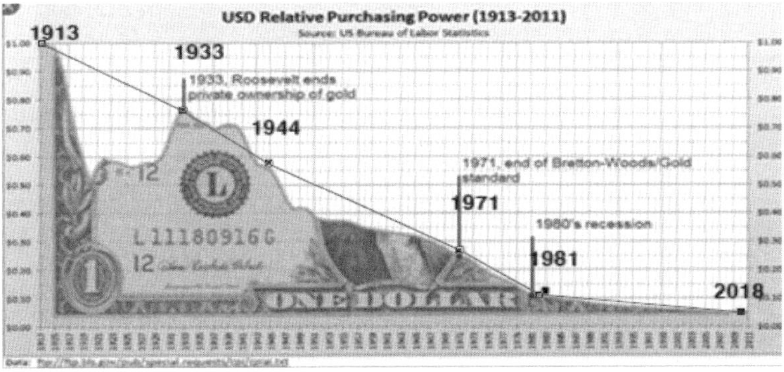

위의 도표가 보여주듯이 그들은 이미 그들이 미국의 달러 발권력을 갈취한 1913년에서 1933년 사이에도 세계가 모르게 달러를 남발해 제1차 전쟁을 일으켰고, 1933년에서 1944년 사이에도 달러를 남발해 제2차 전쟁의 비용을 댔었습니다. 심지어 1944년 브랜트우즈 협약을 했을 때부터 1971년까지도 남발을 멈추지 않았습니다. 미국의 연준위를 소유한 지배세력은 자신들이 그런 식으로 돈을 남발해 온 사실을 애초부터 세계를 속여 왔던 것입니다. 다만 불란서제국이었다가 식민지국가들을 빼앗긴 경험이 생생한 불란서의 드골 대통령이 지배세력이 미국의 달러를 그런 식으로 남발하고 있다는 사실을 유일하게 간파하고 금으로 태환해 가기 시작해 감히 그들의 속임수를 노출시켰던 것입니다.

달러와 함께 희석되는 세계 국가들의 통화

앞에서 언급했듯이 1944년 브래튼 우즈 협약에 의해 모든 국

가들이 화폐는 금으로 그 가치가 고정돼있는 달러를 기준으로 그 화폐 가치가 산정됐습니다. 그런데 달러가 금과 연계를 끊게 되자 금값에 고정돼 있던 달러의 가치가 시장에 의해 결정되어야 했고 그렇게 되자 세계 모든 국가들의 화폐 가치 역시 시장에 의해 조정돼야 했습니다. 그 때부터 세계에서 가장 거래규모가 큰 외국환시장이 출범하게 됐습니다.

그러나 달러가 세계의 돈인 이상, 대한민국을 포함한 수출 국가들은 자국의 통화가 외국환시장에서 상향조정될 경우, 즉 달러 대비 그 가치가 높아질 경우, 무역에서 수출경쟁력을 잃기 때문에 수출로 벌어들인 달러를 국내의 통화를 발행해 '구매' 함으로 국내 통화의 양도 같이 늘려 원화의 가치를 달러에 맞추어 희석시켜야 했습니다. 국내 통화량을 달러의 증가된 양에 맞추다보니 국내에서도 똑 같은 물가상승 현상이 일어났습니다. 그러므로 달러는 그 가치가 다른 국가의 통화에 비해 하락하지 않았고 연준위가 달러를 남발해도 미국은 아무런 불이익을 겪지 않았습니다.

이 사실을 모르는 일반 국민들만 자신들이 사용하는 돈의 가치가 하락한 사실을 감지하지 못하고 인플레이션에 의해 물가가 오르는 것으로 믿게 된 것입니다. 그러나 돈의 구매력이 떨어짐으로 고정수입에 의존하는 대부분의 인류의 생활고는 점점 악화되었습니다. 반면에 주식과 부동산을 포함한 자산가는 늘어난 통화량에 부합해 그 가치가 유지됨으로 인플레이션만큼 상승했습니다. 결국 그들의 남발로 의한 통화량 증가의 영향으로 자산을 소유한 자들은 그들의 부를 유지할 수 있으나 고정수입에 의존하는 근로자들과의 격차가 늘어나 부의 양극화 현상이 일어난 것입니다.

그 뿐 아니라 대한민국은 오히려 그렇게 원화를 발행해 구입한 달러로 미국의 IOU에 불과한 국채를 구매함으로 미국은 자국이 발행한 달러를 도로 빌려다 사용하고 아무 비용도 안들이고 (미국정부의 빚을 담보로) 창조하는 달러로 이자만 지불하면 됐습니다. 미국은 그런 식으로 도저히 갚을 수 없는 금액의 국가부채를 발행해 안전자산이라고 속여 대한민국 같은 수출 국가들이 벌어들인 달러로 구입하게 만들어 자국의 예산과 전쟁비용을 충당하는 데 사용할 수 있었습니다. 그들은 그러므로 전혀 갚을 의사가 없는 조폭이 차용증(IOU)을 발행해 주며 '외상'으로 물건을 구매(갈취)해 가는 것과 다름없는 행위를 세계를 상대로 벌일 수 있게 됐던 것입니다.

5. 달러를 무기로 세계를 약탈한 지배세력

돈으로 세계를 정복하는 전략

여기서 그들에 대해 알고 넘어가야 할 가장 중요한 숨겨진 비밀은 그들은 원래 사탄의 우두머리로 알려진 루시퍼를 섬기는 자들이라는 것입니다. 그래서 그들은 선 대신 악을 추구하며 그들의 그런 정체를 짐작도 못하는 인류를 악한 행위로 그들의 노예로 만들라고 그들의 의정서가 가르친 대로 실천해 온 자들입니다. 이것은 그들 시온의 장로들만 아는 비밀로 그들의 의정서는 그들의 비밀을 누설되지 못하게 조치를 해 놓았다며 인류를 비웃고 있습니다. 그러나 그들의 유대민족 대부분은 자신들이 구약성서 토라에 나오는 야훼에 의해 선택된 민족이라고만 알고 있습니다. 그들은 매주 안식일에는 회당에서 그들의 랍비로부터 그들의 생활양식을 가르치는 기원전에 작성된 서적인 탈무드를 통해 자신들의 우월성과 이방인들을 업신여기도록 배우며 그런 가르침을 이방인들에게 노출하는 것을 금지한다는 사실만 알고 있습니다. 한 예로 그들의 탈무드는 이방인이 경제적으로 어려움에 처했을 때에 속임수로 그의 부를 빼앗는 것이 당연하다고 가르치고 있습니다.

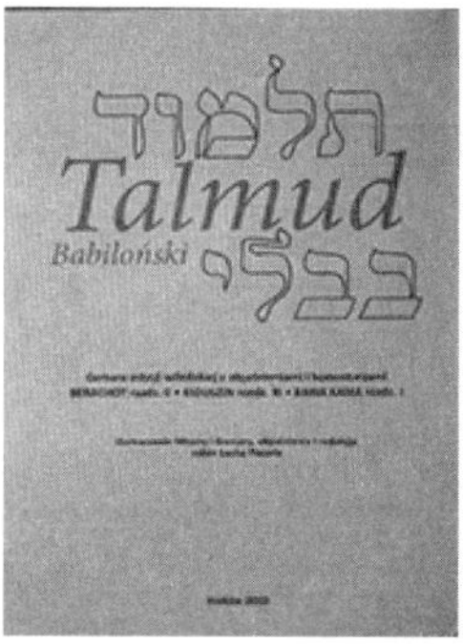

그들의 의정서는 돈을 무기로 쓰는 병법을 가르치는 것임으

로 그들의 목적은 우리가 생각하는 것처럼 부를 모으기 위한 것이 아닙니다. 그들은 이미 필요 이상의 부를 보유하고 있습니다. 그러나 앞에서도 지적했듯이 그들의 목적은 돈으로 세계를 정복하여 그들이 가축처럼 미련하다고 깔보는 그들 외의 이방인들을 그들의 노예로 만드는 것입니다. 그렇기 때문에 그들이 돈을 남발해 걷어들이는 보이지 않는 조공은 그들에게는 고정 수입에 불과합니다.

그들의 의정서에 의하면 세계를 정복하기 위해서는 인류가 돈을 모아 그들로부터 독립하면 안 됨으로 절대로 허용해선 안된다고 가르칩니다. 그러므로 돈을 벌면 그들이 통제하는 언론 매체를 통해 더 사치스러운 삶을 추구하도록 유혹하여 그들이 아무비용도 안들이고 창조한 돈을 빌리게 만들어 더 큰 주택, 더 좋은 자동차, 더 좋은 별장, 더 큰 빌딩을 소유하게 만든 후 그 빚과 이자를 갚기 위해 그들을 위해 일하는 노예로 만들라고 가르칩니다.

거기다 그나마 여유자본을 축적한 자들은 금리를 낮추어 돈의 공급량을 늘려 주식을 포함한 자산가의 거품을 일으켜 부동산과 주식에 투기하게 만든 후 돈의 공급량을 수축시켜 주식을 붕괴시켜 여유의 부를 축적한 자들의 부를 갈취하라고 가르칩니다. 돈은 그러므로 인류를 자신들의 돈에 의존하는 경제노예로 만들기 위한 무기인 것입니다. 그들은 자신들의 세계정부가 완성되면 멍청한 인류의 부를 약탈하기 위해 그들이 구축해 놓은 노름판이나 다름없는 증권, 채권거래소를 폐쇄할 것이라고 가르칩니다.

그들의 의정서는 또한 정치인들을 매수해 그들로 하여금 국가의 지출을 늘리게 만들어 모든 국가들이 도저히 갚을 수 없는 빚을 떠안게 만들라고 가르칩니다. 그들은 정치를 하고자 하는 자들은 대부분 대중 앞에 나서기 좋아하는 명예와 부에 메마른 자들임으로 돈으로 매수하기 수월한 자들이라고 가르칩니다. 그리고 그들을 내세워 국민들의 신임을 받게 그들의 언론으로 키워준 후 자신들의 뇌물을 받은 약점을 무기로 활용하여 그들을 부리면 된다고 가르칩니다.

미국의 경우 냉전을 빙자해 그들에게 매수된 정치인들이 국방비를 늘려 그들의 군산복합체가 국가 예산의 1/3을 벌어가고 국민들을 자신들의 노후를 정부가 책임질 것처럼 정부의 은퇴자금과 은퇴 사회보조금에 의존하도록 만드는 것입니다. 미국의 존슨 대통령이 시작한 빈곤과의 전쟁을 빙자한 의료혜택을 늘려 그런 지출을 자신들의 의료기관과 제약회사들이 1/2의 국가 예산을 벌어가고 있습니다. 거기다 정부가 직접 발행할 수 있는 돈을 정부 국채를 주고 자신들의 은행들이 창조하는 돈을 빌려 이자를 내고 쓰게 만들게 만들어 매년 정부가 이자로 정부예산의 1/6을 그들에게 받치고 있습니다.

그런 식으로 국가가 국민들에게서 걷어 들인 세금을 모두 그들이 소유한 기업들과 은행에게 고스란히 갖다 바치는 경제ㅈ식민지로 만들어 도저히 갚을 수 없는 빚 때문에 도산을 하게 만드는 계획입니다. 그렇게 하면 정부의 국채를 갚을 수 없게 됨으로 그 국채를 담보로 하는 달러 역시 휴지가 됨으로 국민들은 거지로 전락할 것이고 그나마 여유자금을 주식에 투자했던 자들 역시 동시에 일어날 주가폭락으로 부를 날리게 될 것일 뿐 아니라 자신들의 노후를 책임지게 돼 있던 정부가 도산할 때 모든 국민들은 그들의 생존만 보장해준다면 자진해서 자신들의 지배하에 들어오게 될 것임으로 그 때 자신들만의 세계정부를 설립해 인류를 지배하면 된다는 전략입니다.

저개발 자원 국가들의 약탈

세계지배세력이 원유를 달러로만 판매하는 조건으로 원유값을 4배로 올려준 덕분에 더 많은 달러를 벌어들이게 된 원유생산 국가들은 이 엄청난 달러를 그들의 은행에 예치함으로 그들의 은행들은 그 예금을 준비금으로 활용해 더 많은 돈을 부분준비제도에 의해 대출로 창조할 수 있게 됐습니다. 그들은 그렇게 창조한 달러를 그들이 설립해 놓은 세계은행을 통해 자원이 풍부한 저개발 국가들에게 대출해 주어 그 국가들을 개발한다는 명분으로 도로, 전력발전소 같은 기관시설을 건설하게 설득한 후 그들이 소유한 백텔 엔지니어링사 같은 기업들이 건설비용으로 벌어갔습니다. 특히 쿠데타로 권력을 잡은 군사정권에게는 무기와 군 장비에 필요한 자금을 대출해 주어 그들이 소유한 록히드마틴사 같은 방위산업이 벌어들였습니다.

그들은 자연자원이 풍부한 남미, 아프리카 국가들에게 고의로 도저히 갚을 수 없는 금액을 빌리게 한 후 그 국가들이 빚을 상환하지 못하는 사태가 발생하면 그들의 약탈도구에 불과한 IMF에게 구제 금융을 받아 빚을 더 늘리게 한 후 그 구제금액을 고스란히 자신들이 소유한 은행들에게 밀린 빚을 갚게 하는 방법으로 은행들의 이익을 보존해 왔습니다. 그 결과 IMF의 구제는 은행들을 위한 것임으로 국가만 더 많은 빚을 떠안게 되는 것입니다. 그러다가 그 국가가 더 이상 대출을 받을 여유가 없는 상황에 처하게 되면 그 국가들의 자원을 헐값에 매수해 빚을 상환하게 만들어 그 국가들의 자산을 약탈하는 것입니다. 그래도 갚지 못한 부채는 그 국가의 국민들이 허리를 졸라매고 벌어서 갚아야하는 경제노예들로 전락시키는 것입니다. 자연자원이 풍부한 중동을 포함한 남미와 아프리카 국가들이 그들에게 매수된 '지도자' 들은 부자가 되고 그들의 그런 계획을 거부하고 진정한 애국을 하는 지도자들은 암살되던지 CIA가 주도한 쿠데타로 전복시키는 수법의 연속으로 그 국가들이 지금까지 경제적으로 발전하지 못해 온 이유입니다.

일본의 약탈

1980년대에 수출로 세계 제 2의 경제대국으로 부상했던 일본이 잃어버린 30년으로 경제가 저조하고 일본의 중산층이 사라지게 된 것도 그들이 달러체제를 무기로 이용한 약탈의 결과입니다. 미국이 1980년 금과의 연계를 끊은 후 걷잡을 수 없게 일어난 인플레이션을 잡는다는 이유로 지배세력의 하수인 폴 보커가 극약처방으로 실시한 20% 금리정책의 여파로 달러가 강세로 돌아서 미국의 제조업이 경쟁력을 잃는 결과를 초래했습니다.

이미 그 때부터 미국은 '세계화'와 '자유무역' 이라는 명분으로 제조업을 제 3국으로 수출한 후 더 싼 노동력으로 생산된 제품을 미국에 무관세로 수입하는 방법으로 그들이 소유한 국제기업들의 이윤을 극대화하는 정책을 진행해 왔습니다. 그 결과 경쟁력이 저하된 국내 제조업에 종사하는 미국 근로자들이 일본에 대한 반감을 유발한 후 그 이유를 빙자해 일본이 미국보다 흑자를 내는 이유가 일본의 엔이 미국 달러대비 너무 절하돼서라며 1985년 플라자 합의를 개최해 일방적으로 일본 엔을 달러대비 50%를 상승 조정할 것을 요구했습니다. 제 2차 대전에 패한 후 미국 군사력의 '보호' 를 받고 있는 일본은 두 말 없이 그 요구를 받아들였습니다.

1985년 플라자 합의 참석자

그런 후 일본은 절상된 엔으로 미국을 포함한 세계의 부동산과 기업들을 인수하였습니다. BIS의 지시를 받는 일본의 중앙은행은 엔이 더 강해지는 것을 방지하기 위해서라는 명분으로 금리를 낮추어 일본의 통화 공급량을 늘리는 통화정책을 실시했습니다. 그러나 그런 정책은 지배세력이 일본의 주식시장과 부동산시장의 거품을 조성하기 위해 지시한 정책이었습니다.

그 결과 미국의 1/3의 인구를 가진 일본의 주식시장의 총 가치는 미국을 능가했을 정도로 일본에 엄청난 거품이 형성됐습니다. 그 때 지배세력의 BIS는 갑자기 세계 모든 은행들에게 준비금 비율을 높일 것을 요구했습니다. 이는 지배세력이 일본 은행들을 상대적으로 준비금비율이 낮게 유지하도록 유도했다가 갑자기 그 취약점을 공격했던 술책이었습니다. 일본은행들은 그 요구에 순순히 순응했고 그러기 위해 은행들이 준비금으로 보유하던 자산들을 급 처분함과 동시에 금리를 올려 대출을 줄여야 했습니다. 지배세력이 사용해온 전형적인 '양털깎이' 전술로 일본의 통화를 팽창했다가 갑자기 수축시키는 전략이었습니다.

지배세력의 그런 계획을 미리 알고 있던 그들의 투자은행들은 끝없이 상승하던 일본 주식시장에 투자했다가 주가가 폭락하기 직전에 판매해 엄청난 수익을 챙겼으나 지배세력의 그런 계획을 알지 못하고 부동산과 주식에 투자했던 일본의 중산층의 부는 순식간에 사라지는 결과를 가져왔습니다. 결국 재 2처 대전이 끝나고 그 때까지 일본 국민들과 기업들이 벌어들였던 모든 부를 지

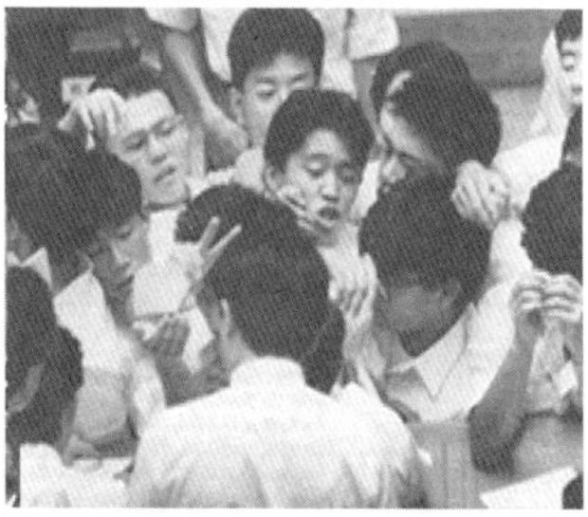

배세력이 순식간에 약탈해 간 것입니다. 그 당시 미국이 요구했던 평가절상을 하고 난 후에도 일본의 수출흑자가 줄지 않았던 것을 보아도 미국의 수출적자는 일본 엔의 가치와 무관했음을 입증하고 있습니다.

일본이 지배세력의 요구에 순응한 이유

그런데 왜 일본정부가 자국의 이익과 상반되는 지배세력의 무리한 요구에 순순히 순응했는지는 제가 저술한 '정보전쟁' 에 상세히 소개돼 있습니다. 간략하게 요약하자면 일본은 명지 천황시절부터 줄곧 지배세력의 식민지 국가였다는 역사책에서 가르치지 않는 숨은 역사 때문입니다. 일본이 제국주의 국가로 부상할 수 있어 대한민국을 식민지화 할 수 있었던 것도 결국 일본의 배후에서 자금을 대 준 그들의 월스트리트 은행가들이 있었기 때문이었습니다.

그들은 일본을 제국주의국가로 키워 청나라와 러시아제국을 약화시킨 후 한국을 식민지로 만들어 한국을 발판으로 중국의 만주로 진출하여 중국과의 전쟁으로 중국을 약화시키는데 이용했습니다. 그 이용가치가 다하자 그들은 그 때까지 일본에게 제공해주던 전쟁에 필요한 원자재를 차단시켜 미국의 진주만을 공격하게 유도해 미국이 제2차 대전에 개입하는 명분을 제공하는데 이용 했습니다.

그런 후 일본군이 이미 항복했음에도 원자폭탄을 투여해 일본 민간인들을 학살한 후 일본을 점령해 전쟁으로 폐허된 일본 기업들을 모두 지배세력의 록펠러 가문이 인수했습니다. 그리고 군정으로 일본 정부와 일본중앙은행에 원래 그들

의 하수인들이었던 제2차 대전 전쟁범들을 임명하는 수법으로 일본을 장악해 지금까지 그들의 영원한 식민지로 지배해 왔습니다. 지금의 아베는 물론이고 다나카, 나카소네를 위시한 모든 일본의 수상들은 그들의 하수인들에 불과합니다. 일본을 상징하는 기업인 소니(SONY)사는 록펠러가 소유한 스탠더드 오일 오브 뉴욕(Standard Oil of New York)의 약자인 것만 봐도 일본기업들 대부분은 지배세력이 소유하고 있음을 입증하고 있습니다.

그 때부터 일본은 잃어버린 30년으로 그들의 경제공격에서 회복하지 못하였습니다.. 우리가 2008년 미국 발 금융위기로 처음 알게 된 연준위가 돈을 창조해 국채를 구입하는 '양적완화'정책은 이미 일본에서 90년대부터 시작됐습니다. 그러므로 1990년 주가 폭락 후에도 돈의 양을 서서히 늘리는 정책으로 구매력을 하락시켜 자산가는 유지돼 왔으나 아직도 주가와 부동산가는 붕괴 전 수준에 못 미치고 있습니다. 더구나 일본 엔의 구매력 하락으로 고정수입에 의존하는 직장인들과 은퇴자들의 생활은 악화돼 일본 중산층의 대부분이 사라졌습니다.

언론에서 전혀 보도하지 않고 있어 세계는 모르고 있지만 현재 일본의 국채와 ETF주식의 대부분은 일본 중앙은행이 소유하고 있어 일본 정부의 부채가 일본 GDP 대비 240%로 미국의 현재 110% 보다 두 배가 넘습니다. 일본의 세수의 40%를 이자를 상환하는데 사용하고 있어 그 부담 때문에 최근 일본금리가 마이너스로 가야했던 것입니다.

공산주의 소련의 붕괴와 구 공산주의 국가들의 약탈

제 2차 대전 이후 지배세력의 학계와 언론에 의해 자유민주주의를 위협하는 공공의 적으로 묘사돼왔던 공산주의제국 소련이 1991년 총 한 번 쏴보지 못하고 붕괴했습니다. 그들은 소련의 통화 루블을 공격해 그 가치를 폭락시키는 방법으로 소련의 경제를 붕괴시켰던 것입니다.

앞에서도 지적했듯이 미국정부의 예산 1/3을 미국과 민주진영 국가들을 소련으로부터 보호한다는 명분으로 군산복합체가 벌어갔으나, 소련은 붕괴 후 민주주의 진영을 위협할만한 산업도 갖추지 못한 후진국이었음이 고스란히 드러났습니다. 그러나 지배세력이 소유, 통제하는 학계와 언론은 이 진실을 은폐하였습니다.

거기다 소련의 루블을 헐값에 외환시장에 쏟아내 소련의 루블의 가치를 폭락시킬 수 있었다는 그 정황만으로도 소련이 공산주의 국가들만으로 형성된 독립된 경제체제를 보유하지 못하고 지배세력의 달러로 형성된 시장경제체제에 속해있어 그들의 경제식민지에 불과했음이 입증된 사례였습니다. 그러나 지배세력에 의해 철저히 숨겨진 돈의 원리를 알지 못하는 인류는 그 명백한 사실을 감지하지 못했습니다.

그들은 소련의 붕괴 후 소련에 속해있던 구 공산주의 국가들이 소유했던 국영자산들과 자원을 '민주화'라는 명분으로 민영화시켜 그들이 아무비용도 안들이고 창조하는 돈으로 인수하는 방법으로 약탈하였습니다. 그 말은 곧 자신들이 내세운 기업들에게 그 국가들의 국영자산을 담보로 대출해주는 방법으로 그들 기업들의 소유가 됐고 그 국가들은 매도가로 받은 달러로 그 때까지 소련으로부터 받던 보조금이 사라져 생긴 국가 예산적자를 충당해야 했습니다. 공산주의 체제 하에서 자체적인 제조업 능력을 갖추지 못한 구 공산주의 국가들은 그 때부터 지배세력의 대출에 의존하게 됨으로 빚을 갚기 위해 온 국민들의 노동으로 피땀 흘려 번 돈으로 상환해야 하는 빚의 노예로 전락해야 했습니다.

그 당시 Tito라는 자동차도 생산하는 자체적인 제조업을 소유하고 있어 지배세력의 민영화 요구를 거부했던 유고슬로비아는 그들이 민주화를 거부한다는 조작된 명분으로 원래 공산주의로부터 방어를 위해 구축됐다가 공산주의의 붕괴 후 그들의 공격군대로 전환된 NATO의 폭격을 받아 국가가 셋으로 분리되는 최후를 맞았습니다. 그 국가의 슬로보단 말로세비치 대통령은 전쟁범으로 체포돼 재판을 받다가 옥사해야 했고 그 국가 역시 그들에게 약탈당했습니다.

대한민국의 약탈

1997년 대한민국의 외환위기 역시 지배세력이 달러를 이용한 화폐공격으로 우리 경제권이 그들에게 넘어간 사례입니다. 우리는 지배세력에 의해 써진 역사책에서 우리가 일본의 식민지가 된 것이 일본은 우리보다 먼저 서양에서 일어난 산업혁명에 가담해

산업화했기 때문이라고 배웠습니다. 그러나 이는 그들에 의해 조작된 거짓역사입니다. 일본이 산업화 할 수 있었던 이유는 1854년 지배세력이 보낸 페리제독에 의해 일본을 그들의 식민지로 만들었기 때문에 가능했습니다.

이토 히로부미 같은 일본 제국주의자들은 대영제국의 배후에 있는 지배세력에게 선정돼 일찍 서부교육을 받은 그들의 하수인들이지 자신들이 스스로 깨우친 자들이 아닙니다. 지배세력은 그 때부터 약 200년 전에 도쿠가와 쇼군에 의해 일본에서 추방된 경력이 있는 로마 가톨릭 수도회로 알려진 예수회와 같은 세력입니다. 그러므로 그들은 1592년 도요토미 히데요시가 일으킨 임진왜란의 자금을 대주어 히데요시가 조선을 공격하도록 부추겨 일본군으로 당나라를 공격하려는 계획을 추진했던 자들입니다. 다행히 이순신 장군에 의해 그들의 계획이 무산됐고 그 후 종교개혁 때문에 일어난 종교전쟁에서 네덜란드 군함의 도움을 받은 도쿠가와 쇼군에 의해 일본에서 쫓겨났었습니다.

약 2세기 후 그들이 영국제국의 배후에서 세계를 지배하게 되자 다시 일본에 나타났던 것입니다. 다시 시작된 아시아를 정복하는 계획을 위해 그들은 도쿠가와 쇼군을 제거하고 어린 명지 천황을 신으로 격상시켜 그를 꼭두각시로 그의 배후에서 자신들의 자금력으로 일본을 근대화시켜 일본의 해군을 키웠습니다. 그

런 후 1895년 일본의 해군으로 청일 전쟁에서 청나라를 제압해 조선을 차지해 중국으로 진출하는 발판을 만들었습니다.

1905년에는 일본군함으로 러시아를 기습 폭격한 노일 전쟁으로 러시아의 해군을 약화시켜 제1차 세계전쟁 직후 볼셰비키 혁명으로 러시아를 공산화시키게 될 기초를 만들었습니다. 더 자세한 내역은 제가 저술한 '정보전쟁' 을 참조하실 것을 권고해드립니다.

미국의 배후에서 일본을 패망시킨 지배세력은 한반도를 반등분해 북한을 공산주의 소련에게 넘겨주고 남한을 민주주의 국가로 만들어 앞으로 공산주위와 민주주의의 대결의 상징이 될 한국전쟁의 기초를 만들었습니다. 그러나 지배세력의 공산주의와 민주주의의 대결로 전 세계를 두 진영으로 나누는 계획을 감히 한국의 민족 지사들이 반대하고 나서자 그들을 암살해 버리고 대통령 자리에 눈이 멀어 그들에게 매수된 이승만을 앞세워 남한을 민주주의 국가로 건립했던 것입니다.

그런데도 제주도에서 그들의 계획을 끝까지 저항하자 그들은 제주 4.3 사건으로 제주도 양민들 수만 명을 공산당으로 몰아 학살해버렸습니다. 그 때 그 명령을 거역한 연대의 소속이다가 여순반란사건에 개입되는 바람

에 사형될 위기에 까지 갔던 박정희장군은 미국의 배후세력이 일본제국보다 더 악랄하고 잔인하다는 사실을 실감 했으므로 한국전쟁 이후 미국 군대가 주둔하고 있는데도 1961년 5.16 군사혁

명을 일으켰습니다. 다행히 그 시점에 미국에서는 존 에프 케네디 대통령이 지배세력의 CIA 국장을 해고하고 달러 발권력을 연준위로부터 회수해 미 재무부가 달러를 직접 발행하는 계획을 추진하고 있었습니다. 고로 케네디의 암살을 준비 중이던 지배세력은 박정희 정권의 군사혁명을 저지할 겨를이 없었습니다.

박정희대통령은 지배세력의 세계은행에서 돈을 빌려 쓰면 그들에게 경제적으로 지배된다는 사실을 알고 일본과 조기협상을 타결해 받은 배상금을 자본으로 대한민국 제조업을 키워 수출로 달러를 벌어들이기 위한 경제개발계획에 박차를 가했습니다. 박정희정권은 그렇게 원래 지배세력이 전쟁으로 폐허로 만든 대한민국을 그들의 경제식민지로 만들려던 계획을 막고 철저한 보호무역 정책으로 외국기업이 한국기업에 투자할 수 있는 지분을 5% 미만으로 제한하고 투자 금을 반출하는 것을 까다롭게 만들어 국내 금융시장 역시 그들로부터 보호했습니다.

또한 그는 한국은행을 그들의 BIS가 간섭하지 못하게 하였고 돈을 빚으로 창조하는 권한을 국영은행들에게 국한시켰습니다. 국내기업들이 경쟁력을 키울 수 있도록 높은 관세로 내수시장을 보호하였고 우리 국민들이 서독과 베트남전쟁에서 벌어들인 달러로 정부지불보증을 해줘 국내기업들이 외국에서 수주를 받을 수 있게 경제적으로 지원해 주

어 세계수준의 기업들로 성장시켰습니다. 거기다 국가안보에 중요한 철강사업, 에너지 사업, 통신사업 등을 모두 정부가 직접 소유하였습니다.

그러나 1993년 들어선 문민정부는 지배세력의 대기업들의 이윤을 위한 자유무역제도가 민주주의로 가는 길이라고 '믿고' 박정희 정권이 구축해 놓은 관세를 폐지하고 국내시장을 전적으로 개방했습니다. 또한 민주화라는 명분으로 대한민국 국영기업들과 은행들을 민영화시켜 그들이 아무비용도 안들이고 창조하는 돈으로 삼키도록 허용했습니다. 박정희 정권을 전복시키려는 그들의 CIA가 민주화'라는 명분으로 반정부활동을 지원해 주고 있다는 사실을 '감지' 못했던 것으로 추정되는 문민정부는 국영은행을 민영화 하는 조치가 국가가 직접 돈을 창조하는 권한을 그들의 은행들에게 넘겨주는 행위라는 사실을 모르고 그 것이 민주주의로 가는 길인 줄로 오판했던 것으로 보입니다.

또한 금융시장을 전적으로 개방해 외국자금이 한국시장에 자유롭게 들어올 수 있게 허용하자 기업들은 외국자금을 저금리로 빌릴 수 있게 돼 자유무역의 혜택이라고 믿고 외국금융시장에서 그들의 단기자금을 빌려 기업들의 사업을 확장시켰습니다. 그러나 이는 지배세력이 놓은 덫이었습니다. 지배세력의 돈을 관리하는 일본, 유럽, 미국의 펀드 메니저들은 그 때까지 그들의 언론으로 아시아의 네 마리의 호랑이라고 극찬하던 태도를 갑자기 돌변하여 대한민국 기업들의 건전성에 문제가 있다는 이유로 자금을 회수해가기 시작하여 대한민국 기업들을 유동성위기로 몰았습니다. 전혀 그런 사태를 의심하지 않고 그들의 자금으로 사업을 늘려 놓았던 대우그룹의 김우중을 비롯한 대한민국 기업들이 그들의 빚을 상환하지 못하게 되자 대한민국이 보유하고 있던 외환이 바닥이 나 기업들이 줄줄이 도산을 했습니다. 더 의심스러운 정황은 김영삼 정부가 한국은행이 그런 낌새를 알아차리고 대책을 마련해야한다는 수십 차례의 경고를 무시했던 점입니다..

국가가 외환위기에 국면하면 구제 금융을 해준다는 명분으로 1944년 설립된 IMF는 실제로 지배세력의 약탈을 위한 도구라는 숨겨진 실체가 그 때 드러났습니다. 그들의 하수인 빌 클린턴과 루빈재무장관은 일본정부가 한국 정부에게 금융을 지원 해주려하자 이를 금지했습니다. IMF는 구제 금융으로 유동성 위기를 모면하게 도와줘야 하는 상황에 구제 조건으로 오히려 금리를 올리고 고용자들을 해고 하라는 악 처방으로 대한민국 기업들의 청산을 요구했습니다. 위기에 처한 은행들 자산도 국내자본은 불허하고 외국자본만 인수할 수 있는 법을 강요 했습니다.

그들은 박정희 대통령이 국민들이 피땀 흘려 벌어들인 외화로 기업들을 성장시켜준 대가로 기업들이 근로자들의 삶을 보장하게 제도화해 놓은 근로 법을 수정해 해고가 수월하도록 해 기업의 이윤을 늘릴 수 있게 주문했습니다. 또한 외국인 투자지분 허용

율을 50% 이상으로 늘리도록 요구해 삼성을 비롯한 대한민국 알자 기업들의 지분들을 그들이 내세운 론스타 같은 기업투자펀드들을 통해 그들의 은행들이 아무비용도 안들

이고 창조하는 달러로 인수하여 우리나라 대기업들의 대주주가 됐습니다.

마지막으로 그들은 한국은행을 그들의 BIS의 관할에 넣고 정부의 간섭 없이 독자적으로 금리를 결정해 통화량을 정할 수 있도록 제도화함으로 대한민국의 경제권을 갈취하는데도 성공했습니다. 그 결과 대한민국정부는 국영은행이 독점하던 돈을 창조하는 권한과 자국의 통화량을 독자적으로 조절할 수 있는 자주권을 빼앗겼습니다. 그러나 돈에 대한 지식이 없는 국민들은 물론이고 정치인들마저 그 사실을 알지 못하고 있는 게 현실입니다.

러시아의 약탈과 푸틴이 되찾은 국영자산

그들에게 매수돼 1991년 소련제국을 붕괴시키는 역할을 담당했던 러시아의 보리스 옐친 대통령은 지배세력의 화폐공격으로 루블이 붕괴하자 러시아의 대통령자격으로 러시아를 제일먼저 소련에서 탈퇴시켜 소련을 붕괴시키는데 앞장섰던 그들의 일등

공신이었습니다. 1998년에는 원유수출에 의존하는 러시아를 원유가를 폭락시키는 방법으로 러시아의 유동성 위기를 일으켜 이때 역시 IMF가 러시아의 유동성위기를 극복해주는데 필요한 구제 금융을 해주는 조건으로 러시아의 국영언론은 물론 러시아의 모든 국영기업들을 '민영화'라는 명분으로 매각할 것을 요구했습니다. 그 결과 지배세력의 대리인들로 형성된 러시아 출신 대부들이 모두 그들의 은행들의 대출로 헐값에 인수 하였습니다. 다른 구소련 국가들과 마찬가지로 러시아의 공영자산을 민주화라는 명분으로 지배세력이 그들이 아무비용도 안들이고 창조하는 달러로 인수하는데 성공했던 것입니다. 그러나 그들의 그런 계획은 러시아의 푸틴에 의해 무산되고 말았습니다.

러시아의 비밀경찰 FSB국장을 지내며 옐친과 지배세력의 신임을 얻어 옐친의 후계자로 선정돼 2000년 러시아의 대통령으로 선출된 블래디미어 푸틴 대통령은 그가 대통령이 되자마자 지배세력을 '배신' 하고 지배세력의 하수인들에게 넘어갔던 러시아의 자산을 회수해 다시 국영화시켜 러시아를 지배세력으로부터 독립시켰습니다. 소련시절부터 소련 KGB요원이었던 그는 지배세력의 수법을 잘 알고 자신의 애국심을 감추고 그들에게 거짓 충성하는 방법으로 옐친 대

통령과 지배세력의 신임을 얻어 대통령 후보로 선정되는 데 성공했던 것입니다.

그렇게 하여 대선 직전 무명이었던 자신을 획기적인 선거 전략으로 대통령에 당선했고, 그가 정권을 장악한 후에는 러시아를 그들로부터 회수했던 것입니다. 그 때부터 푸틴은 지배세력의 끈임 없는 암살기도를 당했고 러시아 안에서도 돈으로 매수한 정치인들을 내세워 그의 정권을 전복시키려 했으나 매번 실패했습니다. 그들의 수법을 잘 아는 그는 지배세력의 가장 위협적인 적으로 부상했을 뿐 아니라

그들이 우려했던 대로 중국과 전략적 동맹을 맺어 지배세력의 무기인 달러체제를 무력화시키는 데 기여했습니다.

러시아의 역사적 배경

러시아제국은 원래 세계에서 가장 넓은 면적을 가진 자원이 풍부한 국가입니다. 러시아 제국의 차르 알렉산더는 19세기에 유럽 문화권에 속했으므로 로스차일드에 대해 잘 알고 있었고 로스차일드가 러시아에도 그들의 은행을 설립할 것을 제안하자 이를 불허하여 그들이 러시아를 침투하는 것을 막았습니다. 오히려 자국의 국영은행을 설립해 정부가 직접 발행하는 돈을 저금리로 국민들에게 대출해 주어 러시아를 산업화시켰고 러시아의 금보유량은 러시아의 총 통화량을 훨씬 능가할 정도로 많았습니다. 거기다 일찍부터 러시아는 농노제도를 없애고 농토를 국민들에게 나

누어줘 농산물 생산량은 세계 1위였습니다.

러시아제국은 역사적으로도 지배세력과 앙숙이었습니다. 11세기에 로마교로 유럽을 지배하게 된 교황청이 교황을 예수의 대리인으로 선포하고 유럽을 지배하자 로마교로부터 동로마제국의 전통기독교로 분리돼 나온 후 전통기독교의 본부가 러시아로 옮겨져 종교적으로도 로마교와 대립하게 됐습니다. 거기다 차르 알렉산더는 1860년 지배세력이 부추겨 미국 안에서 일어난 남북전쟁에서 러시아의 도움을 요청한 링컨 대통령에게 군함을 보내주어 대영제국이 그 내전에 개입하는 것을 막아주었습니다.

그러므로 대영제국의 배후에서 세계를 식민지로 만들고 있던 로스차일드는 러시아제국을 무너트리는데 전력을 다했고 결국 일본제국을 이용해 1905년 로일 전쟁을 일으켜 러시아의 해군을 전멸시켰습니다. 그 전쟁으로 러시아제국을 약화시키는 데 성공한 후 그들의 전영적인 수법으로 러시아 안에서 사회분열을 조성해 시민 폭동을 선동했습니다. 지배세력이 배후에 있다는 사실을 몰랐던 차르정부는 무력으로 진압했으나 수습이 안 되자 국민들을 대표하는 국회인 두마의 설립을 허용했습니다. 그들이 배후에서 조성한 사회적인 혼란이 지속되는 와중에 제1차 대전이 발발하자 차르 니콜러스는 국민들의 애국심을 불러일으킬 목적으로 국민들의 반대에

도 불구하고 독일과 전쟁을 선포해 그가 직접 군대를 이끌고 전쟁에 참전했습니다.

그러나 이미 쇠퇴된 러시아의 군대가 독일에게 참패하여 많은 사상자를 내자 국민들의 사기가 저하되고 국가 경제가 악화돼 1917년 2월 차르 니콜러스는 결국 퇴진하고 알렉산드르 케랜스키의 임시정부가 들어섰습니다. 그러자 지배세력의 월스트리트 은행가 쿤로브는 러시아에서 혁명을 주도하다가 미국으로 망명을 갔던 레프 트로츠키에게 500만 불의 금(지금의 3조 달러)을 주어 러시아로 보냈습니다. 가던 중 캐나다국경에서 검문에 걸렸으나 윌슨대통령이 직접 개입해 풀어줘 러시아로 무사히 입국할 수 있었습니다. 스위스에 망명가 있던 니콜라이 레닌 역시 독일 바르부르크로부터 받은 천만 불 어치(지금의 6조 달러)의 금을 가지고 독일과 러시아가 전쟁 중인데도 국경을 유유히 통과해 러시아에 도착했고 둘은 그 막대한 자금력으로 그 지역의 식량을 사들이는 수법으로 식량난을 조성해 국민들의 폭동을 일으켜 1917년 10월에 임시정부를 몰아내고 볼셰비키 당이 정권을 장악한 혁명을 성사시켰습니다. 그런 후 차르 니콜러스를 처형시켜 그가 만약을 대비해 그들의 은행에 맡겨 두었던 1만5천톤의 금을 갈취해 레닌과 트로츠키에게 줬던 금을 회수했습니다.

지배세력이 배후에 있다는 사실을 모르고 볼셰비키혁명에 가담했던 러시아의 '영적 공산당' 으로 알려진 기독교 세력은 레닌의 볼셰비키 정부가 들어선 후 그들이 (약 1억 명으로 추정되는) 지식인들, 기독교 교주와 교인들을 학살하고 나머지를 굴라그 노동

수용소로 보내는 것을 보고 자신들이 속았다는 사실을 뒤늦게 깨달았습니다. 그 때부터 그들은 비밀리 힘을 키워 1976년 볼셰비키를 소련에서 몰아내는 데 성공했습니다. 그렇게 쫓겨난 볼셰비키 세력은 미국으로 건너가 신 보수주의로 알려진 네오컨으로 거듭나 1980년 레이건 정부에 침입하여 그들이 기획한 화폐공격으로 소련을 붕괴시킨 후 1998년에는 러시아마저 붕괴시켜 러시아의 국영자산을 약탈했던 것입니다.

그런데 자신의 정체를 숨기고 정권을 잡은 푸틴이 대통령에 선출되자마자 또 다시 그들을 러시아에서 몰아낸 것입니다. 푸틴은 그러므로 러시아 기독교세력이 내세운 지도자로 그가 정권을 잡은 후 그는 러시아 안에 그 때까지 지하에 숨어있던 전통기독교를 다시 부상시켰습니다. 그런 뜻에서 전통기독교를 대표하는 러시아의 푸틴과 루시퍼를 섬기는 지배세력과의 대결은 곧 선과 악의 대결인 것입니다. 이 숨겨진 역사 역시 제 '정보전쟁' 에 상세히 소개돼 있습니다.

유럽 국가들의 통화를 통제하기 위해 출범된 유로

그들은 이미 유럽에서 18세기부터 영국은행을 시작으로 모든 유럽 국가들의 중앙은행을 장악하여 그들이 소유한 국제은행들이 유럽 국가들의 통화를 창조해 왔습니다. 불란서 혁명을 배후에서 일으켰던 지배세력 예수회의 도움으로 나폴레옹은 코르시카

섬에서 일으킨 군대로 유럽의 황제로 부상했습니다. 그는 그의 군대로 유럽을 장악한 후 제일 먼저 시도했던 업적이 불란서의 영토였던 루이지애나 주를 미국에 매각해 받은 자금으로 별도의 중앙은행을 설립해 그들로부터 경제적으로 독립하는 것입니다. 물론 그 결과 그는 지배세력이 내세운 영국이 만든 연합군에 의해 제거된 이유이기도 합니다.

그러나 1960년대부터 불란서의 드골 대통령과 유럽 국가들이 그들의 달러체제에 도전한 경험을 한 지배세력은 전 유럽을 더 효율적으로 통제하기 위한 수단으로 1991년 유럽연합이라는 유럽공동체를 구축했습니다. 그러기 전, 그들은 제일 먼저 둘로 분리됐던 독일을 통일시켜 통일된 독일의 콜무트 콜 수상이 이 공동체의 설립을 주도하게 만들었습니다. 물론 콜은 세계지배세력에게 매수된 정치인이었고 혜성같이 동독에서 나타나 그의 뒤를 이은 메르켈 역시 그렇습니다. 메르켈은 히틀러의 사생아라고 합니다.

서로 언어와 풍습이 다른 유럽 국가들을 미합중국처럼 하나로 만든다는 것은 불가능하다는 사실을 잘 아는 그들은 유럽을 경제적으로 통제하기 위해 유럽 국가들이 공동으로 사용하는 통화를 만드는 계획을 세웠던 것입니다. 그러기 위해서는 각 국가들이 자국의 통화발권력을 유럽연합 산하에 신설될 유럽중앙은행 ECB로 이양해야 했습니다. 지배세력은 자신들이 소유, 통제하는 학계와 언론을 이용해 유럽연합이 미국의 달러를 견제하기 위한 조직인 것처럼 유럽 국민들을 속이는데 성공하여 2000년 유럽의 통화인 유로를 출범시켰습니다.

돈이 자신들을 통제하는 지배세력의 무기라는 사실을 알지 못하는 유럽 국민들은 유로의 출범을 경축하며 환영했습니다. 지배세력은 교묘하게 마치 유럽연합이 유럽국민들에 의해 의사결정이 이루어지는 것처럼 속이는데도 성공했습니다. 지배세력에게 매수된 유럽국가 정상들의 국제협약으로 설립된 이 유럽연합은 EC라는 결정기관이 모든 결정권을 소유하고 있습니다. 그러나 그들은 각 유럽 국가에서 유럽연합의 의회에 대표를 투표로 선출하게 함으로 마치 국민들이 뽑은 대표들이 모여 유럽연합의 의사결정을 하는 것처럼 속이는데 성공했습니다.

실제로 유럽연합의 의회는 그 의회의 의장을 선정하는 것 외에는 유럽연합의 아무 의사결정권이 없는 자문단에 불구합니다. 모든 결정권은 유럽연합의 집행기관인 유럽위원회 (European Commission (EC))가 소유하고 있고 유럽위원회는 지배세력이 임의로 임명한 자들로 구성돼 있습니다. 그러나 언론과 학계에서 이 사실을 은폐하고 있어 세계는 유럽연합이 아무정부의 제제를 받지 않는 독립된 지배세력의 법인이라는 사실을 알지 못하고 있습니다.

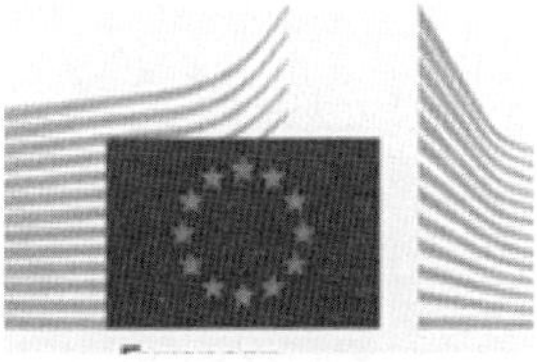

거기다 유럽중앙은행 ECB 역시 독립된 기관으로 유럽 국가들이 아닌 유럽위원회의 통제를 받고 지배세력의 BIS의 지시를 따르는 기관이라는 사실을 유럽 국민들은 인식하지 못하고 있습니다. 그러므로 유럽연합에 의해 창설된 유로를 관할하는 유럽중앙은행의 의장 역시 지배세력이 통제하는 유럽위원회가 선정하는 것입니다. 유럽중앙은행의 의장 드래기가 지배세력의 골드만삭스 투자은행 출신인 것은 우연이 아닙니다.

유로 역시 각 회원 국가들이 발행한 국채를 준비금, 즉 담보로 발행하는 법정화폐입니다. 유럽은 유로를 통화로 사용하게 되었으나 아직도 원유거래는 달러로 이루어지게 돼있음으로 달러의 기축통화지위는 유지됐습니다. 그러나 ECB가 유로의 금리 결정을 할 수 있게 됨으로 전 유럽의 전체 통화량의 통제가 더 효율적으로 이루어지게 됐고 유럽에 위치한 그들의 국제은행들은 이제 예전에는 각 국가의 통화를 그 지역에서 창조하던 번거로움 없이 유로만 창조하면 되게 된 것입니다.

유럽연합은 그러므로 고도의 속임수를 이용해 마치 유럽국민들이 선출한 유럽연합의회 의원들이 유럽국민들의 의사를 반영하는 민주주의 기관인 것처럼 포장된 지배세력이 유럽을 통제하기 위해 구축된 그들만의 조직입니다. 그럼에도 지배세력에게 매수된 각 유럽 국가들의 정상들은 국제협약이 국가의 법과 동등하다는 이론으로 이 유럽연합의 결정을 자국의 국민들이 선출한 의회의 결정보다 더 우선으로 따르고 있습니다. 유럽연합은 그러므로 민주주의와 상반되는 조직입니다.

유럽 국가 전체를 통제하는 유럽 국가들 사이의 통상에 관련된 관세를 포함한 모든 규제들을 유럽연합의 유럽위원회에서 결정하고 있을 뿐 아니라 유럽의 이민정책, 경제 정책도 그러합니다. 최근 유럽에서 중동과 아프리카 난민들에게 국경을 열고 그들을 난민들로 받아들이는 결정도 유럽국민들의 반대에도 불구하고 유럽연합의 집행기관 유럽위원회의 결정에 의한 것이고 러시아, 이란을 상대로 결정한 경제제재도 유럽국민들의 의사와 상관없이 유럽연합의 일방적인 결정에 의한 것입니다.

그러나 최근 영국에서 성사된 브렉시트의 시작으로 전 유럽의 국민들의 유럽연합에 대한 반감이 거세져 유럽연합이 유럽 국가들의 통제를 상실하고 있는 추세입니다. 세계지배세력은 2016년 영국 국민들의 국민투표로 결정한 브랙시트를 3년이 넘게 교묘하게 막았으나 2019년 12월에 진행된 조기선거에서 울분한 국민들이 보리스 존슨을 전적 지지하는 바람에 2020년 1월에 마침내 성사됐습니다.

2016년에 브랙시트를 성사시키겠다고 공약하고 당선됐다가 국민들을 배신한 테레사 메이 총리를 이용해 어떻게든 브랙시트를 막으려 했던 진짜 이유는 유로를 보존하기 위해서였습니다. 만약 영국의 탈퇴로 다른 유럽의 국가들이 탈퇴

할 경우 유로의 미래가 불확실해지는 것은 불 보듯 뻔하기 때문입니다. 이미 2019년 유럽 전역에서 실시된 유럽연합의회 선거 때 영국은 물론이고, 독일, 불란서, 이태리에서도 유럽연합의 결정에 반발하고 영국처럼 유럽연합에서 탈퇴를 요구하는 당에 속한 의원들이 대거로 선출되는 사태가 벌어졌습니다.

아태리의 살비니, 영국의 파라지, 불란서의 르팽

2018년 불란서 마크롱 정부가 국민들에게 '파리 기후조약'에 근거한 탄소가스 관련 세금을 부과하자 안그래도 지속된 불경기에다 심해진 부의 양극화현상에 찌들어진 불란서 중산층이 노란조끼 시위를 벌이기 시작해 2년째 연속 매주말 진행하고 있습니다. 그러나 불란서 시민들의 지지를 받는 이 시위는 주류언론에서는 전혀 보도하지 않고 있습다. 오히려 지배세력이 배후에서 조작해서 홍콩에서 일어난 소위 '민주화' 시위는 대대적으로 보도하는 그 자체가 그들의 언론이 지배세력의 도구라는 사실을 입증하고 있습니다.

시장경제체제에서 배제된 북한

베트남의 공격을 받았다는 허위정보로 베트남 전쟁을 일으켜 그 지역의 마약재배 사업의 요지인 골든트라이앵글을 장악한 후 군대를 철수하여 공산주의 국가로 넘겨주었던 베트남도 1993년 IMF의 구제 금융을 해주며 시장경제체제에 합류시켰습니다. 그 결과 베트남은 이제 그들의 빚을 갚기 위해 전 국민들이 열심히 일해야 하는 경제식민지로 전환됐습니다.

그런데 중국이 시장경제로 전환할 때부터 북한이 미국과 수교를 맺고 시장경제에 합류할 의사를 전달했으나 아버지 부시 정권은 공산주의를 붕괴시키면서도 북한의 요청을 거부했습니다. 그들이 북한만은 고립시키려는 의도를 읽은 김일성은 그 때부터 자주적인 방어를 위해 핵무기를 개발하기 시작했습니다. 그리고 그 것이 바로 지배세력이 노렸던 것입니다. 왜냐면 그 지역에서 북한이 적대국으로 있어야 남한과 오키나와에 미군 기지를 유지할 명분이 있기 때문입니다.

그런 후 그들은 북한을 이란과 함께 악의 축으로 지정하고는 은밀히 그들의 ADB 엔지니어링 사를 통해 북한에게 핵 기술을 이전해주었습니다. 오바마 정권 때에는 장거리미사일 기술까지 제공해 주어 북한을 핵 국가로 무장시켜 아시아 지역의 전운을 조성하고 핵을 이용한 전쟁터로 남겨 두었습니다. 북한이 경제적으로 발전하지 못한 이유는 그러므로 그들이 북한을 시장경제체제에서 고의로 제외시켰기 때문입니다.

6. 미국의 달러를 붕괴시키는 전략

앞에서 나열됐듯이 그들은 그들이 창조하는 달러로 세계전쟁을 일으켜 전 세계를 두 진영으로 나누어 놓고는 가상의 적으로 창조한 공산주의 소련으로부터 보호해 준다고 구축해 놓은 달러 체제로 모든 국가들을 경제적으로 약탈하는 목적을 달성했습니다. 공산주의의 가치가 다 하자 소련의 경제 역시 달러로 공격해 붕괴시켜 냉전에서 승리했다고 세계에다 선포했습니다. 그런 후 구 공산주의 국가들 국영자산을 모두 그들이 창조하는 달러로 약탈하였습니다. 그동안 살찌게 두었던 일본, 대한민국을 포함한 아시아 국가들의 기업들도 그들의 고유의 전략인 돈의 공급량을 늘렸다 줄이는 방식으로 약탈했습니다. 그들은 이제 그들의 국제기업들이 세계시장을 석권했고 나머지는 그들이 내세운 기업사모펀드를 통해 삼성 같은 기업들도 그들의 소유가 됐습니다.

그들은 이미 1929년에 일으킨 대공황으로 주가를 폭락시킨 후 인수한 미국의 모든 기업들을 전 세계로 진출시켜 자유무역으로 세계의 모든 분야를 독점하는 기업들로 키우면서 미국 안에 있던 모든 생산시설을 중국으로 보내 미국을 비산업화 시켰습니다. 그러면서 그들이 주기적으로 조작해 일으킨 주식시장 붕괴로 미국 국민들의 부를 약탈해 왔습니다. 1970년대 원유파동, 1980년 금리인상, 1987년 주식폭락, 1990년 저축대부조합붕괴, 2001년 닷컴 주식 붕괴, 2008년 부동산주택 붕괴들을 통해 그들의 의정서에서 가르친 대로 국민들의 여유자금을 투기를 하게 유도해 약탈했습니다.

그들의 수법은 항상 저금리 정책으로 통화량을 늘려 주가와 부동산 가격을 최고치로 올려 모든 국민들의 여유자금을 투자하게 만든 후 자신들은 높은 가격에 매각해 이익을 챙긴 다음 (즉 그들의 부를 갈취한 다음) 다시 금리를 올려 거품을 빠지게 해 주가와 부동산가를 폭락시키는 것입니다. 그들이 말하는 그들의 고유의 '양털깎기' 전법인 국민들의 부를 갈취하는 전형적인 수법으로 일찍이 미국의 창시자 토마스 제퍼슨 대통령이 은행가들이 상비군보다 더 국민들의 자유를 위협한다고 경고했던 수법입니다. 거기다 제조업이 제 3국으로 이전돼 미국의 제조업 일자리가 없어져 국민들의 소득이 줄어들어 생활수준을 유지하기 위해서는 줄어드는 소득을 대출로 충당해야 함으로 국민들의 가계 빚 역시 늘어났습니다.

그러므로 그들이 1980년대부터 시작한 자유무역을 바탕으로 한 세계화정책은 세계의 부를 갈취함과 동시에 미국의 부를 약탈하여 미국의 경제를 쇠퇴시키는 정책이었습니다. 미국의 제조업을 인건비가 저렴한 아시아로 보내 저렴한 인건비로 생산된 제품을 미국과 유럽으로 무관세로 수입하여 기업들의 이익을 극대화할 수 있었습니다. 자연히 미국 증권거래소에 상장돼있는 그들의 기업들의 주가는 상승하였고 그 상승을 자유무역의 혜택이라고 그들의 언론은 미국 국민들을 속였습니다.

그들의 목표는 그들의 세계정부의 설립을 저항할 수 있는 가장 부유한 국가인 미국을 경제적으로 쇠퇴시켜 저개발 국가 수준으로 낮추는 것이었습니다. 앞에서도 언급했듯이 그들은 냉전을 핑계로 국방비를 늘려 정부예산의 1/4 심할 때는 1/3을 그들의 방위산업이 가져갔습니다. 그들은 존슨대통령이 시작한 사회복지 정책을 꾸준히 늘려 의료혜택을 저소득층에게 제공한다는 빌미로 정부예산의 1/2를 그들의 의료시설, 기구제조업체와 제약회사들이 가져갔습니다. 남는 1/6로 국채에 대한 이자를 상환하고, 도로와 기관시설 유지비, 교육비 등등을 위해 사용하다보면 당연히 예산이 부족해 국채를 발행한 빚으로 적자를 충당하게 만들었습니다.

그러나 지배세력의 통제를 받는 정부와 언론은 빚으로 늘어나는 소비와 정부의 지출을 GDP에 포함시켜 매년 GDP가 늘어남으로 경기는 호전되고 있다고 속였습니다. 그래서 그들은 경기측정 기준을 원래 국가 생산량을 평가하는 GNP 대신 빚으로 창조된 돈이 창출하는 소비와 정부지출이 모두 포함되는 GDP로 대체한 것입니다. 이미 생산이 외국으로 옮겨가 정부와 국민들의 빚으로 지탱되기 때문에 빚으로 창조된 돈의 지출 역시 GDP에 포함시켜 매년 GDP가 늘고 있어 경제가 향상되고 있다고 국민들과 세계를 속여 왔습니다.

그러므로 현재 미국 국민들의 40%는 빚이 자산보다 많고 60%는 단 $500의 현금이 없어 만약 비상사태가 발생하면 신용카드에 의존해야 하는 처지입니다. 미국 국민들의 가계 빚은 도저히 갚을 수 없는 수준에 와 있고 정부의 세수는 매년 줄어들어 미국정부는 매년 1조가 넘는 예산적자를 충당하기 위해 국채를 발행해야 합니다. 정부발표에는 예산적자가 약 5천억이라고 속이고 있지만 매년 정부의 부채가 1조가 넘게 늘어나고 있음이 이를 반증하고 있습니다. 미국정부의 드러나 빚만 현재 연 세수의 8배인 24조 달러로 도저히 갚을 수 없는 수준입니다. 만약 미국정부의 재무제표를 기업들이 준수하는 일반 회계원칙(GAAP)에 의거해 앞으로 책임져야 할 사회보장금, 국민의료 기금 등등을 포함할 경우 미국의 총 부채는 200조 달러가 넘습니다.

그런데도 그들의 BIS와 IMF는 물론이고 그들이 소유한 신용등급회사들은 미국의 국채를 가장 안전자산이라고 속이고 있습니다. 기업이 연 수입에 8배가 되는 부채를 안고 매년 수입보다 지출이 늘어 부채가 늘어갈 경우 그 기업은 이미 도산했다고 판정돼 더 이상 채권을 발행 하는 게 불가능한 게 원칙인데 아직도 그들의 신용등급회사들은 미국정부가 발행하는 국채의 신용등급이 최고라고 세계를 속이고 있는 것입니다.

그들의 궁극적 목표는 달러의 붕괴

달러의 빚을 그렇게 늘려 미국이 도저히 갚을 수 없는 수준으로 몰아 도산시키는 것이 바로 그들이 그들의 의정서에서 가르치는 세계정복을 위한 최후의 전법입니다. 세계의 돈인 달러는 미국

정부의 국채를 바탕으로 하고 있기 때문에 미국정부가 발행한 국채를 갚을 것이라는 미국정부에 대한 신용이 (1971년까지만 해도 달러를 보장하던) 금을 대체하게 됐습니다. 그런데 세계 모든 국가들의 돈의 가치는 달러에 연계돼있어 그 가치가 산정됩니다. 그러므로 만약 미국이 국채를 갚지 못하는 상황이 올 경우 달러는 붕괴할 것이고 달러의 붕괴는 곧 세계 모든 국가들의 화폐의 붕괴로 연결되도록 그들은 전 세계의 통화를 달러와 연계시켜 놓은 것입니다.

앞에서 거론했듯이 세계지배세력의 궁극적 목표는 모든 정부들을 도산시킨 후 그 정부들의 화폐를 휴지로 만들어 모든 국민들의 부를 한꺼번에 갈취해 거지로 전락시켜 자신들의 세계정부가 발행하는 새로운 통화로 모든 국민들을 구해주는 조건으로 그들의 지배하에 들어오게 만드는 것입니다. 그러므로 그들의 계획은 미국정부를 빚에 의존하게 만들어 도저히 갚을 수 없는 상황으로 몰고 간 후 도산하도록 하는 것입니다.

빚으로 달러의 양을 계속 늘려야하는 구도

금과의 한계를 벗어버리고 국가의 빚을 담보로 은행들이 돈을 창조하며 국민들로부터 보이지 않는 조공을 걷는 이 지배세력의 통화제도는 계속 통화의 공급량이 늘어나야합니다. 공급량을 늘려야만 과잉발행으로 인플레이션이 일어나 그 값이 오르는 것처럼 보여 자산가가 유지되기 때문입니다. 그 말은 빚을 내는 사람이 빚을 갚는 사람들 보다 월등히 많아야만 공급량이 계속 늘어나는 구도인 것입니다. 그 이유는 돈은 은행들이 대출을 해주며 창조할 때에는 그 대출이 은행의 원장에 자산으로 잡히고 반대로 대출을 갚을 경우에는 자산에서 공제하기 때문에 은행의 자산이 줄어듭니다. 총괄적으로 대출로 창조되는 돈의 양이 꾸준히 늘어야만 자산가의 거품이 유지되는 것입니다.

달러를 빚으로 창조하는 제도의 한계

그러나 빚의 한계점에 가면 더 이상 빚을 수용할 수 없기 때문에 공급량을 늘릴 수 없게 되는 것입니다. 그 때 그들은 금리를 올려 거품을 터트리는 방법으로 일반 투자자들의 부를 약탈하고 다시 시작하는 것입니다. 고로 그들은 주기적으로 돈의 공급량을 늘렸다가 줄이는 방식으로 거품을 빼고 난 후 다시 거품을 키워 그 전의 양보다는 더 늘어나야만 경기가 회복한 것처럼 보이기 때문에 매번 그 거품의 규모가 더 커져야 하는 것입니다. 특히 앞에서 보았듯이 달러의 가치가 1913년에 비해 3%도 안 됨으로 거품을 그 전에 비해 더 키우기 위해서는 더 많은 양의 돈을 시장에 공급해야만 가능한 데 어느 한계점에 도달하면 금리를 낮추어도 그들이 필요로 하는 더 많은 대출을 수용할 기업이나 개인들이 없는 것입니다.

지배세력이 세계를 지배하는데 사용한 빚으로 돈을 창조하는 시스템은 이미 고대 바빌론시대에 왕실이 쓰던 '빚 노예 제도(Debt Slavery System)' 로 알려진 시스템입니다. 그 당시 왕실에서는 백성들이 돈을 빌리러 오면 마치 국영은행이 하듯이 돈을 창조해서 이자를 받고 빌려줬습니다. 그렇게 그들로부터 그들의 노동을 통해 세금을 걷는 제도였습니다. 그러나 왕실은 그 빚의 양이 어느 수준을 능가하면 이자를 갚기 어려워져 오히려 생산성이 떨어진다는 사실을 알았습니다. 그러므로 왕실에서 돈을 관리하는 책임자의 역할 중의 하나가 빚의 양이 너무 늘어나 국가의 생산성이 떨어지기 시작하면 빚을 모두 탕감해주고 (Debt Jubilee) 새롭게 시작하는 것이었습니다. 이런 제도에 대한 내용은 유대인들의 구약성서에도 기록돼있습니다.

기원전 18 세기 바벨론

그러나 왕권을 소유하지 않은 지배세력은 그러한 제도를 모방한 통화제도로 인류를 속임수로 종속시켜 이자를 벌어왔고 그 것에 만족하지 않고 빚으로 인류를 그들의 노예로 만들어 그들만의 세계정부를 설립하는 무기로 사용하도록 그들의 의정서에서 가르친 것입니다. 그들은 빚을 탕감해주는 대신 거품을 키웠다가 돈의 통화량을 줄이는 '양털 깎기' 전략으로 부를 갈취하고 다시 팽창시켰다 축소시키는 방법의 연속으로 국민들의 부를 강도질해온 것입니다. 그런데 그렇게 되풀이 하는 데에도 한계가 있는 것입니다. 왜냐면 거품을 다시 키우려고 금리를 내려도 대출의 수요가 고갈돼 효과가 없기 때문입니다.

빚을 한 번 더 뻥튀기하는 파생상품

그래서 2000년 닷컴 주식들의 붕괴를 2001년 9/11 사태로 덮은 후부터는 금리를 또 다시 내리는 것만으로 대출의 수요를 늘릴 수가 없게 되자 그들은 빚의 파생상품을 개발했습니다. 앞에서 배웠듯이 돈은 빚으로 창조하는 것입니다. 그런데 빚을 수용할 수 있는 수요가 줄어들자 그들은 이제 빚으로 창조된 대출을 꾸러미로 묶어 증권화 시키는 방법으로 빚을 한 번 더 뻥튀기 해 창조한 채권상품을 기관투자자들에게 판매했습니다. 그 상품을 구매하기 위해 금리가 저렴한 국채를 구입한 다음 그 국채를 돈처럼 주고(지불하고) 파생상품으로 교환했습니다. 그렇게 하면 미국국채에 대한 수요를 늘릴 수 있어 미국정부는 계속 빚을 늘려 적자를 충당할 수 있고 기관투자자들은 그렇게 구매한 국채를 주고 국채보다 더 높은 이자를 보장하는 파생상품을 구입해 이자 수익을 낼 수 있었습니다. 2000년에 선출된 아들 부시 대통령이 국민들에게 국민들 모두가 아메리칸 드림인 주택을 소유할 수 있게 해주겠다고 장담할 수 있었던 근거가 그런 빚을 한 번 더 뻥튀기해 새로운 빚을 창조하는 수법으로 돈의 공급량을 늘려 그 돈으로 국민들이 주택을 소유할 수 있게 자금을 창출하겠다는 공약이었습니다..

그런데 그렇게 기관투자자들이 자신들의 파생상품을 구매하게 만들기 위해서는 그 파생상품을 미국국채와 똑같은 트리플 에이 최고등급을 매겨야 했습니다. 그들은 자신들이 소유, 통제하는 등급회사들을 '설득'해 그렇게 최고등급을 매기도록 했습니다. 그리고 더 안전성을 보장하는 방법으로 그들은 AIG같은 대형보험회사들이 만약 그렇게 최고등급을 매긴 파생상품이 보증하는 이자를 내지 못하는 계약 불이행 (default) 사태가 발생할 경우 '크레디트 디폴트 스와프(CDS)' 라는 보험 상품을 판매했습니다. 그

스와프는 계약을 불이행 (디폴트) 하는 파생상품을 원가에 재 구매 해 주는 일종의 보험이었습니다. 그 말은 즉 기관투자자들이 국채보다 더 높은 이자를 지불하는 최고 등급을 가진 파생상품을 국채를 주고 구매했다가 그 파생상품이 보장하는 이자를 불이행 할 경우 다시 원래 구매할 때 지불했던 국채로 그 파생상품을 교환해 준다는 계약이었습니다.

그 파생상품이 바로 2008년 리먼브라더스 사태를 일으키는 데 주범이 된 MBS 라는 파생상품이었고 그 파생상품은 서브프라임대출을 건전한 주택대출과 함께 묶어서 주택저당증권으로 포장됐던 관계로 보장했던 이자를 낼 수 없게 되자 그 상품의 가치가 폭락했을 뿐 아니라 그 상품을 CDS스와프라는 보험으로 환불을 보장했던 보험회사 AIG 역시 그 '보험'을 물어줄 자금이 없어 도산하는 위기로 몰려 미국 정부의 구제를 받아야 했습니다. 결국 그들은 그런 상품을 창조해서 팔아서라도 2000년 닷컴 주식 붕괴로 빠진 거품을 다시 그 수준보다 더 부풀리는 데 필요한 빚의 수요를 늘려야 했던 것입니다. 즉 그들은 그런 사기행각으로 그 기관투자자들이 관리하는 국민들의 연금과 보험회사의 자금들마저 자신들이 창조한 파생상품을 구매하도록 유도해 더 많은 부를 약탈하려 했던 것입니다. 그럴 경우 하루아침에 거지로 전락한 국민들을 위해 미국정부가 나서서 보험회사들과 국민들의 연금을 구제해주기 위해 마구 돈을 찍어야 하는 사태를 만든 후 그들이 중동에서 이란을 상대로 일으킬 제 3차 세계전쟁으로 그런 사기 행각을 2000년 닷컴 사태를 9/11로 덮었듯이 덮으려 했다고 의심할 수밖에 없는 정황입니다.

빚의 포화상태로 국민들과 기업들이 더 이상 부채를 늘릴 수 있는 여력이 없어지면 은행들이 더 이상 대출로 돈의 양을 늘릴 수 없게 돼 거품이 빠지는 디플레이션으로 이어집니다. 그 여파로 기업들이 도산하고 일자리가 줄어들어 국민들의 소득이 줄게 됩니다. 그러면 그 여파로 국가의 세수가 줄어들어 정부의 예산적자를 국채를 발행해 빚으로 충당해야 합니다. 거기다 이미 고정된 정부의 지출 외에도 국가에 의존하게 된 국민들의 사회보장금과 의료혜택의 수요가 늘어나 예산은 더 늘어나야 합니다. 예산을 충당하기 위해 정부는 빚을 계속 늘리다가 정부가 국채의 이자를 상환할 능력을 상실하면 그 정부는 도산하는 것입니다. 앞에서도 지적했듯이 일본은 이미 그 수준에 도달했고 독일과 북유럽 국가들을 제외한 모든 유럽 국가들도 그렀습니다. 그래서 일본과 유럽 국가들의 이자를 마이너스 금리로 가야 하는 것입니다.

그런데 유일하게 미국은 달러가 기축통화임으로 그런 식으로 연준위가 계속 돈을 창조해 정부의 국채를 살 수 있어 돈의 공급량은 무한으로 늘릴 수 있습니다. 그렇지만 그렇게 무한으로 돈을 창조할 경우, 돈의 가치가 폭락해 구매력이 하락하는 하이퍼인플레이션으로 진행될 수밖에 없습니다. 그렇게 무한으로 발행한 돈은 독일의 바이마르 공화국 때처럼 휴지로 변할 것이고 달러에 연계돼 있는 모든 국가들의 화폐의 가치도 함께 휴지로 변하게 됨으로 세계국민들이 모두 거지로 전락하게 될 것입니다. 그 때에는 법인에 불과한 그들의 은행들도 준비금이 증발해 도산을 면할 수 없게 될 것이고 그 때 그들은 새로이 출범시킬 그들의 돈으로 세계정부를 설립한다는 계획인 것입니다.

그들의 궁극적 목표는 인류를 경제노예로 만드는 것

세계지배세력을 형성하고 있는 금권세력은 고대부터 내려오는 가문들입니다. 그들은 고대 로마시대에도 그 당시의 돈인 금과 은 동전을 제조하는 권리를 보유했었습니다. 우리가 배운 것과 달리 줄리어스 씨저는 그들로부터 그 권리를 감히 탈환했다가 암살당했습니다. 그때에는 동전에 함유된 금과 은의 양을 로마시민들도 모르게 서서히 줄이는 방법으로 로마시민들로부터 보이지 않는 조공을 걷었습니다. 그러다가 어느 순간 그 동전에 금과 은이 아예 함유되지 않았다는 사실을 뒤늦게 시민들이 알아차려 아무도 받지 않게 되자 동전을 돈으로 믿고 보유하고 있던 로마시민들이 다 거지로 전락하여 암흑시대가 시작됐습니다. 그때부터 거지가 된 당시 로마 시민들은 토지를 소유한 영주의 농노로 노예나 다름없는 삶을 살아야 했던 것입니다.

금과 은을 다 갈취했던 그들은 그들이 약탈한 금과 은을 가지고 아무 정부의 제제를 받지 않는 이태리 반도의 베니스, 플로렌스, 밀라노 같은 도시국가를 설립해 무역으로 돈을 벌면서 교황청을 장악하여 교황청의 배후에서 유럽을 지배했습니다. 그러다가 마틴 루터에 의해 종교개혁이 일어났습니다. 고대부터 인류를 정신적으로 지배하는 법을 전수받은 그들은 종교개혁도 종교전쟁을 일으키기 위해 자신들이 배후에서 창조했다고 그들의 의정서에서 자랑합니다. 그들의 비밀군대인 수도회 예수회가 교황청을 장악한 후 유럽을 개혁교와 로마교 두 종교 진영으로 나누어 놓고 종교전쟁을 일으켜 돈을 벌었습니다. 지금도 그들은 세계의 모든 종교들을 통제하고 있습니다. 세계적으로 유명했던 복음주의 선교사 빌리그램 목사, 달리라마, 12억의 신도를 거느리고 있는 로마 가톨릭교의 수장인 교황까지도 그들의 하수인에 불구합니다.

17세기 말에 영국 왕실의 유일한 혈통인 메리 공주와 그의 남편 네덜란드 왕자 윌리엄이 1688년 영국의 '위대한 혁명'으로 영국의 왕으로 부임하자 그 혁명에 필요한 군함과 군대를 지원해 준 공로로 윌리엄 왕이 앞에서 말한 영국은행의 설립을 그들 은행가들에게 선사했습니다. 불란서 혁명이후 부상했던 나폴레옹도 예수회가 키운 자였습니다. 그들이 연출한 나폴레옹과 연합군 사이에 벌어진 마지막 전투였던 워털루 전투로 그들의 로스차일드가 영국의 국채를 몽땅 인수해 영국은행의 최대주주로 부상했던 것입니다.

로스차일드를 비롯한 지배세력의 후손들은 그 영국은행으로 대영제국의 돈을 창조해 해가지지 않는 나라 영국제국의 배후에서 아메리카, 인도, 중국, 아프리카, 중동을 식민지화해 부를 축적했습니다. 그런 후 그들은 미국으로 거점을 옮겨 제2차 대전을 계기로 미국의 배후에서 영국은행과 흡사한 연준위로 달러 발권력을 갈취해 달러를 기축통화로 만들어 세계를 달러로 지배하게 된 지금의 세계지배세력입니다. 그들의 역사를 더 아시고 싶으면 제가 저술한 '정보전쟁'을 참조하시기 바랍니다.

그러므로 달러를 세계의 돈으로 만드는데 성공한 그들은 그들의 의정서에서 가르친 대로 미국정부를 도저히 갚을 수 없는 빚을 지게 만든 후 달러의 남발로 하이퍼인플레이션을 유발해 달러를 붕괴시킨 후 그동안 그들이 인류로부터 갈취해 비밀리에 보관하고 있는 진정한 돈인 금을 바탕으로 새로운 통화를 출범시켜 전 국민들을 구제해주는 조건으로 몸속에 무선통신이 가능한 컴퓨터 칩(RFchip)을 삽입 받도록 해 언제든지 그들이 컴퓨터로 국민들의 계좌에서 돈을 인출할 수 있는 노예들로 전환시키는 계획이었습니다. 이미 그들은 쌀알보다도 더 작은 컴퓨터칩을 생산해 덴마크를 위시한 북유럽 국가에서는 자진해서 삽입하기를 원하는 자들의 신체에 삽입시켜 그 기능을 확인했습니다. 그들의 계획을 실행하는데 필요한 첨단 과학을 이미 완성해 놓은 것입니다.

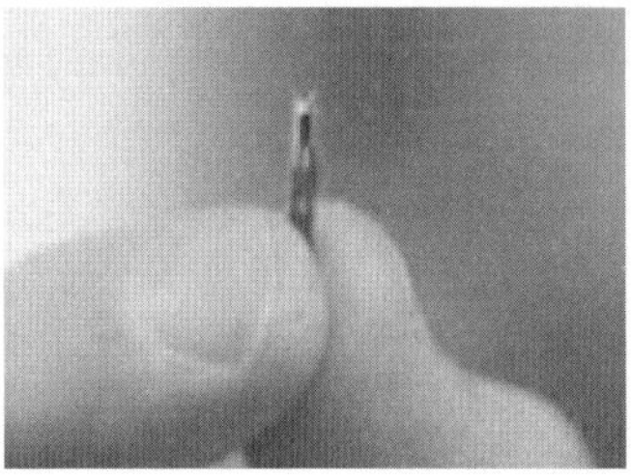

7. 중국과 러시아의 반란

그런데 일찍이 그들이 배후에 있는 대영제국과 미국에게 패함으로 그들의 지배를 받는 굴욕을 겪어온 중국과 러시아는 그들의 지배를 가능하게 한 숨겨진 무기가 돈이라는 사실을 뼈저리게 알았습니다. 그러나 세계지배세력이 이미 구축해 놓은 달러체제로 이루어진 경제 패러다임에서 벗어나기 위해서는 그들에게 순응하며 경제적, 군사적 힘을 길러야 했습니다. 그들의 지배에서 벗어날 수 있는 기회는 1991년, 세계지배세력이 공산주의 소련을 붕괴시키고 구 공산주의 국가들을 시장체제로 흡수할 때 왔습니다. 그 때부터 두 국가는 유라시아에 위치한 구 소련 국가들과 함께 '상해협력조직' 을 구축해 경제적 협력을 도모하였습니다.

상해협력조직 (SCO) 회원국 정상들

2001년 미국이 NATO를 동원해 '테러와의 전쟁' 을 빙자해 아프가니스탄, 이라크를 침략하며 신제국주의 정책을 펼치자, 중국의 후진타오와 러시아의 푸틴은 상해협력조직을 군사적 동맹으로 발전시켜 세계지배세력을 유라시아에 침투하지 못하도록 견제하였습니다. 그러다가 2005년부터 후진타오와 푸틴은 지배세

력의 무기인 달러를 대항하기 위한 전략으로 금을 바탕으로 하는 새로운 세계통화를 출범하는 계획을 세워 세계지배세력의 달러 체제에 도전하는 새로운 통화체제의 출범을 준비했습니다. 그들이 무한으로 창조하는 달러를 가능하게 한 페트로 달러를 무력화시키고 원래 돈이었던 금을 바탕으로 하는 금 본위제를 부활시키는 지배세력을 대항하는 경제전쟁 계획이었습니다.

IMF 보고서에 의하면 중국의 경제를 구매력 평가로 산정할 경우 2007년에 미국 경제규모에 비해 60%이었던 중국은 2014년에는 미국의 경제규모를 능가했습니다. 앞에서도 설명했듯이 GDP는 빚과 정부지출이 포함되기 때문에 그 국가의 경제 건전성을 측정하는 데에는 적절하지 않습니다. 이를 아는 그들의 IMF는 GDP 보다는 구매력 평가 (Purchasing Power Parity)를 사용해 국가의 경제규모를 측정하는 것입니다. 그러므로 세계의 공장으로 급성장한 중국은 2014년부터 이미 미국의 경제규모를 추월하였으나 언론에서 부각하지 않고 있어 세계는 모르고 있습니다.

19세기에 지배세력에게 패하여 경제 식민지였던 중국이 어떻게 제1의 경제국 지위를 차지하게 됐는지를 알기 위해서는 중국의 근대 역사의 배경을 알아야 합니다. 중국은 지배세력이 중국을 그들의 다음 거점으로 선정했다는 사실을 알고 중국 고유의 처세술로 지배세력이 자신들이 중국 안에 심어놓은 숨은 정부로 때가 되면 중국을 장악할 수 있다고 믿게 유도했음을 알 수 있습니다. 지배세력이 중국을 상대로 체스를 두며 속임수를 이용한 반칙으로 이기는 수법을 쓸 때중국은 바둑을 두며 그들을 은근히 포위하는 수법으로 서서히 제압했기 때문입니다. 그러므로 그들이 자신들이 포위됐다고 알았을 때에는 이미 승부가 결정 난 후인 것처럼 이미 지배세력은 중국에게 패한 것입니다. 다만 그들의 언론은 이런 사실을 은폐하고 있고 중국도 구태여 선전하지 않고 있을 뿐입니다.

중국의 역사적 배경

세계지배세력이 세계를 제패할 수 있었던 이유는 그들의 월등한 군사력이었습니다. 대영제국의 배후에서 그들은 그들이 창조하는 돈으로 군함과 최첨단 무기를 대량 생산할 수 있었습니다. 그들의 월등한 무기로 문화적으로 뒤진 미국대륙, 아프리카 대륙은 무력으로 진압해 식민지로 만들어 자원을 약탈할 수 있었습니다. 그러나 이미 오랜 문화를 보유한 국가들은 무력 대신 무역을 이용했습니다. 만약 무역을 거부할 경우에는 그들의 월등한 군사력으로 그 국가들의 시장을 개방할 것을 강요할 수 있었습니다.

18세기까지 전 세계의 가장 부유한 국가였을 뿐 아니라 거대한 영토와 인구를 가진 중국을 정복하는 데는 인도에서도 그랬듯이 무역을 이용했습니다. 그런데 중국과의 무역에서 그들은 중국의 차, 도자기, 비단, 향신료 등 수입할 물품은 많았으나 수출할 물품이 없었습니다. 은을 통화로 하던 중국은 은을 요구했음으로 그들은 금을 은으로 교환해 중국에 지불하는 방식으로 많은 은이 중국으로 들어감으로 생기는 엄청난 경상적자를 만회할 만한 물품이 없었습니다. 그 때 그들은 인도, 파키스탄에서 재배한 아편을 중국에 수출하기 시작해 적자를 흑자로 돌릴 수 있게 됐습니다.

처음에는 중국의 상류층이 소비하다가 전체 인구로 소비가 확산되자 청나라의 왕실은 아편의 수입을 금지하는 명을 내렸고 이미 중국에 들어온 아편을 불태워버렸습니다. 동인도회사를 통해 아편을 수출하던 그들은 자신들의 수출품을 파괴했다는 이유를 핑계로 대영제국의 군대를 요청해 1840년 아편전쟁으로 중국을 공격했고 청나라는 월등한 무기를 소유한 불과 수천 명에 달하는 영국 해군에게 참패하고 말았습니다. 결국 중국은 그들과 난징조약을 체결하고 중국의 마카오 섬, 홍콩 섬을 그들에게 내주어야 했습니다. 그들은 그 때부터 아편을 수출해 중국의 부를 약탈하고 중국인구의 10% 이상이 아편중독자가 됐습니다. 그들은 그들의 의정서에서 가르친 대로 중국 역시 경제전으로 중국의 부를 빼앗는데 성공한 것입니다.

1842년 체결된 난징 조약

그렇게 무력으로 중국의 시장을 강제로 개방시킨 후 거대한 중국을 식민지화 하는 방법으로 그들은 그들의 무기인 돈으로 중국 안에 분열을 조성했습니다. 앞에서도 지적했듯이 그들에게 돈은 그들이 세계정복 계획을 성사시키는데 사용되는 무기입니다. 그들에게 돈은 언론과 학계를 매수하여 그들이 어리석다고 믿는 인류를 정신적으로 지배하고 그들이 원하는 방향으로 충동질시키는 데 사용되는 실탄인 것입니다. 그들은 그들의 의정서에서 가르친 대로 중국을 분열시키는 '분할 정복 법'을 활용했습니다.

중국 국민당과 공산당의 설립

그들은 우선 중국 안에 만주족인 청나라 왕실의 지배를 저항하는 한민족의 민족주의자들을 그들의 돈으로 지원해 주어 1911년 신해혁명을 일으켜 청을 중국에서 몰아냈습니다. 그러므로 그들의 경제적 도움을 받고 청을 몰아냈던 중국 한민족의 민족주의자들도 그들에게 이용을 당했던 것입니다. 그러나 중국의 아버지로 지금도 존경받는 쑨원은 단순히 이용당한 것이 아니라 그들에게 매수당한 그들의 앞잡이였을 가능성이 매우 높습니다. 그런 의심스러운 정황은 지배세력이 그 당시 그를 그들의 언론으로 세계의 지도자로 부상시켰다는 점입니다.

러시아제국의 국민들을 선동해 분열을 조성하여 차르 니콜라스를 퇴진시킨 후 임시정부가 들어서자 외국에 망명 중이던 트로츠키와 레닌을 보내 볼셰비키혁명을 성사시켰듯이 그들은 일본에 은신 중이던 쑨원을 신해혁명이 성사되자 그를 중국으로 귀환시켰습니다. 그런 후 그는 장제스가 정권을 잡는데 숨은 역할을 했습니다. 그런데 국민당의 원수로 부상한 장제스는 쑨원과 동서관계로 두 사람의 장인이었던 찰스 숭은 중국의 아편수입시 로스차일드의 중국 책임자 사순 가문의 대리인으로 중국 전국

의 아편 배급망을 총괄해 거부가 된 자로 그 당시 중국 지하조직 삼합회의 대부였습니다.

지배세력은 중국의 국민당을 쑨원의 중재로 장제스에게 넘겨줘 그가 중국을 국민당의 이름으로 중국을 무력으로 연합하여 대통령으로 부상할 수 있게 배후에서 경제적으로 도왔습니다. 그 와 동시에 그들은 일본제국을 앞세워 중국의 만주를 침략하게 배후에서 지원했습니다. 그들은 거대한 중국을 정복하기 위해서는 중국을 분할시키는 수법으로 일본제국이 중국을 침략하게 만든 후 외세 침략에 대항하는 마오쩌둥, 주은라이, 주더, 덩샤오핑 같은 민족주의자들을 소련 볼셰비키 정부의 레닌과 트로츠키와 연결시켜 주어 소련에서 교육을 받게 했습니다. 마오를 비롯해 호치민, 폴 포트 모두 소련 국제 레닌학교에서 같은 시기에 지배세력에 의해 교육받은 그들의 하수인들입니다. 그들은 소련 볼셰비키를 통해 중국에서 공산당을 설립하는 것을 경제적으로 지원해 주었습니다. 중국 공산당의 지도자로 부상하게 되는 마오쩌둥은 지배세력의 예수회가 일찍이 중국에 설립한 '중국 안의 예일' 로 알려진 고등학교에서 교육을 받은 후 1919년 '5.4 운동' 으로 알려진 톈안먼 사건 때 북경으로 보내져 그 때부터 일본제국을 저항하는 반제국주의 운동가로 변신한 자였습니다.

더 놀라운 사실은 그 일본의 침략을 대항하는 민족주의자들을 소련 공산당에게 소개하는 역할도 쑨원이 했다는 점입니다. 거기다 소련에는 쑨원의 이름을 딴 대학까지 설립돼 있습니다. 중국의 아버지로 알려진 쑨원이 지배세력에게 매수당한 대리인이었음을

의심케 하는 정황입니다. 그런 다음 지배세력은 국민당을 주도하는 장제스와 공산당을 주도하는 마오쩌둥 사이에 내전을 부추겨 중국이 내전을 하는 상태에서 일본과 싸워야 하는 구도를 조성했습니다.

공산당부터 제거하는데 몰두하느라 일본제국의 만주정부설립을 '허용' 한 국민당의 장제스를 국민들에게 원성을 사게 만들어 일본의 외세침입에 대항하는 공산당을 국민들이 지지하게 배후에서 조작했습니다. 농민들로 형성된 중국인들은 공산주의의 이론은 알지도 못하였으나 다만 마오쩌둥이 이끄는 공산당이 일본 외세침입에 대항한다는 이유 하나로 공산당을 지지하게 돼 공산당이 (지배세력의 도움으로 승리한 사실은 알지도 못하고) 마오쩌둥이 실권을 잡자 중국은 공산주의 국가로 거듭나게 됐습니다.

장제스의 국민당과 마오쩌둥의 공산당 양 쪽을 지원해 주던 지배세력은 제 2차 대전 이후 장제스가 이미 그들의 무기업체에게 지불한 무기를 제공하지 않으면서 소련이 사용하던 무기를 마오쩌둥에게 제공해주는 수법으로 공산당이 승리하도록 비밀리에 지원해 주었습니다. 그 외에도 그들은 제2차 대전에서 남은 잉여물품을 중국에 풀어 중국 내의 기업들을 도산으로 몲과 동시에 화폐공격으로 중국내에서 하이퍼인플레이션을 유발해 중국경제를 악화시켜 장제스가 국민들의 원성을 사도록 조작했습니다.

앞에서도 지적했듯이 그들은 전쟁에서 양쪽을 다 지원하며 돈을 벌고 그 돈으로 그들이 원하는 쪽이 승리하도록 조작했습니다. 그렇게 그들은 그들이 계획했던 대로 중국을 공산화하는데 성공해 전 세계를 두 진영으로 나누어 놓는데 중국을 활용했고, 중국이 훗날 북한의 김일성과 베트콩의 호치민을 지원해 주어 아시아에서 공산주의가 민주주의를 위협한다는 그들의 선전을 공산주의와 민주주의의 전쟁으로 실현시켰던 것입니다.

일본제국을 포함한 외세와 결탁한 반역자로 몰린 장제스를 몰아내고 중국을 다시 통합한 마오쩌둥이 실시한 '제1차 대약진 운동' 으로 중국 개발계획에 성공함으로 그는 국민들의 열광적인 지지를 받는 지도자로 부상했습니다. 그러나 그 계획은 국민들의 신뢰를 얻기 위한 수단이었습니다. 마오는 제1차 계획 때 중국을 경제적, 기술적으로 지원해주었던 소련과의 관계를 차단하고 자체적으로 제2차 대약진 운동의 계획을 터무니없이 높게 선정한 후 농민들의 농기구까지 녹여서 강행했습니다. 그는 그렇게 실패를 자처해 그 당시 중국인구의 1/4에 당하는 3천만 명의 중국 국민들을 기근으로 죽게 만드는 재앙을 일으켰습니다.

중국의 암흑시대를 가져온 문화혁명

그런 후 마오쩌둥은 자신의 실패한 정책을 비판하는 자신의 혁명 동지들을 쫓아내고 공산주의 사상을 반대하는 자들을 숙청한다는 명분으로 중국을 10년 대란이라고 알려진 '문화혁명'을 일으켰습니다. 그는 결국 지배세력의 '시온장로들의 의정서'에서 가르친 대로 중국 안에 있는 모든 지식인들과 옛 지주들을 숙청하고 교육기관들을 모두 폐지시켜 중국을 암흑사회로 몰고 갔습니다.

마오쩌둥이 지배세력의 하수인이었다는 정황은 그 '문화혁명'으로 중국 국민들을 무지하게 만든 업적을 그들의 록펠러가 공식석상에서 치하했다는 사실입니다. 록펠러는 미국을 쇠퇴시키는 경제정책을 주도했을 뿐 아니라 그의 막대한 록펠러 교육재단으로 미국의 학생들을 한정된 분야 밖에 모르는 칸막이 식 교육방식으로 상부의 지시에 복종하는 숙달된 직장인으로 만드는 교육제도를 도입시키는데 기여한 자입니다. 록펠러는 마오쩌둥의 문화혁명은 그들의 세계정부 설립계획에 긴요한 대중심리에 대한 연구에 지대한 공헌을 했다고 찬사를 아끼지 않았던 것을 보아도 마오쩌둥이 그들의 앞잡이였음을 입증하는 정황입니다. 더 자세한 내용은 제 '정보전쟁'에 소개돼 있으니 참조하시기 바랍니다.

그렇게 10년 대란으로 중국의 국민들을 무지하게 만든 후인 1972년, 지배세력은 그들의 지시를 따라 미국 달러를 금과의 연계를 끊었던 하수인 닉슨 대통령과 키신저를 중국에 보내 공산주의 중국과 수교를 맺었습니다. 그들은 이제 미국을 쇠퇴시킴과 동시에 미국의 산업을 국민들을 무지하게 만들어 부리기 수월하게 만든 중국으로 이동하는 계획을 시작한 것입니다.

그 때까지 마오쩌둥을 보좌하며 자신의 2인자 자리를 인내하며 지켜냈던 주은라이는 그가 아끼는 혁명동지이며 문화혁명 동안 시골에서 자동차 수리공으로 지내던 인재 덩샤오핑을 다시 불러들여 기용했습니다. 덩샤오핑 역시 소련 공산주의 교육을 받고 그의 부인이 유대계 중국인이라는 점이 지배세력이 덩의 부상을 허용하게 된 요소로 작용했습니다.

중국의 시장경제체제 전환

주은라이와 마오쩌둥의 서거 후 중국의 최고 지도자로 부상한 덩샤오핑은 1979년 중국에 시장경제체제를 도입하며 '검은 고양이든 흰 고양이든 쥐만 잡으면 된다' 라는 명언으로 중국을 근대화 시키는 데 앞장섰습니다. 그리고 그의 그런 계획은 지배세력의 계획과 부합됐습니다. 왜냐면 그들은 미국을 쇠퇴시킴과 동시에 중국을 산업화시켜 중국을 그들의 다음 거점으로 선정했기 때문입니다.

중국이 급속히 발전할 수 있었던 이유는 중국인들의 근면성도 있었지만 지배세력이 세계화라는 명분으로 미국의 제조업을 중국으로 이동할 때 기술자들과 관리자들까지 통제로 옮겨가 생산라인을 그대로 유지했기 때문입니다. 그들이 무관세로 미국에 수입해 이윤을 극대화하기 위해 기술자까지 데리고 가 생산에 차질이 없게 했던 것입니다. 덩샤오핑은 그러므로 지배세력의 그런 계획을 허용하여 중국을 산업화시키는 동력으로 활용했습니다.

지배세력이 자신들이 소유, 통제하는 언론으로 덩샤오핑을 1978년 1985년 두 차례에 걸쳐 타임지가 선정하는 그 해의 인물로 표지에 소개한 사실이 그를 자신들의 지시를 따를 하수인이라고 믿었음을 입증하는 정황입니다. 그러나 문화혁명을 통해 지배세력에게 지시를 받는 마오쩌둥에게 속았던 사실을 뼈아프게 경험한 덩샤오핑은 중국의 고유의 수법으로 지배세력을 그렇게 믿도록 허용하며 그들의 투자를 받았습니다.

다만 중국이 사회주의 국가라는 사실을 이유로 외국기업들이 중국 정부기업과 합작하게 제도화했습니다. 지배세력의 기업들이 직접 소유하지 못하도록 함으로 그들이 중국 기업들을 민영화시키지 못하게 제도적으로 막았습니다. 그래서인지 1985년 타임지 표지에는 덩이 '친구인가 적인가' 라는 멘트를 올림으로 지배세력은 덩의 그들을 향한 충성심에 의구심을 표면화했습니다.

중국에는 그 때부터 한 편에는 덩샤오핑이 주도하는 경제 개혁과 개방을 추구하는 보수파와, 다른 편에는 지배세력이 일찍부터 중국에 심어놓은 소위 '상해파' 로도 알려진 서구식 개혁을 추구하는 개혁파로 나눠져 있었습니다. 개혁파는 중국 공산당을 설립하는데 기여했던 소위 일등공신들의 자손들로 일찍부터 지배세력의 도움으로 부를 축적한 자들로 그들에게 매수된 세력이었습니다. 덩은 그 개혁파의 사람인 자오쯔양을 총서기로 기용하면서 그들과 권력을 공유하는 것처럼 행세하며 지배세력을 안심시켰습니다.

1989년 지배세력이 공산주의 소련을 붕괴시키는 계획을 진행하던 같은 시기에 그들은 중국의 덩 정권을 전복시키기 위한 천안문광장 사태를 일으켰습니다. 그들은 미국의 자유의 여신상의 모형과 성조기를 들고 나온 학생들을 동원해 민주화를 요구하는 시위를 벌여 그들의 세계 언론이 지켜보는 가운데 덩 정권을 개혁파로 교체시키려 했습니다. 그들의 대리인이며 개혁파인 자오쯔양 총서기는 그 때 그의 본색을 드러내고 광장시위대의 편에 나서 개혁을 요구하고 나왔습니다.

그러나 덩은 중국 군대의 탱크부대로 그 시위를 무력으로 진압해 버린 후 중국 방송에 직접 출연해 그 진압에 대한 책임을 지

면서 그 시위 배후에는 반사회주의 세력이 있었다고 선언하고 약 3천명에 달하는 그 시위를 주도한 자들을 숙청하고 수십의 핵심 주도자들을 사형에 처해버렸습니다. 당연히 자오쯔양 서기는 물러나야 했고 그들의 정권 교체계획은 무산됐습니다.

지배세력을 안심시킨 중국 고유의 처세술

그러나 지배세력의 수법을 잘 아는 덩 주석은 중국의 중앙은행인 인민은행을 지배세력의 BIS 산하에 넣고 그 중앙은행의 총재도 개혁파 쪽 사람을 임명했습니다. 덩은 중앙은행총재를 중국의 중앙정치국 상원위원회에 임명하고 바젤 스위스에서 매년 두 번씩 열리는 BIS 모임에 중국을 대표하게 했습니다. 그러나 중국 내에서 지배세력의 은행들의 설립을 불허하는 방침으로 중국의 돈을 창조하는 권한은 중국정부가 소유한 은행들에게 국한시켰습니다.

그뿐 아니라 덩은 지배세력의 언론과 인터넷 매체가 중국시장을 침투하는 것은 부분적으로 허용했으나 정부의 검열로 그들이 중국 국민들을 정신적으로 지배하는 그들의 무기인 언론을 강력히 통제하였습니다. 또한 덩샤오핑은 상해파의 우두머리 격이며 부시가문과 밀접한 관계를 가진 장쩌민을 차기 주석으로 임명해 지배세력이 아직도

중국을 움직일 수 있다고 믿게 했습니다. 덩은 지배세력을 중국의 교유의 처세술로 안심시켜가면서 중국을 1999년 세계무역기구(WTO)에 가입시켜 최혜국으로 지정받는데 성공했습니다.

중국은 지배세력에게 아편전쟁에서 패한 원인이 된 중국의 산업을 최고수준으로 올리는데 몰두하였고 그러기 위해서 무려 20년이 넘게 세계로부터 최신기계와 시설을 수입하는 정책으로 오랜 경상적자를 감수했습니다. 그렇게 지속된 경상적자는 지배세력으로부터 약 5,000억불에 달하는 외자유치를 받아 만회했습니다. 또한 중국의 막대한 시장을 탐내는 국제기업들끼리 경쟁을 붙여 기술이전을 받아내는 조건으로 대량 구매하는 수법으로 미국의 보잉사와 유럽의 에어버스사를 경쟁시켜 일본과 독일도 아직 보유하지 못한 여객기 제조기술을 이전받음으로 중국은 세계에서 3번째로 항공제조 기업을 직접 보유하게 됐습니다. 반도체를 비롯한 최첨단 과학기술에도 일찍부터 전략적으로 투자해 5G 산업 분야에서는 미국을 능가하는 기술력을 보유하고 있을 뿐 아니라 세계에서 가장 빠른 슈퍼 컴퓨터도 중국이 보유하고 있습니다.

지배세력은 중국을 그들의 월등한 군사력으로 통제할 수 있다고 믿었습니다. 거기다 에너지 자원이 없는 중국의 해로를 차단시키면 중국을 쉽게 고립시킬 수 있다고 믿었습니다. 무엇보다도 그들은 중국이 달러체제에 속하게 된 이상 중국이 수출로 벌어들인 수출흑자를 미국의 국채를 보유해야하는 경제 식민지 국가정도로 생각했습니다. 그들은 중국을 미국을 쇠퇴시키는데 이용한 후 그들이 이미 계획한 제3차 전쟁을 계기로 그들의 세계정부를 설립하는 시점에 중국의 경제도 붕괴시켜 그들의 지배하에 넣으면 된다고 자만했습니다.

중국의 내실을 다지는 정책

그러나 중국은 이미 오랜 경제역사를 통해 금과 은을 바탕으로 하지 않는 화폐는 오래가지 못한다는 사실을 잘 알고 있었습니다. 또한 제 2차 대전 때 국민당의 금을 그들에게 약탈당한 경험이 있는 중국은 페트로 달러의 출범 때부터 비용과 상관없이 중국 안에서 금을 채굴하는데 전력을 다했습니다. 그들은 지배세력이야말로 금이 진짜 돈인 사실을 알고 모든 정부로부터 갈취한 금을 자신들이 비밀리에 보유하고 있다는 사실을 잘 알고 있어 중국에서 채굴한 금이 외국으로 유출되는 것을 불허하며 축적해왔습니다. 그 때문에 중국이 금을 가장 많이 채굴하는 국가로 알려져 있지만 중국은 실제 금 보유량을 세계에 공개하지 않고 있습니다.

이미 언급했듯이 중국은 세계지배세력에게 당했던 경험 때문에 산업을 키워 내실을 다지는 정책으로 시진핑이 말하는 대로 힘을 숨겨 왔습니다. 1991년 공산주의 소련을 붕괴시켜 구 공산주의 국가들을 민주화라는 명분으로 약탈하기 시작하자 중국은 러시아와 함께 유럽의 10배가 되는 영토와 아직 개발되지 않은 자연자원을 보유한 유라시아에 위치한 러시아를 포함한 구 공산주의 국가들과 상해협력조직(SCO)을 구축했습니다. 외형적으로는 경제협력 기구였지만 실제로는 유라시아 지역을 지배세력으로부터 방어하기 위한 군사동맹이었습니다.

중국은 이미 그전부터 제조업을 키워 생산력을 갖추고 전 유라시아지역을 철도로 연결시킨 후 그 지역에 있는 자연자원을 이용해 자급자족하는 거대한 유라시아시장을 개척하는 계획을 세웠습니다. 지배세력이 그들의 속임수로 세계를 지배하는데 사용해 온 종이 짝에 불과한 달러를 받고 판매하기를 거부하는 방법으로 지배세력을 경제적으로 무력화시킬 수 있는 청사진을 그렸던 것입니다. 그리고 지배세력의 분할통치 방법으로 중국, 인도 그리고 소련을 분열시키려는 노력에도 불구하고 중국은 상해협력조직으로 그 국가들과 화합하여 동맹국 관계로 발전시켰습니다.

특히 2000년 푸틴이 대통령에 당선돼 지배세력을 러시아에서 퇴출시킨 후부터는 중국은 구소련의 핵무기를 이전받아 미국 다음으로 가장 핵무기를 가장 많이 보유한 러시아와 군사적 동맹을 맺음으로 지배세력을 군사적으로도 견제하게 됐습니다. 푸틴이 배신하기 전인 그 당시 지배세력은 러시아가 자신들 통제 하에 있으므로 중국을 군사적으로 제압할 수 있다고 믿었다가 그 전략이 빗나갔던 것입니다. 중국은 그때부터 러시아를 경제적으로 지원해 2018년에는 러시아가 개발한 지배세력이 보유한 미국의 최첨단 미사일 방어시스템을 무력화시키는 극초음속(Hypersonic) 미사일 시스템으로 은밀히 무장했습니다.

8. 지배세력의 세계정부 설립계획과 중국과 러시아의 대항

구 공산주의 국가들과 대한민국을 포함한 아시아 국가들까지 약탈하는 작업을 완성한 세계지배세력은 1897년 시온국제대회에서 그들이 예고했던 제3차 세계전쟁 계획에 착수했습니다. 그들이 이슬람과의 전쟁이 될 거라고 예고했듯이 미국정권을 장악한 아들 부시대통령은 2001년 그들의 자작극인 9/11 세계무역센터 폭격을 이슬람 테러리스트 소행으로 조작해 '테러와의 전쟁'을 선포했습니다.

그 폭격을 그들이 자작극으로 기획했다는 사실은 제 '정보전쟁' 에 자세히 폭로돼 있습니다. 간략히 요약하자면 알루미늄으로 제작된 여객기가 콘크리트와 철로 건설된 빌딩을 관통할 수 없다는 과학적 사실입니다. 실제로 그 빌딩들을 붕괴시킨 무기는 여객기가 아니라 지하에 미리 설치됐던 핵폭탄과 그들이 비밀리에 보유하고 있는 에너지 무기였습니다. 그래서 그 빌딩들이 있던 자리에 아무 잔해가 없고 에너지 무기에 의해 가루로 분해된 먼지가 그 일대를 덮었던 것입니다. 같은 날 오후 5시에 아무 여객기의 폭격을 받지도 않은 '빌딩7'으로 알려

진 27층짜리 무역센터 빌딩이 폭발물을 이용한 철거방식으로 붕괴된 그들의 언론이 은폐한 사실 역시 여객기가 아니었음을 입증하고 있습니다. 더군다나 불가사의하게도 같은 시간에 미 항공방어를 담당하는 NORAD전투기들이 여객기를 이용한 가상 테러공격을 방어하는 훈련 중이었습니다. 그렇게 함으로 NORAD는 항공교통관제탑에서 방송한 두 여객기가 세계무역센터 빌딩을 향하고 있다는 실제 경고를 같은 시간에 진행된 훈련의 일부로 믿고 방치했던 것입니다.

같은 날 똑 같은 여객기의 공격을 받았던 펜타곤 청사에는 구멍만 났지 비행기 잔해도 없었습니다. 왜냐면 그들은 펜타곤에서

워싱턴 디씨 팬타곤 청사

사라진 2.3조 달러에 대한 감사를 진행하던 장소를 미사일로 공격해 관련자료를 파괴하고 그 감사를 진행하던 수십 명의 정부 감사원들을 살해했기 때문입니다. 이 역시 언론이 은폐하여 세계는 몰랐습니다.

지배세력은 그 테러 공격을 미국 CIA가 창조한 테러조직 알케이다의 우두머리인 오사마 빈라덴에게 씌운 후 그를 은신해 주고 있다는 이유로 아프가니스탄의 탈레반을 침공한 후 이라크를 포함한 다섯 국가들을 차례로 침략하고 최후의 전쟁을 중동지역

의 강적으로 그들이 북한과 함께 악의 축으로 선정한 이란과의 핵 전쟁으로 마무리하는 계획이었습니다. 그와 동시에 그들은 세계 경제를 전쟁을 핑계로 붕괴시킨 후 IMF가 발행하는 특별 인출 권(SDR)을 새로운 통화로 출범시켜 그들의 세계정부를 설립하는 계획을 가동시켰습니다.

그러기 전 그들은 우선 그들의 최후의 적이 될 이란과 국경을 대고 있는 아프가니스탄을 침략했습니다. 그들이 베트남 전쟁으로 골든트라이앵글의 마약재배 지역을 장악해 검은 예산을 확보했듯이 그 지역의 아편 재배 사업을 장악하기 위해서였습니다. 그들이 아프가니스탄을 확보한 직후부터 전 세계의 헤로인 양의 90%가 그 곳에서 생산되고 있을 뿐 아니라 그들이 소유한 제약회사들이 제조한 신경 안정제로 위장한 약 처방으로 미국과 유럽에 마약중독자들이 급증하였음이 이를 입증하고 있습니다. 그러므로 지난 20년간 아프가니스탄에 배치된 미군은 그 마약재배사업을 보호하고 있는 것입니다.

그런데 막상 지배세력이 유엔 안보리 결정을 무시하고 사담 허세인 대통령이 대량살상무기(WMD)를 소장하고 있다는 조작된 정보로 미국 군대를 파병해 이라크를 침략했으나 이라크에서 WMD를 찾지 못했습니다. 이는 미국 군부 내에 있는 애국자 세력이 그들이 보낸 CIA 검

은 군대가 헬리콥터로 실어간 조작된 증거를 심기 전에 CIA군대를 소탕해버렸기 때문이었습니다. 이미 미국 군부 정보조직 안에는 9/11이 자작극이라는 사실을 파악한 하얀 모자라는 애국자 세력이 확산돼 그들의 거짓을 폭로하는 비밀작전을 벌였던 것입니다.

그 결과 WMD를 소장했다는 거짓말이 세계적으로 드러나 그들이 시작한 전쟁계획은 중단돼야 했습니다. 이때부터 미국의 펜타곤은 더 이상 중동전쟁에 참여할 것을 거부하는 빌미가 됐고 그들의 미군을 이용한 중동 침략계획은 무산됐습니다.

미국군부의 애국자세력과 결탁한 중국과 러시아

그럼에도 그들이 동시에 시작했던 주택저당증권을 이용한 경제 약탈공격은 계속됐습니다. 그러나 이 역시 이미 미국의 애국자 세력과 비밀리에 결탁하고 있는 중국이 2007년에 주도한 경제기습공격으로 그들의 은행들을 도산으로 몰았습니다. 중국과 러시아는 미국에 거점을 두고 있는 지배세력을 제거하는 것이 목적이지 그들의 경제식민지에 불과한 미국과 전쟁을 하는 것은 오히려 그들이 원하는 것이라는 사실을 알고 미국 안에 존재하는 하얀 모자와 은밀한 동맹을 맺고 협력해 왔습니다.

그들은 골드만삭스, 모건 스탠리 같은 그들의 투자은행이 국민들을 상대로 벌인 사기극인 아무 수익도 없는 닷컴 인터넷 기업들을 상장시켰다가 붕괴시켜 미국 국민들의 부를 갈취한 엄연한 사실을 9/11 사태로 덮었습니다. 9/11 직후 아들 부시대통령은 모든 미국국민들이 아메리칸 드림인 주택을 소유할 수 있게 부동산 경기를 활성화하는 정책을 선언했습니다. 그러자 그들의 연준위는 다시 저금리 정책으로 주택부동산 거품을 조성했습니다. 국민들의 주택구매에 필요한 자금을 늘리기 위해 미국정부가 출자한 페니메이와 프래디맥을 활용하여 주택저당증권이라는 파생상품을 만들어 채권시장에 판매해 조달한다는 계획이었습니다.

중국과 러시아의 그들의 은행들을 향한 기습공격

그러나 중국과 러시아는 '테러와의 전쟁'을 빙자해 중동국가들을 침략해 에너지 자원을 손에 넣고 이란과 핵전쟁을 일으키는 제 3차 세계전쟁을 일으켜 세계경제를 붕괴시키는 방법으로 그들의 세계정부를 설립하는 계획을 가동한 사실을 알았습니다. 그들을 주시하고 있던 중국과 러시아는 그들의 세계정부 설립계획의 시작을 신호하는 9/11직후부터 상해협력조직을 군사동맹으로 승격시켜 그 지역에서 공개적으로 공동 군사훈련을 시작했습니다.

2003년에 부임한 후진타오주석은 러시아의 푸틴대통령을 직접 방문해 지배세력을 경제적으로 대항하는 계획을 세웠고 2005년에는 새로운 달

러를 대항하는 금을 바탕으로 하는 통화체제를 구축하기로 합의했습니다.

두 정상은 이미 지배세력의 연준위와 유럽중앙은행 ECB가 9/11 직후 시작한 저금리정책으로 주택시장거품을 형성시켰다가 금리를 올려 붕괴시키는 계획을 추진하고 있는 정황을 포착하고 있었습니다. 그러므로 중국은 2007년 지배세력이 그들의 은행들이 창조한 주택저당증권을 미처 기관투자자들에게 판매하기 전에 미국의 주택저당증권을 가능하게 하는 패니메이와 프래디맥 주택공사 주식을 기습 매각해 그 주가를 떨어트렸습니다. 그러자 페니메이가

증권화시킨 주택저당증권의 가치가 폭락했고 그 주택저당증권을 채권시장에서 구매하고 아직 기관투자자들에게 판매하지 못한 리먼브라더스와 골드만삭스 같은 투자 은행들은 도산위기를 맞았습니다.

그들의 은행들은 1999년까지만 해도 유효하던 은행의 예금을 투자에 사용하는 것을 금지하는 글래스 스티걸 법안을 빌클린턴이 해제시킨 덕분에 은행들의 예금을 레버리지해 주택저당증권을 구매했을 뿐 아니라 심지어 은행들의 주택대출을 구매해 묶어 파생상품을 직접 창조해 기관투자자들에게 이익을 내고 판매하고 있던 중이었습니다. 물론 그들의 계획은 그런 악성채권을 그들의 속임수에 넘어간 기관투자자들이 고스란히 떠안아 자신의 은행들은 판매수익을 챙기고 난 후 그 가치가 폭락해서 일어나는 손

해는 그 기관투자자들에게 떠넘길 계획이었습니다. 결국 그 손해의 궁극적 부담은 기관투자자들에게 관리를 위탁한 국민들의 몫이 될 판이었습니다.

그러나 중국의 기습공격으로 그들의 투자은행들이 그 주택담보증권들을 미처 처분하기 전에 갑자기 그 파생상품의 가치가 폭락하자 그 은행들의 자산가치가 증발하여 재무제표 상 도산으로 이어졌습니다. 제일 먼저 리먼브라더스가 도산하였고 골드만 삭스, 모건스탠리를 포함한 모든 투자은행들이 도산하는 것은 시간문제였습니다. 거기다 대형은행들의 주가가 폭락하여 그들의 은행들이 모두 줄줄이 도산하게 됐습니다. 물론 중국은 그렇게 처분해버린 패니메이 주식 매각에서 생긴 자금으로 미국 국채를 매입함으로 중국의 매각은 패니메이가 불안정하기 때문에 더 안전자산인 미국국채로 교환한 것이지 다른 의도가 없었던 것처럼 위장했습니다.

망하게 두기에 너무 크다는 이유로 구제된 그들의 은행

세계의 돈을 창조하는 역할을 담당하고 있는 그들의 은행들의 파산을 허용할 수 없으므로 그들은 그들의 은행 골드만삭스의 CEO 출신인 폴슨 재무장관과 연준의장 벤 버냉키를 의회로 보내 그들의 은행들을 도산

시키기에는 너무 크다는 이유로 정부가 나서서 은행들을 구제해 줄 것을 요구했습니다. 그들은 은행들의 파산은 전 세계의 금융을 마비시켜 세계적인 대공황을 유발하게 될 것임으로 은행들을 세계경제의 안전을 위해 구제해줘야 한다는 이론이었습니다.

그러나 그들의 주장이 새빨간 거짓말이라는 사실은 미국 국회의원이었다가 레이건 대통령의 예산을 총괄하는 OMB 국장을 지내고 블랙록이라는 미국 최대의 사모펀드에 파트너였던 데이비드 스톡먼이 저술한 책 The Great Deformation에서 자세히 증명돼 있습니다. 이미 미국의 예금주들의 돈은 정부보험공사가 보장하고 있었으므로 미국이 은행들을 국영화시켜 버린 후 그들이 보유하고 있던 악성 파생상품을 정리한 후 은행들의 자산들을 매각하면 쉽게 해결될 수 있었습니다.

그들의 은행들은 국민들의 예금을 담보로 무리한 투기를 한 책임을 지고 당연히 파산시키면 되는 것이었습니다. 그 당시 미국의 부채는 약 8조 달러였지만 지금의 24조 달러보다는 훨씬 양호했기 때문에 그들의 은행들을 국영화시키고 국민들의 예금보험을 지불할 여력은 미국정부에게 충분히 있었습니다.

The Washington Post

Citing Grave Financial Threats, Officials Ready Massive Rescue

그러나 그들의 지배를 받고 있는 미국의회는 은행들의 구제를 전격으로 승인했고 미국이 발행한 국채로 그들의 은행 주식을 매입했다가 은행이 정상을 되찾은 후 인수가로 되돌려주었습니다. 그리고 은행들은 불과 1년도 채 안 돼 정상을 찾아 인수가를 상환함으로 마치 2008년 발발한 은행들의 도산위기가 유동성 위기였던 것처럼 그들의 언론을 이용해 국민과 세계를 속였습니다.

연준위가 비밀리에 창조한 23조 달러

그러나 국회에서 론 폴이라는 의원이 상정한 연준위를 감사하자는 법안이 비록 부분감사로 축소됐지만 국민들의 눈을 의식하는 의원들에 의해 통과 됐습니다. 대선에도 출마한 경력이 있는 론 폴 의원은 일찍부터 연준위를 감시해 왔던 의원으로 그의 노력으로 연준위가 설립된 지 100년 만에 최초로 지배세력이 소유한 연준위의 부분감사가 진행됐던 것입니다. 2010년 발표된 이 의회 감사보고서에서 연준위가 약 16조 달러의 여신을 창조해 미국 뿐 아니라 유럽과 심지어 일본에 있는 그들의 국제은행들에게 무이자로 빌려준 정황이 드러났습니다. 거기다 연준위가 약 7조 달러의 대출보장도 외국은행들에게 해 주어 그 은행들의 부도를 막아준 사실도 드러났습니다. 그들의 연준위는 그렇게 약 23조 달러를 국민들도 모르게 비밀리에 창조해 무이자로 그들의 은행들에게 '대출'해 주었던 것입니다.

그 결과 의회의 금융관리 소위원회는 버냉키 의장을 소환해 그 23조를 왜 창조해 그 은행들이 어디에 그 공돈을 사용했는지를 묻자 버냉키

는 연준위는 정부산하의 기관이 아닌 독립기구임으로 그런 정황을 공개할 의무가 없다며 답을 거부했습니다. 그 후 미국의 Levy Institute of Bard College에서 2012년에 발표한 'Levy Report'에 의하면 유럽을 포함한 외국은행들에게 제공한 통화스와프를 포함하면 연준위가 창조한 여신은 29조 달러라는 연구결과를 www.econstor.eu에서 확인할 수 있습니다.

그러나 이런 엄청난 사실을 그들의 언론은 언급조차 하지 않아 세계는 모르고 있는 것입니다. 지배세력의 은행들이 1년도 안돼서 정부의 구제금을 상환할 수 있었던 이유도 그들은 그렇게 연준위가 창조한 돈을 무이자로 선사받았기 때문입니다. 더 놀라운 사실은 연준위의 재무제표에는 이렇게 창조된 여신을 표시조차 하지 않으며 세계를 속이고 있다는 정황입니다. 그렇다면 그 외에도 그들이 얼마나 많은 여신을 세계가 모르게 창조했을 지를 의심하게 하는 정황입니다.

우리는 조라는 숫자가 얼마나 엄청난 금액인지 감지하지 못하고 있습니다. 만약 숫자를 초 단위로 환산할 경우 백만 불(1Million)은 14일이고, 100만불의 천 배인 10억(1Billion)불은 31.7년이고, 10억불의 천 배인 1조(1Trillion) 달러는 3만1천709년이라는 어마어마한 숫자입니다. 저 역시 이 감사보고서의 진실 여부를 확인하기 위해 돈에 대한 집중 연구를 시작했고 그 연구로 인해 그들의 실체를 알게 돼 그들의 정체를 폭로하는 '정보전쟁'을 저술하게 됐습니다.

그렇다면 그 많은 무이자로 공급받은 돈을 어디에다 썼는지가 의문이 아닐 수 없습니다. 그들의 은행들은 투기를 하다가 정부의 구제를 받아 놓고서는 주택가가 상승하자 무리한 주택대출을 했던 개인들의 주택을 경매절차로 압수했습니다. 그런데 그 많은 주택들을 시장에다 푸는 대신 대규모 사모펀드들이 저금리 대출을 받아 인수함으로 부동산가의 하락을 막았습니다.

결국 연준위가 창조한 23조에 달하는 여신은 2008년 폭락한 주가와 부동산가를 그들이 내세운 사모펀드들이 구매하도록 대출을 해주어 주가를 다시 부풀리는데 사용된 것으로 추정됩니다. 세계금융제국을 운영하고 있는 그들에게 만약 그들이 세계국민들을 약탈하는 방법으로 돈을 무한으로 발행해 부풀려놓은 자산가가 빠지기 시작할 경우 그들의 국제은행들 모두가 도산하게 될 것이 명백하기 때문입니다. 그러므로 중국과 러시아의 기습경제 공격은 지배세력의 취약점을 노출시킨 기막힌 전술이었습니다. 중국과 러시아는 지배세력이 자신들의 은행들을 미국정부를 움직여 당연히 구제할 것을 알았지만 그들의 취약점을 드러냄으로 그들을 대항하기에 꺼리는 많은 국가들에게 지배세력은 이제 종이호랑이에 불과하다는 사실을 공표했던 것입니다.

여하튼 그들의 긴급조치로 2008년 미국 발 금융위기로 거품이 빠지기 시작했던 주가와 자산가가 정상을 찾았으나 금리가 제로로 가자 이자수입에 의존하던 은퇴자들은 물론이고 연금을 관리하는 기관투자자들 역시 연 7%의 이자 수익을 기준으로 운영해야 하는 수익을 대체하는 방법으로 주식을 구입해 상승한 주식을 부분적으로 처분하여 수익을 창출하는 방식으로 주식시장으로 몰려 주가가 금융위기 전보다 더 상승했습니다. 그러자 지배세력은 자신들의 은행들의 도산을 막기 위해 엄청난 돈을 비밀리에 창조하고 인류역사상 최초로 제로 금리로 정책을 도입하고 그도 모자라 경기활성화라는 명분으로 돈을 찍어 그들 은행들에게 제공해 주어 자산가가 빠지는 것을 막아야하는 위기에 처했으면서도 자신들의 언론을 통해 주가가 상승하는 현상을 미국의 경기가 회복하고 있는 증거라고 세계와 미국국민들을 속였습니다. 돈의 원리를 알지 못하는 세계는 연준위의 비상조치로 정말로 경제 위기를 모면한 것으로 믿게 됐던 것입니다.

유럽의 국가 부채 위기로 드러난 취약점

2008년 미국 발 금융위기는 당분간 유럽에는 영향이 없는 것으로 보였습니다. 이는 2010년 연준위의 부분감사에서 드러났듯이 연준위가 약 23조를 창조해 그들이 소유한 유럽은행들에게도 통화스와프와 무이자 대출을 제공해 준 덕분이었습니다. 그러나 그런 조치도 부족해 2009년 후반기부터 유럽에서도 조짐이 나타나더니 2009년 말부터 유럽에서 국가 부채 위기가 발생했습니다. 2000년 유로 출범과 함께 시작된 저금리 정책으로 유럽의 주택시장 역시 거품이 조성됐었습니다. 미국의 달러가 미국 정부의 국채가 보장하듯이 유로 역시 유럽 회원 국가들의 국채가 보장하는 통화입니다. 그러므로 유럽 국가들도 국채를 발행해 자국의 은행들을 구제해야 했습니다.

그러나 문제는 이미 부채가 너무 많고 신용도가 상대적으로 약한 남유럽 국가들인 포르투갈, 스페인, 아일랜드, 그리스, 키프로스가 발행하는 국채를 시장이 신뢰하지 않고 유럽중앙은행 ECB가 정해놓은 금리를 무시하고 시장이 더 높은 이자를 요구하고 나왔습니다. 그리스는 연 29%, 포르투갈은 13%, 스페인은 12%로 급등하는 바람에 남유럽 국가들은 국채를 발행해 자국의 은행들을 구제하는 게 불가능해 졌습니다. 그러자 기존 국채들의 가격이 하락하는 현상이 일어났습니다. 채권시장에서 유통되고 있는 국채의 금리가 새로 발행하는 국채보다 높을 경우 에는 국채의 가격이 상승하고 반대일 경우에는 국채의 가격이 떨어집니다. 그러므로 국채 금리가 오르자 이미 그 국가들이 발행한 국채의 가치가 하락함으로 그 국채를 준비금으로 보유하고 있는 은행들의 자산가치가 하락해 은행들을 구제하기는커녕 은행들의 재무가 더 악화됐습니다.

결국 2012년 유럽중앙은행 ECB가 미국에서처럼 '전면적인 통화거래' 라는 양적완화 정책으로 유로를 창조해 그 국가들이 새롭게 발행하는 국채는 물론이고 은행들이 보유한 국채들을 구매해 줌으로 금리를 원위치로 돌려놓을 수 있었습니다. 그렇게 ECB의 개입으로 금리를 안정시켜 남유럽 국가들의 도산위기를 막고 그들의 은행들의 도산도 막을 수 있었습니다. 결국 지배세력은 그들의 의정서에서 가르친 대로 고의로 유럽 국가들의 부채를 늘리게 한 후 도산시켜 그들의 세계정부를 설립하기 위해 추진해 온 계획을 뒤집고 오히려 금리를 인위적으로 낮추어 그 국가들을 소생시켜야 하는 역사태가 벌어졌던 것입니다.

국가 부채위기를 고수하면서까지 유럽 국가들이 국채를 발행하는 결정은 각 유럽국가의 의회가 결정한 것이 아니라 그들이 구축해 놓은 유럽연합의 행정기구 유럽위원회(EC)가 내린 결정입니다. 그렇게 유럽 시민들은 자신들에 의해 선출된 정치인들이 아닌 지배세력의 보이지 않는 지배를 받고 있으나 돈에 대한 지식이 없기 때문에 그 사실을 모르고 있는 게 현실입니다.

은행들을 구제하느라 유럽 국가들의 부채규모 역시 미국과 마찬가지로 도저히 갚을 수 없는 수준에 있습니다. 대한민국 진보 정치인들은 유럽의 사회복지 정책을 이상형으로 믿고 우리도 그들을 모방해야 한다고 주장하고 있으나 유럽의 사회복지 정책 역시 지배세력이 그 국가들의 빚을 늘려 도저히 갚을 수 없는 수준으로 만든 후 도산시켜 그들의 의정서에서 추구하는 세계정부를 설립하려는 계획의 일환에 불과합니다.

2008년 금융위기 직후부터 유지된 저금리 정책으로 주가와 자산가만 올라 고정수입에 의존하는 개인들과 자산가들 사이의 격차가 악화되는 부의 양극화가 진행되고 있습니다. 거기다 지속된 불경기의 여파로 세수는 줄고 국가의 사회보장 예산은 늘고 있어 국가들의 이자부담이 증가해 유럽중앙은행은 인류역사상 최초로 마이너스 금리로 가야 했습니다. 그런데 지배세력의 언론은 유럽경기가 호전돼 유럽 국가들의 신용이 향상돼서 마이너스 금리로 전환되고 있다는 거짓말로 세계를 속이고 있습니다.

유럽의 경기는 악화돼 남유럽 국가들의 청년층 실업률이 50%

를 육박하고 있는 마당에 유럽 국가들의 신용이 향상되고 있다는 주장은 상식을 벗어나는 발상입니다. 인류 역사상 그 어디에도 돈을 빌려주고 이자를 받는 대신 원금을 삭감해서 돌려받는 제도는 없었습니다. 그런데도 세계는 그 것이 당연하다고 받아들이고 있을 정도로 인류는 지배세력의 언론과 학계에게 정신적으로 세뇌돼 있는 것입니다.

9. 지배세력을 향한 중국과 러시아의 경제 전면전

앞에서 지적했듯이 중국과 러시아는 지배세력이 세계전쟁을 일으켜 세계경제를 붕괴시키는 계획에 대항할 준비를 철저히 해왔습니다. 미국의 아들 부시를 위시한 네오컨 세력이 '테러와의 전쟁'을 시작하게 된 이유도 그 때 그들은 이미 그들의 빚으로 무한적으로 창조하는 돈이 그 한계에 왔다는 사실을 알았기 때문입니다. 그래서 그들은 그들이 냉전을 빙자해 세계를 두 진영으로 나누어 놓고 실제로는 철의 정막 뒤에서 통제하고 있던 구 공산주의 국가들을 시장경제로 합류시키는 방법으로 달러의 수요를 늘려야 했던 것입니다.

앞에서도 언급했듯이 그들의 페트로 달러 제도는 돈의 양이 계속 늘어나 거품이 유지돼야만 그 주식을 포함한 자산가가 계속 상승하는 것처럼 보이는 것입니다. 실제로는 그 돈의 구매력이 떨어지는 것이지만 말입니다. 르네상스가 시작된 이후 그들은 항상 그 시대에 기축통화를 가진 국가들의 배후에 있었습니다. 비록 그 당시 기축통화는 금과 은을 바탕으로 하고 있었지만 기축통화 지위를 가진 국가들은 항상 자신들이 비축하고 있는 금과 은의 양을 능가하게 통화를 발행하도록 배후에서 조종하는 지배세력의 유혹에 넘어갔습니다. 더 정확한 표현은 그 당시에도 기축통화지위를 가진 왕실의 배후에 있는 지배세력이 그런 식으로 그 국가의 부를 갈취한 것입니다.

여하튼 아래의 차트가 보여주듯이 그들은 포르투갈, 스페인, 마지막으로는 영국의 배후에서 돈의 발행권을 쥐고 그 국가들의 부를 갈취했고 대영제국을 빼고는 그 기간이 50년을 넘기지 못했습니다. 대영제국의 돈은 무역결제 시 금과 은으로 보장했기 때문에 좀 더 오래 갈 수 있었습니다. 그러나 영국도 지속된 제1차. 2차 세계전쟁으로 금이 고갈 돼 미국에게 기축통화 지위를 넘겨줘야 했습니다. 그러므로 그들은 1971년 패트로 달러의 출범과 함께 금 대신 미국정부의 신용으로만 보장된 달러를 무한으로 발행하는 그들의 달러가 빚을 더 이상 감당할 수 없는 임계치에 왔다는 사실을 감지하고 공산주의 국가들을 붕괴시켜 그 국가들의 국영자산을 '구매'하는 방법으로 달러의 수요를 늘렸던 것입니다.

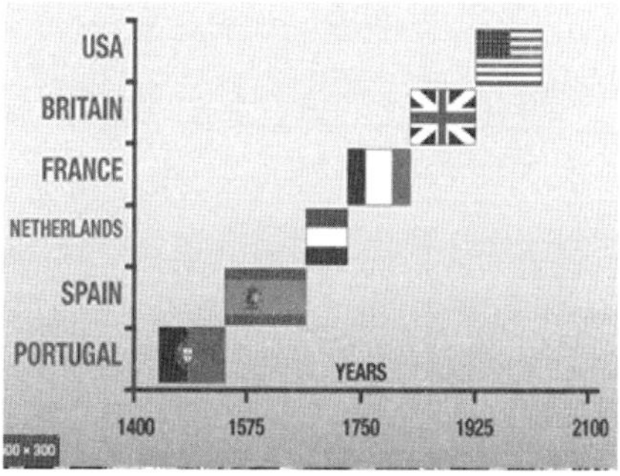

그런 식으로 그들이 빚으로 달러를 창조해 세계로부터 조공을 걷어오며 달러의 구매력을 희석시켜왔습니다. 아래에 차트가 보

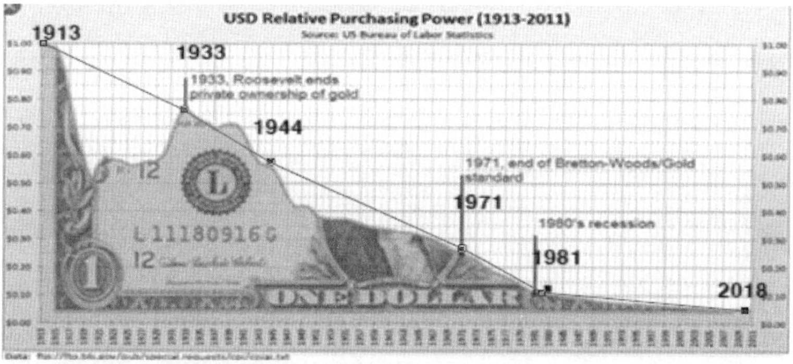

여주듯이 1913년의 1 달러에 비해 지금의 달러는 그 가치가 2전 정도 밖에 되지 않습니다. 그러니 웬만큼 돈을 창조하지 않고서는 돈의 공급량을 늘리는데 한계에 도달했던 것입니다. 그래서 그들의 은행들이 파생상품을 창조해야했던 것입니다. 그들은 빚으로 창조한 대출들을 모아 꾸러미로 묶어 증권화 시켜 빚을 한 번 더 뻥튀기하는 수법으로 파생상품을 만들어 돈의 양을 대량으로 늘린 것입니다. 이미 빚의 포화상태로 국민들이나 기업들에게 제공하는 대출로 더 빚을 늘리는 것으로는 부족했기 때문입니다. 2008년 그들이 소유한 등급회사들은 자사들이 트리플 에이 등급을 매겼던 주택저당증권이 줄줄이 도산했음에도 아무 추궁을 받지 않았으므로 그들의 수법은 계속됐습니다.

중국과 러시아가 주도한 브릭스 연합

중국과 러시아는 그들이 달러로 빚을 계속 늘리는 데에 한계에 도달했다는 사실을 알고 그 때를 맞추어 그들을 경제적으로 공격한 후 지배세력이 자신들의 은행들을 소생시키기 위해 더 많은 빚을 창조해 수습 하게 만

든 후 2009년 그들의 달러통화체제와 맞서게 될 새로운 통화체제 '브릭스 연합' 을 구축하였습니다. 일찍부터 지배세력에게 약탈당한 경험이 있는 브라질, 인도, 남아공, 러시아와 중국이 창립회원국으로 회원국가들 사이에 일어나는 무역에서 달러를 배제하고 각 국가의 화폐로 직접 거래하기 시작했습니다.

그 당시 브릭스 연합의 무역양은 세계무역량의 약 20%였지만 총인구는 세계 인구에 반을 능가하는 숫자였습니다. 또한 그들의 IMF를 대체하는 브릭스 은행을 설립하고 그들이 달러 무역거래를 결제하는 SWIFT 전자 망을 우회하는 독자적인 결제 전자 망 CIPS를 설립했습니다. 달러를 무역에서 배제한다는 말은 그만큼 달러의 수요를 줄이겠다는 것으로 그들의 경제 지배를 가능하게 해 온 달러를 무력화시키는 전략이었습니다. 그렇게 지배세력을 전면으로 도전하자 그 때까지 미국의 횡포를 알면서도 감히 대항하기를 꺼려했던 약 120개의 국가들도 준회원으로 참여할 의사를 밝히고 나왔습니다.

지배세력의 세계정부계획을 무산시킨 신의 한수

달러체제를 대체하는 브릭스 연합의 출범은 지배세력의 세계정부 설립계획을 무산시키는 그야말로 신의 한수였습니다. 체스로 말하면 채크메이트로 중국과 러시아가 시작한 경제전에서 지배세력의 완벽한 패배를 의미하는 신의 한수였습니다. 앞에서도 말했듯이 그들의 세계를 경제로 정복하는 계획은 미국을 도산시켜 미국의 달러를 시작으로 전 세계의 통화를 붕괴시킨 후 그들의 IMF가 준비해 놓은 새로운 통화 SDR을 출범시켜 인류를 그들의 세계정부에 종속시키는 것이었습니다. 그래서 그들은 모든 국가들을 정부가 도저히 갚을 수 없는 부채를 지도록 만들었던 것입니다.

그러나 그들의 그런 계획을 성사시키는 데에는 중요한 전재조건이 있습니다. 세계 통화체제를 가능하게 하는 통화의 유통채널을 독점하는 것입니다. 이는 마치 대한민국의 한국전력이 전기그리드를 보유, 독점하고 있어 한전의 그리드에서 제외되면 전기를 공급받을 수 없는 것과 유사합니다. 그들이 구축해 놓은 달러체제는 세계의 유일한 돈의 유통 채널임으로 달러가 붕괴할 경우 새로운 돈을 유통시킬 수 있는 채널이 막히면 세계의 모든 거래가 마비되는 구조입니다.

대한민국 한전이 전기 공급을 중단하면 전 국민들이 한전의 유통망을 탈취하기 전에는 에너지를 공급받지 못하게 될 것이고 새로운 망을 구축하는 데는 많은 시간이 필요하기 때문에 그 사이에 국가는 혼란에 빠지고 많은 사람들이 생명을 잃게 되는 것과 흡사합니다. 그들이 갑자기 달러를 붕괴시켜 세계경제를 마비시킬 경우 인류는 그들이 내놓는 대체통화가 될 새로운 통화를 거부할 수 없게 됨으로 그들이 제시하는 컴퓨터 칩을 몸에 삽입하는 조건으로 그들의 통화를 공급받게 만드는 계획을 세웠던 것입니다.

1980년대에 히트를 쳤던 영화 'TRADING PLACES'의 제작자 아론 루소는 그가 친하게 지내던 록펠러 형제가 그들이 컴퓨터 칩을 인체에 삽입하는 방법으로 인류를 노예화 할 것이라는 발언을 듣고 이를 한 언론과의 인터뷰에서 폭로했다가 의문의 죽음을 당했습니다. 그렇기 때문에 신약성경 요한계시록의 예언대로 인류가 사탄을 상징하는 666으로 인을 치게 될 것이라며 회개하라고 길가에서 외치는 종교 과격파들이 허황되다고만 볼 수 없는 것입니다. 그 무리들은 돈의 비밀을 알지 못해 정확히 어떻게 루시퍼를 숭배하는 지배세력이 그런 계획을 성사시킬지는 모르지만 그들이 이미 쌀알만 한 컴퓨터 칩을 개발해 인체에 삽입하고 있다는 정황만으로 그들의 계획을 예지하고 있는 것입니다.

그런데 중국과 러시아는 그들이 독점해 온 통화망을 대체하는 새로운 통화체제를 수립함으로 그들의 세계정복계획을 한 방에 무산시켜 버린 것입니다. 지배세력은 비밀리에 그들의 세계정복계획이 담긴 시온장로들의 의정서에서 가르친 대로 인류를 가축으로 비하하며 마치 개구리들을 솥물 안에 담가놓고 감지하지 못하게 서서히 대피듯이 그들의 계획을 진행해 왔습니다. 다행히 일찍이 그들의 사악한 세계정복계획을 간파한 중국과 러시아가 그들이 독점하는 달러체제를 대체하는 새로운 통화체제를 출범시켜 그들의 그런 엄청난 계획을 한 방에 무산시켜 버림으로 그들은 그 때부터 전쟁으로 판을 뒤집는 전법으로 작전을 바꿔야 했습니다.

현재 진행 중인 이 보이지 않는 경제전쟁은 세계가 언젠가는 한 번 겪어야할 과제입니다. 중국과 러시아 그리고 최근 미국의 트럼프는 이 과도기를 정돈되게 진행시키기 위해 협력하고 있습니다. 이에 대처하기 위해서는 그들이 철저히 숨겨온 지식인 돈의 비밀을 알고 국민들 모두가 대비해야 하는 것입니다.

중국과 러시아가 주도하는 브릭스연합의 출범은 세계의 경제질서를 뒤집는 역사적인 사건인데도 그들의 언론과 학계는 이를 은폐하고 있습니다. 또한 그들의 언론과 학계에 의존하도록 길들여져 있어 물고기가 바다를 볼 수 없듯이 그들이 구축해 놓은 돈의 패러다임을 보지 못하고 있어 이 엄청난 변화를 인류는 감지하지 못하고 있습니다. 앞에서도 언급했듯이 그들은 전 세계 원유를 거래하는 에너지 거래소도 그들이 소유하고 달러로만 거래되게 만들어 언제든지 에너지의 거래 역시 마비시킬 수 있게 해 놓았고, 우리가 당연하게 이용하고 있는 외환거래소, 증권거래소, 상품거래소 같은 돈의 거래에 필요한 모두 장들 역시 그들이 소유, 통제하고 있습니다.

다행히 그들의 사악한 계획을 일찍부터 간파한 중국과 러시아는 그들이 독점해 온 통화체제로부터 완벽하게 탈출하기 위해 지배세력의 통화결제 기구인 SWIFT 대신 위안을 결제하는 CIPS (Cross Border Inter Bank Payment System)를 완성해 이미 운영하고 있습니다. 그러며 중국은 위안으로 거래되는 '상해 에너지 거래소', '상해 상품거래소' 등을 중국 상해 시의 자유무역 지역에 이미 구축해 놓았습니다.

상해 국제 에너지 거래소

그런데도 지배세력의 언론에게 의존하도록 세뇌된 대한민국 기득권 세력과 돈의 원리를 모르는 소위 경제학자들마저 대한민국이 중국을 배척하고 그동안 자신들의 기득권을 '보장'해 온 미국 지배세력을 찬양하며 '국가안보' 를 운운하고 있는 게 현실입니다. 돈의 지식이 없는 무지한 언론은 2006년 노무현 정권이 미국의

국채를 금으로 일부 대체하는 매우 현명한 전략을 감행하자 이를 반대하며 그를 빨갱이로 몰아 그 계획을 철회해야 했습니다. 물론 노무현 정권의 감히 미국의 국채를 처분하려는 계획을 허용할 수 없는 지배세력이 같은 해에 인천항에 출현시킨 미국의 군함 때문에라도 노무현 정부는 그 계획을 철회해야 했습니다. 지배세력의 언론이 공조해 들어선 '경제 전문가'라고 포장됐던 이명박 정권은 대한민국의 알자 국영자산인 인천국제공황까지도 '민영화'를 빙자해 지배세력에게 바치려 했으나 다행히 노조의 반발로 무산됐습니다. 문민정부의 출범 후 최초로 지배세력을 대항해 국가와 국민들을 위한 국정을 펼쳤던 노무현 대통령은 지배세력의 도구에 불구한 국정원, 검찰과 언론에 의해 불운한 최후를 맞아야 했던 정황 역시 제 '정보전쟁'에 소개돼 있습니다.

10. 지배세력이 구축한 배수전략

앞에서도 언급했듯이 미국 역사 상 최초로 자신들의 은행들의 도산위기를 맞은 지배세력에게 미국 의회의 구제금은 세계를 속이기 위한 형식적인 절차에 불과했습니다. 그들의 은행들이 도산위기가 이미 세계에 드러난 이상 정부의 구제로 소생된 것처럼 보이게 하는 연출이 필요했던 것입니다. 실제로는 의회의 부분감사에서 드러났듯이 그들의 연준위는 비밀리에 23조-29조 달러의 여신을 창조해 무이자로 공급하여 위기를 극복했습니다.

그러나 그들의 은행들은 미처 처분하지 못하고 소유하고 있는 주택저당증권 파생상품이 금융위기 직후 그들의 BIS가 은행 원장에 장부가격으로 인정하게 편의를 봐주는 덕분에 재무제표상의 도산은 면했지만 그 자산을 준비금으로 활용하기에는 위험부담이 너무 컸습니다. 그 문제를 해결해주는 방안으로 연준위는 경기활성화를 위해서라는 명분으로 '양적완화'정책을 실시해 연준위가 직접 돈을 창조해 국채를 포함한 채권을 구매했습니다.

통화의 공급량을 더 빠른 속도로 늘려 경기를 활성화시키기 위해서라고 포장됐던 이 프로그램의 진짜 목적은 그들의 은행들의 악성부채를 액면가로 구입해주어 준비금을 제공해주기 위해서였습니다. 거기다 중국과 다른 국가들이 구매를 중단한 미국이 예산적자를 충당하는 데 필요한 국채도 은밀하게 구입해야 했습니다. 2008년 금융위기 시 약 8조 달러였던 미국의 부채가 트럼프가 취임할 당시인 2016년인 8년 만에 20조 달러로 늘어났습니다. 중국을 포함한 모든 국가들이 더 이상 미국국채를 구입하지 않는 데도 그 많은 국채가 이자가 0%에 가까운 금리에 판매됐다는 사실이 이를 입증하고 있습니다. 결국 연준위가 양전완화로 돈을 창조해 그들의 은행들로부터 악성부채를 구입해주면 은행들이 그 자금으로 국채를 구매했기 때문에 가능했던 것입니다.

은행들은 그렇게 연준위가 선사한 돈으로 국채를 구매했고 그렇게 구매한 국채에서 발생하는 이자 수익을 벌면서 그 국채를 담보로 더 많은 파생상품을 창조했습니다. 그들의 BIS는 은행들이 창조하는 파생상품을 은행들의 재무제표에 포함하지 않게 허용하고 있으므로 그런 파생상품을 보유한 사실이 드러나고 있지 않습니다. 1996년 클린턴 정권시절 상품선물거래소 CFTC의 브룩슬리 본 의장은 파생상품의 증가추세를 보고 CFTC가 파생상품을 규제할 것을 강력히 제안하고 나오자 지배세력의 하수인들인 그린스펀 의장, 루빈재무장관, 증권거래위원회(SEC) 의장까지 나서서 이를 반대하고 나와 결국 규제를 안 하기로 결정을 내리고 거꾸로 그녀가 1999년 사임했습니다. 그 후 1998년 대형 사모펀드 LTCM 부도 사태 때 연준위와 그들의 은행들이 은밀히 구제해줌으로 이미 파생상품의 위험이 드러났고 그 후 2008년 미국발 금융위기 때에는 공개적으로 드러났습니다.

대형은행들의 재무제표에는 포함되지 않고 있지만 그들이 창조하는 파생상품은 OTC 장외거래시장에서 거래되고 있어 미 통화감독국 (Office of Comptroller and Currency (OCC))이 보관하는 자료에서 확인할 수 있습니다. 그 자료에 의하면 미국 대형 은행들은 엄청난 파생상품을 창조하는 수법으로 통화량을 기하급수적으로 늘려왔습니다. 이미 거품을 뺄 경우 그들의 은행들이 도산을 면할 수 없는 수준에 처했음으로 2008년에 시작된 제로금리정책이 지속될 수밖에 없다는 사실을 잘 아는 그들은 이자의 변동률이 오를 경우 은행들이 다시 구매해준다는 속임수로 생성한 파생상품이 주를 이르고 있으나 그동안 그들이 늘려온 자동차 대출 및 학자금 대출 그리고 아직도 진행하고 있는 주택저당증권을 포함한 파생상품의 총 가치는 미국 연 GDP의 수십 배가 넘는 수백 조를 넘는 숫자입니다. 2019년 OCC 보고서에 의하면 JP Morgan 55조, CITIBANK 49조, GOLDMAN SACHS 49조, Bank of America 21조, Wellls Fargo 12조 달러가 넘습니다.

TOP 25 COMMERCIAL BANKS, SAVINGS ASSOCIATIONS A
SEPTEMBER 30, 2019, MILLIONS

BANK NAME	LEGAL ENTITY INDENTIFIER	TOTAL ASSETS	TOTAL DERIVATIVES
JPMORGAN CHASE BANK NA	7H6GLXDRUGQFU57RNE97	$2,367,127	$55,245,618
CITIBANK NATIONAL ASSN	E57ODZWZ7FF32TWEFA76	1,472,915	49,137,162
GOLDMAN SACHS BANK USA	KD3XUN7C6T14HNAYLU02	211,831	49,058,993
BANK OF AMERICA NA	B4TYDEB6GKMZO031MB27	1,812,976	21,873,173
WELLS FARGO BANK NA	KB1H1DSPRFMYMCUFXT09	1,708,548	12,532,251
HSBC NA	1IE8VN30JCEQV1H4R804	182,096	5,547,474
STATE STREET BANK&TRUST CO	571474TGEMMWANRLN572	241,364	2,452,512
BANK OF NEW YORK MELLON	HPFHU0OO28E4N0NFVK49	304.096	1.098.676

1986년에 취임한 그린스펀 의장이 소련의 붕괴 후 러시아 수학자들을 등용해 구축한 알고리듬을 이용한 컴퓨터 트레이딩 시스템을 통해 주가를 조작하는데도 대량의 파생상품이 이용되고 있습니다. 그래서 월스트리트에 위치한 거래소 장에서 손짓으로 주고받던 거래가 없어져 증권거래소가 한산해 진지 오래고 모든

거래는 컴퓨터 트레이딩으로 이루어지고 있습니다. 이론상으로는 주로 대형은행들이 헤지로 사용하기 때문에 안전하다고 하지만 지배세력과 한 통속인 워런 버핏마저 비공개석상에서 파생상품이야말로 WMFD 즉 '대량 금융 살상무기' 라고 경고하고 있습니다.

'대량 금융 살상무기' 로 배수진을 친 지배세력

그들은 WFMD 상품으로 어느 한 대형은행이 도산할 경우 모든 은행들이 동시다발적으로 붕괴하도록 엮어 놓음으로 은행들이 도산하는 경우가 다시 발생할 경우 전 세계경제를 붕괴시킬 계획으로 배수진을 쳐 놓았습니다. 그들의 그런 계획은 2010년에 정식으로 미국 의회에서 통과된 '도드 프랭크 법안'의 내용을 봐도 알 수 있습니다. 2010년 '월스트리트 개혁 및 소비자 보호법' 으로도 알려진 이 법안은 앞으로 다시는 의회가 그들의 은행들을 구제해 주지 못하게 만들기 위하여 국민들을 보호하는 것처럼 포장됐지만 실제로는 만약 또다시 은행들의 도산위기가 발생할 경우 은행들이 예금주들의 돈을 은행들의 주식으로 전환시키고 그 돈을 은행의 부채를 갚는데 사용할 수 있다는 법안입니다. 즉 베일아웃(Bail-Out) 대신 예금주의 돈을 갈취하는 베일인 (Bail-In)으로 교체한 것입니다.

미국의 은행법은 이미 그들에게 매수된 사법부가 선례로 만들어 놓은 판례로 예금주의 돈은 은행에게 위탁한 것이 아니라 은행들에게 빌려준 것임으로 은행이 그 돈을 은행에 필요에 따라 활용해도 되게 돼있습니다. 거기다 예금주는 무담보로 '빌려' 준 것이기 때문에 은행들의 담보가 설정된 채무보다 우선순위가 가장 아래입니다. 그런데 도드 프랭크 법안은 만약 은행들이 도산을 할 경우 법적 파산절차를 신청하기 전에 예금주로부터 무담보로 빌린 자금으로 우선순위 채무를 먼저 상환해야 하는 베일인 의무를 법으로 정한 것입니다. 한 술 더 뜨는 것은 국민들의 예금은 그들이 이미 미국 연 GDP의 수십 배가 넘는 워런 버핏이 '대량 금융 살상무기' 라고 칭하는 파생상품보다도 우선순위가 낮다는 것입니다. 그들은 은행들이 또다시 도산위기를 직면할 경우 정부가 나서서 은행들의 부채를 정리하기 전 국민들의 예금을 먼저 갈취하겠다는 의도를 법으로 제도화해 놓은 것입니다.

키프로스의 베일인 실 사례

그들은 이미 그런 예금주의 돈으로 은행채무를 청산하는 법을 2013년 키프로스에서 시범케이스로 활용했으나 아무도 문제를 제기하지 못했을 뿐 아니라 그들의 언론이 보도는커녕 은폐함으로 세계는 알지 못했습니다. 2012년 유럽 국가 부채 위기를 유럽은행의 양적완화 정책으로 당분간 잠재우는 데는 성공했지만 2010년 2012년 두 차례에 걸친 구제 금융을 받은 그리스의 시민들은 그리스정부가 해외로 자금이 유출하는 것을 방지하기 위해 자본통제를 실시할 것을 우려한 그리

스 시민들은 여유자금을 근접 국가인 키프로스 은행계좌로 이전했습니다. 특히 키프로스 은행에는 많은 러시아 국민들이 루블의 자본통제를 대비해 예금해 둔 국가여서 가장 큰 예금주들은 러시아 국민들이었습니다.

그런 키프로스 정부가 위기에 처하자 지배세력의 IMF, ECB와 EC로 구성된 트로이카에게 구제 금융을 요청해야 하는 사태가 발생했고 그 구제 금융을 제공하는 조건으로 키프로스가 예금주의 자금을 몰수해 은행들의 부채를 줄이도록 요구했습니다. 그 결과 키프로스의 시민들은 그 국가의 보험공사가 제공하는 보험금으로 일부 보상을 받았지만 러시아와 그리스 시민들의 예금은 심하게는 40% 이상의 예금을 갈취 당했고 보험금도 받지 못했습니다. 그렇게 그들은 베일인 법으로 예금을 갈취하는 사례를 시범케이스로 실시한 후 전례를 만들어 놓았습니다.

유럽연합의 은행법 제정

2014년 4월 유럽연합의 유럽위원회(EC)는 유럽 국가들의 의회와 상의도 없이 '은행 복구 및 해결 지침' (Bank Recovery and Resolutiion Directive (BRRD))을 채택함으로 미국의 도드 프랭크 법안과 유사한 법이 제정됐습니다. 그런 후 2014년 11월 호주 브리즈번에서 열린 G20 회의에서도 회원 국가들이 이런 방침을 채택하는데 동의를 했고 각 국가가 자국의 법으로 상정하기로 합의를 보았습니다. 아직 대한민국에서는 제정되지 않을 것으로 보입니다만 이미 대한민국 학자들이 이 법안의 유리점을 발표한 내용들을 인터넷에서 확인 할 수 있습니다.

금값의 상승과 이를 허용할 수 없는 이유

앞에서 이미 설명했듯이 인류 6천년 역사 동안 어느 사회를 막론하고 금과 은이 돈의 역할을 했습니다. 돈은 원래 거래수단이자 부를 보존하는 수단입니다. 그러므로 지배세력의 돈을 무한으로 발행해 그 가치를 희석시키면 자연히 금값이 오르는 현상으로 나타납니다. 1913년 연준위가 처음 시작할 당시 20..67불이면 금 1온스로 태환이 가능했습니다. 20불이면 그 당시 최고의 맞춤 양복을 구입할 수 있었습니다. 그러나 지금은 20불로 양복은커녕 양말 값입니다. 그러나 금 1온스가 1,600불이 넘는 현재 금 1온스로 아직도 맞춤 양복을 구입할 수 있습니다. 그렇게 금은 그 가치를 100년 이상 보존해 온 것입니다.

이미 1960년대에 드러났듯이 그들이 금의 한계를 초과하고 달러를 발행하니까 시장에서 금값이 상승하기 시작해 유럽 국가들이 금으로 태환해 가기 시작하자 금과의 연계를 끊어야 했습니다. 그만큼 금은 그들이 달러를 희석시키고 있음을 드러내는 역할을 자연적으로 담당하고 있습니다. 그러므로 금의 상승을 억제하는 수단으로 그들은 1975년 금과 은을 뉴욕 선물시장 코멕스에서 거래되게 하여 선물시장에서 금과 은값을 책정하게 제도화 했습니다. 그러며 금과 은값이 오르기 시작하면 대량의 금, 은의 차입 공매도 계약' 을 금 선물시장에 쏟아냄으로 금과 은값의 상승을 억제해왔습니다.

그들은 금과 은 구매자들이 금과 은을 보관하는 번거로움과 비용 때문에 금이나 은을 찾으러 오지 않는다는 점을 감안해 착안한 것입니다. 그런 식으로 금, 은값을 그들이 보관하고 있는 금, 은의 수십, 수백 배를 공매도 계약으로 쏟아내는 방법으로 조작하여 그들의 달러가 희석되고 있다는 사실을 은폐해 왔습니다. 거기다 연준위의 그린스펀의장과 버냉키의장은 금이야말로 '야만적인 유물' 이라고 금을 보유하는 것을 공개적으로 비웃어 금에 대한 신뢰를 떨구는데 기여해 왔습니다. 그럼에도 불구하고 금값은 2001년 275불 하던 금이 2008년 750불로 상승했습니다.

그런데 2008년 금융위기 직후부터 금값이 상승하기 시작하더니 그들의 억제에도 불구하고 2011년 금은 1온스 당 1900불, 은은 1온스 당 50불까지 상승했습니다. 연준위의 0%금리 그리고 양적완화 정책으로 돈을 창조하고 있다는 정황을 간파한 투자자들이 달러에 대한 불신을 금을 매입하여 선물시장에서 드러낸 것입니다. 금값의 상승으로 그들이 달러를 희석시키고 있다는 사실을 드러나게 할 수 없는 그들은 2013년 4월, 연 세계 금과 은 총채굴량을 능가하는 존재하지도 않는 금과 은 공매도계약을 한꺼번에 쏟아내 금과 은값을 불과 몇주 만에 각각 1200불과 12불선으로 떨구는데 성공했습니다.

코멕스가 보관하는 금과 은의 양의 수십 배가 넘는 존재하지

도 않는 금 공매도를 쏟아낸 것으로 일반 투자자들이 감히 대항할 엄두도 낼 수 없는 수량이었습니다. 만약 금을 매도한다면 서서히 시장에 내놓아 가격이 떨어지는 것을 최소화해야 하는 일반 상식을 깨는 행위였으나 그들의 언론은 이 사실을 당연한 것처럼 보도하였고 언론을 믿도록 길들여진 세계는 감지하지 못했습니다. 그 조작으로 많은 투자자들에게 막대한 손해를 끼침으로 일반 투자자들에게 금 투자는 위험하다고 인식시켜 꺼리게 만들었습니다.

또한 그들은 그때부터 급등하는 금과 은에 대한 수요를 GLD와 SLV라는 ETF 증권을 창조해 실물 금과 은 대신 판매했습니다. 금과 은을 보관하는 번거로움을 피할 수 있다는 장점을 내세운 것입니다. 그러나 코맥스 선물계약서에 금과 은 대신 현금 달러로 지불해도 된다는 조항을 삽입해 놓았듯이 ETF 역시 같은 조항이 삽입돼 있어 만약 금과 은값이 상승해 실물을 요구할 경우에 실물 금과 은을 받을 가능성은 희박합니다. 왜냐면 각각 GLD와 SLV의 보관은행인 HSBC은행과 제이피 모건은행은 코멕스와 마찬가지로 실제 보관하는 양의 금과 은 보다 더 많은 ETF증권을 발행하여 금과 은에 대한 수요를 흡수하는 도구로 사용하고 있기 때문입니다.

억제된 가격으로 금을 구매하고 있는 중국과 러시아

그러나 실물 금시장에서도 그들의 코멕스 선물시장에서 책정한 금과 은값으로 거래가 되는 점을 역으로 활용하여 중국, 러시아, 인도 같은 국가들은 그들이 수출에서 벌어들인 달러를 지배세력이 인위적으로 억제한 값에 금과 은을 매입해 왔습니다. 이미 중국은 2014년 상해 금 거래소를 개장하여 실물 금과 은이 유일하게 그곳에서 거래되고 있습니다. 그러므로 중국과 브릭스 연합 회원 국가들과 상해협력조직 국가들은 국민들에게도 금과 은을 구입할 것을 권장하고 있어 중국의 경우 국민들이 상해 금 거래소에서 구입하여 보유하고 있는 금의 양이 2만 톤이 넘는다고 합니다.

거기다 중국은 상해 금 거래소에서 누구나 위안을 금으로 태환하는 것을 허용하는 방법으로 위안을 금으로 보장하고 있어 이미 미국의 페트로 달러를 대체하는 통화로 부상했습니다. 2018년 3월에는 위안으로 거래되는 상해 에너지 거래소를 개장해 원유 산유 국가들이 원유를 위안을 받고 판매한 자금을 상해 금 거래소에서 금으로 태환해 가는 것을 허용하고 있습니다. 이는 페트로 달러 출범 이후 최초로 위안을 금으로 보장하는 통화로 출범시킨 엄청난 사건인데도 대한민국 언론을 포함한 그들의 세계언론은 이 사실을 부각하지 않고 있을 뿐 아니라 은폐하고 있습니다. 중국은 원유를 금이 보장하는 위안으로 구매함으로 산유국들에게 달러를 대체하도록 유도하고 있어 달러의 기축통화 지위는 이미 소멸되고 있습니다.

비트코인의 출범

금값이 상승한 것처럼 2008년 금융위기 직후인 2009년부터 출범한 전자암호화폐인 비트코인이 엄청나게 상승하는 사태가 벌어졌습니다. 비트코인은 공공 거래 장부인 블록체인 기술을 기반으로 만들어진 온라인 암호 화폐입니다. 2008년 10월 사토시 나키모로라는 가명을 쓰는 프로그래머가 개발한 것으로 알려진 컴퓨터 프로그램을 통해 생성되는 전자화폐입니다. 이는 원래 지배세력이 1971년 달러와 금과의 연계를 끊은 후 인류에게 금을 야만적인 유물로 세뇌시키는 데 성공한 후 그들의 CIA가 일찍부터 개발해 왔다는 사실이 이미 드러나 인터넷에서 리서치를 하면 확인할 수 있습니다.

그러나 암호 화폐에 현혹된 젊은 층들이 강력히 이를 가짜뉴스라고 부인하고 있습니다. 젊은 층들은 지배세력이 그들의 중앙은행을 통해 돈을 창조한다는 사실을 일찍부터 파악하고 공공 거래 장부로 거래되기 때문에 화폐를 무한으로 창조할 수 없을 뿐 아니라 그 암호 화폐 거래는 온라인으로 이루어지기 때문에 그들이 소유한 결제시스템을 우회한다는 장점에 그들의 법정화폐를 대체할 수 있는 미래의 화폐라고 믿고 있습니다. 거기다 금과 은이 귀하고 채굴하는데 많은 비용이 소요되듯이 암호 화폐를 창조하는데 많은 컴퓨터 프로세스 시간과 전기비용이 소요되기 때문에 쉽게 창조할 수 없으므로 금과 은처럼 귀하지만 보관하기가 더 편리하다는 이론입니다.

개인과 개인이 직접 인터넷으로 연결돼서 거래가 성사가 되는 장점은 있지만 금과 은처럼 도둑을 맞을 우려가 있고 거래가 온라인으로 이루어지기 때문에 불법거래에 사용될 수 있습니다. 돈의 흐름을 추적할 수 있는 기능이 없으므로 온라인에서 실수로 일어난 거래를 추적하거나 되돌릴 수 없을 뿐 아니라 사기행각에 의한 거래도 추적할 수 없는 것입니다. 또한 이미 사용이 시작된 양자컴퓨터 (Quantum Computer)기술의 발달로 앞으로 유사한 암호화폐를 생성하는 것이 더 쉬어질 수 있습니다. 이미 비트코인 출범 이후 수백 개의 암호화폐가 나왔습니다. 컴퓨터 기술이 향상될 때 수많은 새로운 암호화폐가 출범할 수 있음을 고려해야합니다.

암호화폐의 인기는 돈에 대한 원리를 부분적으로만 이해하고 있어서 생기는 현상입니다. 무엇보다도 인류 6,000년 동안 항상 돈의 역할을 해 온 금과 은은 교환수단일 뿐 아니라 부를 저장, 보관하는 수단입니다. 사이버 공간에서만 존재하는 암호화폐와 달리 금과 은은 세계 어디를 가나 교환수단으로 사용돼왔고 지금도 그러합니다. 특히 금과 은은 장신구로도 그 가치가 있습니다. 비트코인을 교환수단으로 활용하기에는 난점들이 너무 많습니다. 우선 비트코인을 신뢰하는 상인들의 수도 늘어야 할 것이고 컴퓨터가 소요하는 프로세서 시간도 더 단축돼야 함으로 현재 비트코인은 거래에 필요한 교환수단으로 그 기능을 못하고 있습니다. 또한 사이버 공간 밖에서는 실제로 존재하지 않으므로 부를 저장하는 수단으로도 적절하지 않습니다.

이미 인류는 신용카드와 은행카드를 이용한 전자거래에 의존하고 있습니다. 그러므로 금과 은 보관증 대신 이 공공거래 장부의 기능을 활용하는 블록체인 기술로 금과 은의 양을 실시간으로 확인할 수 있는 암호화폐가 거론되고 있고 이미 중국을 포함한 모든 국가들이 각 국가들의 통화를 금이나 은으로 보장하는 전자 암호화폐를 준비하고 있습니다. 그러므로 아무 것도 보장하지 않는 사이버 공간에서 창조된 암호화폐를 거래수단으로 모두가 인정하고 실제로 가공한 물건과 교환할 것이라고 믿는 것은 현실적이지 않습니다. 지금도 가장 많이 알려진 비트코인은 교환수단으로보다는 투자용으로 인기를 받고 있습니다.

17세기 네덜란드에서 튤립파동을 일으켰던 적이 있습니다. 한 때 국민들이 튤립 꽃의 가치가 꾸준히 상승하자 너나 할 것 없이 투자를 했다가 그 가치가 폭락해 많은 손해를 봤던 사례입니다. 마찬가지로 인터넷이 출범하자 인터넷의 가능성만 가지고 아무 수익도 없는 닷컴 회사들 주식들의 값이 상승했다가 그 가치가 폭락했듯이, 비트코인을 포함한 암호화폐 역시 새로운 블록체인 기술이 시사하는 가능성 때문에 일어나는 현상입니다. 거기다 지배세력이 배후에서 금과 은값에 상승을 억제하기 위한 새로운 용도로 이용하고 있을 가능성도 배제할 수 없는 것이 그들이 내세운 대리인들이 대량으로 매입했다가 매각하는 방법으로 가격을 조작할 수 있기 때문입니다.

그러므로 돈의 비밀을 모르는 대중이 몰리른 현상 때문에 투자용으로 그 가치가 있다는 사실은 부인할 수 없지만 비트코인의 가치가 지속적으로 유지된다는 보장은 없으므로 한 순간에 폭락할 수도 있다는 사실을 염두에 두어야 합니다. 지배세력이 돈을 무한으로 창조해 온 것을 돈에 대한 지식이 없어 속았던 것은 사실입니다. 그러나 다시 금과 은을 바탕으로 하는 통화의 부활로 무한으로 창조할 수 없게 될 경우 인류 6천년 역사가 인정하는 금과 은으로 태환이 가능한 블록체인을 이용한 전자화폐가 출범할 경우 그렇지 못한 암호화폐가 선호를 받을 수 있을 지는 독자의 판단에 맡기겠습니다.

11. 지배세력이 경제전에서 패했음이 드러난 정황

결국 유럽에서 경제로 가장 취약한 국가인 그리스가 제일 먼저 그들이 구축해 놓은 유로 통화제도의 피해자로 부상했습니다. 그리스는 원래 유럽연합에 회원국이 될 자격을 갖추지 못했었습니다. 그러나 그들의 골드만삭스은행이 직접 나서서 그리스의 재무제표를 조작하는 방법으로 불가사의하게 회원자격을 취득했습니다.

그러나 2009년 유럽 국가 부채시기에도 제일 먼저 드러났듯이 그리스는 유럽 국가들 중에서 가장 경쟁력이 없을뿐더러 국가부채도 제일 많은 국가였습니다. 처음에는 그리스도 유럽 전역으로 적용되는 저금리의 혜택을 보았습니다. 그러나 안 그래도 재정이 약한 그리스가 2008년 금융위기 이후 유럽은행들을 구제하기 위해 발행한 국채로 재정이 더 악화돼 2010년, 2012년 두 차례에 걸쳐 IMF, ECB, EU로 형성된 트로이카가 공동으로 제공한 구제 대출을 받아야 했습니다.

그러나 구제 대출은 말이 구제이지 그리스가 빌린 자금을 은행들에게 상환하는 데 사용돼 그리스의 부채만 더 늘어났습니다. 자국의 통화발행권을 유로를 발행하는 유럽중앙은행에게 넘겨주었

음으로 대출을 상환하지 못할 경우 국내의 통화량이 축소돼 생필품을 구매할 돈마저 귀해지기 때문에 그리스는 국가의 재정을 삭감하고 국영자산을 처분해서라도 은행 대출을 상환해야 하는 처지로 전락했습니다. 자국의 화폐 발권력을 원래대로 보유했다면 화폐를 과잉발행해서 평가 절하시키는 방법으로 수출 경쟁력을 확보하여 수출로 외화를 벌어들이고 국내에서는 자국의 통화를 증가시키면 됩니다. 그러나 유로가 국내 통화이지고 유로의 발권력을 유럽중앙은행에게 이양해줘 자주적인 발권력을 상실한 그리스에게 있는 유일한 수단이 긴축정책인 것입니다. 그 결과 국민들의 세금을 매년 올리고 정부 사회복지 예산을 줄임과 동시에 그리스의 공항, 항만 시설과 그리스의 섬들을 매각하는 긴축정책으로 경제는 더 악화되는 악순환이 계속 됐습니다.

결국 두 번의 구제와 긴축정책으로도 부족해 결국 그리스는 2015년 또 다시 디폴트 위기를 맞았습니다. 그러자 그리스 국민들은 유럽중앙은행과 IMF가 요구하는 긴축정책을 거부하고 차라리 자국의 화폐로 돌아갈 것인지의 여부를 국민투표로 확인하자는 국민 여론이 형성됐습니다. 그러며 그리스 국민들은 부채삭감을 요구하고 나왔습니다. 중국과 러시아가 유럽으로 가는 통로에 위치한 그리스에게 철도시설과 통신시설을 포함한 기반시설에 필요한 자금을 제안하자 그리스는 그들이 요구하는 긴축정책 대신 차라리 자국의 화폐 발권력을 회수해 브릭스 국가들과 연대를 맺겠다고 나온

것입니다. 중국과 러시아가 구축한 브릭스 연합 체제가 없었으면 상상도 할 수 없는 상황이 벌어졌던 것입니다.

그리스를 세 번째로 구제해 준 지배세력

그러나 만약 지배세력의 은행들이 전체 유럽경제의 5%에 불구한 그리스의 빚을 삭감해줄 경우 남유럽 국가들 모두가 삭감을 요구하고 나올 것이기 때문에 이를 수용할 수 없었습니다. 남유럽국가들의 빚을 삭감할 경우 그들 은행들의 자산가치의 하락으로 은행들이 도산할 처지가 되기 때문입니다. 오히려 그리스가 그 전에 트로이카의 구제 금융을 받을 당시 약속했던 긴축계획을 불이행했기 때문에 더 확고한 긴축정책 실천계획을 요구하고 나왔던 트로이카는 별 다른 조치 없이 또 다시 구제금융을 해 주어야 했습니다. 결국 그리스를 본보기로 다른 남유럽 국가들에게도 긴축정책을 요구하려던 계획 역시 무산됐습니다. 그러므로 그들이 유럽의 경제를 통제하기 위해 시작한 유로이지만 이제 그리스를 포함한 다른 유럽 국가들이 그들을 저항하고 나와도 중국과 러시아가 주도하는 새로운 통화체제로 가는 것을 허용할 수 없음으로 그들의 입지가 줄어들었습니다.

그렇게 유럽에서 가장 취약한 경제로 빚으로 겨우 지탱하고 있는 그리스의 국채의 금리가 현재 1%입니다. 미국보다도 더 낮습니다. 이는 그리스의 금리가 오를 경우 그리스 정부가 감당할 수 없기 때문에 유럽중앙은행 ECB가 진행하고 있는 마이너스 금리정책과 양적완화 정책 덕분인 것입니다. 그러므로 상대적으로 그리스보다 훨씬 건전한 독일을 포함한 북유럽국가들의 금리가 마이너스 일 수밖에 없는 것입니다. 하지만 그리스같이 재정이 부실한 국가가 미국보다도 더 낮은 금리를 유지할 수 있다는 사실 하나로만도 현재 세계금융시장이 얼마나 실제 경제와 거리가 멀도록 왜곡됐는지를 입증하고 있습니다.

AIIB 가담에서 드러난 유럽 국가들의 노골적인 이탈

그 뿐 아니라 2015년, 미국의 강력한 반대에도 불구하고 유럽연합의 회원국인 영국, 프랑스, 독일, 이태리가 중국이 설립하는 AIIB은행에 창립회원국으로 가담하는 결정이 입증하듯이 이미 유럽 국가들은 중국이 주도

하는 유라시아 시장 개발 프로젝트에 적극 참여해 왔습니다. AIIB은행은 유라시아 개발을 위해 중국이 주도해 설립한 은행으로 지배세력의 세계은행과 아시아개발은행하고 경쟁하는 은행입니다. 대한민국도 그 덕분에 참여할 수 있었으나 참여의사를 밝혔던 미국의 영원한 식민지 국가 일본은 미국의 강력한 반발 때문에 참여 결정을 철회해야 했습니다.

중국과 러시아가 주도하는 브릭스연합 체제가 아니었으면 유럽 국가들이 감히 지배세력의 뜻을 노골적으로 어기는 이런 일은

상상조차 할 수 없습니다. 그러므로 유럽 국가들은 이미 지배세력이 중국과 러시아에게 경제전에서 패했다는 사실을 행동으로 인정하는 것입니다. 특히 2016년 영국국민들의 유럽연합에서 탈퇴하겠다는 투표로 유로의 미래에 대한 불확실성이 증가하고 있습니다. 독일의 안젤라 메르켈 수상, 불란서의 마카롱 대통령을 포함한 정상들은 아직도 지배세력의 대리인으로 유럽연합의 지시를 유럽 국가들에게 강요하고 있으나 이미 마이너스 금리로 재정상태가 악화돼 있는 유럽의 기업들은 중국과 러시아가 주도하고 있는 브릭스 연합이야말로 불가피해 보이는 유로 붕괴 시 자국의 화폐로 돌아갈 수 있는 피난처가 될 것을 알고 있는 것입니다.

12. 중국의 미국을 경제적으로 고립 시키는 전략

중국은 1999년 WTO에 가입할 때까지만 해도 무역적자를 감수하며 국내 제조업에 필요한 설비투자를 수입해 중국의 내실을 다졌다고 했습니다. 2000년도부터 흑자를 내기 시작했던 중국은 2008년 금융위기 때에는 이미 1.7조 달러로 미국의 국채를 가장 많이 보유했었고 중국이 보유하고 있던 미국의 공채를 포함할 경우 약 4조 달러의 금융자산을 보유했었습니다. 2009년부터 중국은 이미 보유하고 있던 장기 미국국채를 단기 국채로 교체하여 같은 양을 유지하며 더 이상 새로운 국채를 구매하지 않았습니다. 단기국채는 3개월에서 길게는 2년 안에 만기되는 국채로 만기 시 중국이 새로운 단기 국채로 롤오버 하지 않을 경우 미국이 지불해줘야 하는 채무입니다.

그런 식으로 중국은 국채를 채권시장에 급히 내다 팔아야할 때 지배세력이 결제를 거부할 수 있는 상황에 대해서도 대비했습니다. 중국이 롤오버하지 않을 경우 미국경제에 줄 수 있는 타격 때문에 미국은 오히려 중국의 눈치를 보게 됨으로 중국은 오히려 지배세력을 견제하는 무기로 사용하고 있습니다. 거기다 중국은 위안의 가치가 달러대비 상승해 수출경쟁력을 잃는 것을 막기 위해 수출로 벌어들인 달러를 구입해서 늘어나는 중국 내의 통화량을 아파트 건설과 인프라 건설에 투입해 중국의 부를 늘리는 데 활용하고 있습니다.

미국 달러를 구입해 늘어난 중국 통화가 같은 자산을 쫓게 됨으로 돈의 구매력을 희석시켜 인플레이션으로 전가되는 상황을 방지하는 수단으로 중국은 증가된 통화를 중국이 필요로 하는 인프라 건설과 아파트를 건설하는 데 활용해 불어난 돈이 갈 수 있는 자산의 양을 늘리는데 활용하고 있습니다. 돈의 양이 늘어남으로 돈의 구매가치가 희석되는 것이 아니라 늘어나는 돈의 공급량으로 중국 내의 부를 늘리는 데 활용한 것입니다. 그 대신 매년 불어나는 약 4-5천억에 달하는 미국과의 무역흑자를 실물 자산인 시멘트, 철, 구리 같은 원자재와 광산을 구매하는데 사용하였습니다. 그 덕분에 2008년 경제위기 이후 원자재 수출에 의존하는 호주, 아프리카, 남미 같은 국가들의 경기를 활성화시키는데 기여했습니다.

거기다 중국은 이미 지배세력에 의해 쇠퇴돼 재건하는 데 시간이 걸릴 미국과 유럽 시장을 대체하는 새로운 유라시아 시장은 물론 지배세력의 약탈정책으로 저개발국가 수준에 머물고 있는

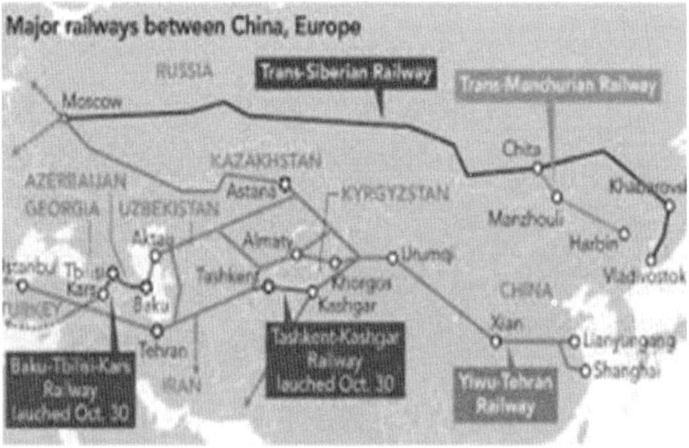

중국과 유라지아와 유럽을 연결하는 철로

중동, 아프리카, 남미 시장을 공약하여 중국이 무역 흑자로 벌어들이는 달러로 그 지역의 인프라 시설과 설비 투자에 활용하고 있습니다. 그 국가들의 통신, 철로, 항구, 공항 시설은 물론

일대일로 참여 국가들의 모임

이고 그 지역 국가가 필요로 하는 제조업기술까지 이전해 주며 그 국가들이 자주경제를 구축할 수 있게 지원하고 있습니다. 그 국가들이 경제적으로 성장해 지금까지 지배세력에게 착취만 당하던 구도에서 벗어나 서로에게 유익한 공정한 무역으로 자국의 발전을 도모할 수 있게 지원해주는 정책입니다.

지배세력의 언론은 자신들이 그동안 벌여온 경제 식민지 정책을 오히려 중국에게 뒤집어씌우고 있습니다. 그들은 중국이 그런 정책으로 저개발 국가들의 자원을 약탈하고 있다고 선전하며 중국의 개발 계획을 막기 위해 브라질, 베네스웰라, 남아공, 말리, 카타르, 파키스탄 등에서 중국정부와 좋은 관계를 유지하는 정부들을 전복시키던지 아니면 그 지역에서 내전을 일으키는 수법으로 방해하고 있습니다. 그러나 중국은 이미 중국과 이란을 연결시키는 철도를 포함한 유

라시아 전 지역에 교통, 통신, 에너지 인프라 시설을 완공해 놓았습니다.

달러를 배제하는 중국의 통화정책

앞에서 지적했듯이 중국은 이미 지배세력의 달러체제가 한계점에 도달해 더 이상 지탱하는 것이 불가능하다는 정황을 알고 경제 기습공격으로 그들의 취약점을 노출시켰습니다. 동시에 중국은 지배세력이 달러를 붕괴시키고 새로운 통화체제를 출범시켜 그들의 세계정부를 설립하려던 계획을 그들의 달러체제를 대채하는 브릭스 통화체제를 가동시켜 무산시켰습니다. 이제 중국은 지배세력이 어떻게든 달러체제의 붕괴를 막기위해 달러를 남발해 거품을 지탱하기 바쁜 사이에 브릭스 회원 국가들, 상해협력조직 회원 국가들, 심지어 중동, 아프리카, 남미 원유생산 국가들에게 달러를 배제하고 위안으로 무역결제를 늘려가고 있습니다. 그들의 달러체제를 서서히 고립시키는 장기적인 전략입니다

그러면서 지배세력의 페트로 달러를 가능하게 했던 원유를 달러로만 판매하게 돼 있던 구조도 허물고 있습니다. 이미 러시아는 물론이고, 베네스웰라, 나이제리아, 이란, 카타르, 심지어 사우디 아라비아까지도 위안으로 원유를 판매하고 있습니다. 그 말은 미국의 달러를 뒷받침해온 원유판매를 중국의 위안으로 교체하는 것으로 지배세력의 달러를 약화시키고 있다는 것입니다. 안 그래도 그들의 남발로 미국 달러의 가치가 하락하고 있는 것을 관망만 해야 했던 원유생산 국가들에게 금으로 교환할 수 있는 위안을 받고 판매할 수 있다는 그 쟈체가 그들의 불안감을 해소해 주는 대안이 돼 오히려 환영하고 있습니다. 그 추세는 러시아가 지배세력의 NATO 군대를 시리아전에서 월등한 군사력으로 좌절시키고

난 후 더 가속화됐습니다.

중국의 정부소유 은행들은 자국의 통화 위안을 2008년 미국발 금융위기 이후부터 약 10년 만에 30배가 넘는 약 40조 달러에 달하는 돈을 창조해서 중국의 기반시설과 아파트 건설 뿐 아니라 해외투자에 필요한 자금으로 활용해 왔습니다. 처음에는 2008년 금융위기로 시작된 세계적인 불황에서 탈출하는 기관차 역할을 하며 세계시장을 활성화시키는데 공헌하고 있다고 믿은 지배세력은 중국의 통화팽창 정책에 호의적이었습니다. 그러나 중국의 위안을 달러처럼 아무비용도 안들이고 창조해 부를 늘리는 전략을 간파한 그들은 중국이 위안을 남발해 아무 경제적 혜택이 없는 사업에 투자해 거품을 조성하고 있다며 중국의 통화정책을 비난하고 나왔습니다.

그러자 대한민국의 내로라하는 경제전문가들은 지배세력의 중국을 비하하는 허위선전을 믿고 중국의 통화가 공 붕괴 될 것이라고 전망 하며 중국이 패망하는 것은 시간문제라는 시대착오적인 예측을 내놓고 있습니다. 그러나 이는 돈에 대한 지식이 없으면서 자신들이 경제전문가라고 믿는 자들의 오판입니다. 중국은 미국 배후의 지배세력이 세계경제가 호전되고 있다고 세계를 속이기 위해 인류 사상 최초로 금리를 0%로 내리고 심지어 유럽과 일본에서는 마이너스 금리로 돈을 창조해 주가와 자산가의 거품을 유지하기 위해 발버둥치고 있는 정황을 꿰뚫어 보고 고도의 경제전을 벌이고 있는 것입니다

중국내 인플레이션을 방지하는 정책

그들의 언론은 중국의 위안을 남발하는 불필요한 투자로 중국이 건설해 놓고 비어 있는 아파트 단지들로 형성된 소위 '유령도시' 들을 증거로 제시하고 있습니다. 그들의 유령도시 설은 오히려 중국경제를 모르고 있는 그들의 무지를 드러내는 발상에 불과합니다. 실제로는 이미 그 '유령도시' 에 지어놓은 아파트는 건설되자마자 불티나게 분양되고 있습니다. 중국의 주택 공급량이 인구에 비해 턱없이 부족하다는 사실을 아는 중국의 부유층이 한국에서처럼 투자용으로 구입하고 있기 때문입니다. 다만 한국과 달리 중국은 아파트의 외부만 건설한 상태에서 분양하고 실내시설은 분양받은 사람들의 몫입니다. 그러므로 투자를 목적으로 구매한 중국인들이 실내시설을 증축하지 않고 있을 뿐입니다. 중국은 그런 식으로 달러를 구입하는 데 사용된 위안이 새로운 자산을 구매하는데 활용하는 정책으로 중국 위안의 가치가 하락하는 인플레이션을 방지하고 있는 것입니다.

중국의 위안으로 달러를 대체하는 전략

지배세력이 중국의 통화정책을 그들의 언론을 통해 비난하고 있는 진짜 이유는 이미 세계시장에서 달러를 대체하고 있는 중국 통화의 신뢰를 손상시키려는 수법입니다. 세계가 달러를 외환으로 보유했던 이유는 원유를 포함한 무역결제를 하는데 사용된 유일한 통화였기 때문이었습니다. 그런데 브릭스체제를 출범시켜 중국이 달러를 배제하고 위안으로 직 거래를 하기 시작하자 중국에서 생산된 제품을 수입하는 모든 국가들 사이에 위안에 대한 수요가 급증했습니다. 거기다 2018년 3월부터는 위안으로 거래되는 상해 에너지 선물시장에서 대금으로 받는 위안을 중국 상해 금거래소에서 금으로 교환할 수 있게 돼 위안은 금으로 보장되고 있습니다. 중국은 그러므로 증가하는 중국 위안의 수요에 부합해 통화를 늘리며 국제무역결제 수단으로 달러를 대체하고 있는 것입니다.

다시 말해 거시경제를 통찰하고 있는 중국정부는 앞으로 달러의 붕괴로 지배세력이 주도하는 통화체제가 붕괴할 때에는 세계의 모든 통화가 붕괴하여 세계화폐개혁이 불가피하다는 사실을 이미 간파하고 있습니다. 그러므로 지배세력이 소유한 은행들은 돈을 무리하게 창조해 자산 거품을 지탱하는데 활용하고 있는 동안 중국은 아직 세계가 신뢰하는 위안을 창조해 '일대 일로" 사업에 필요한 인프라를 건설하고 제조업에 필요한 자원을 구입하는데 적극 활용하고 있는 것입니다

고로 중국은 불가피한 달러의 붕괴로 세계적인 통화 리셋이 되기 전에 위안을 최대한으로 창조하여 실제 자산을 구매하는 방법으로 중국의 부를 늘리고 있는 것입니다. 2008년 이후 중국이 그렇게 중국의 통화를 늘릴 수 있다는 사실은 그만큼 위안이 그동안 달러가 독식하던 무역거래의 대안으로 부상했음을 입증하고 있는 것입니다. IMF는 아직도 세계가 외환으로 보유하고 있는 달러의 양이 67%가 넘는다고 하며 거기에 비해 중국의 위안을 보유한 금액은 미비한 것으로 발표하며 위안이 달러를 대체하기에

는 아직 멀었다고 세계를 호도하고 있습니다. 하지만 이는 정부 빚이 없는 중국이 발행한 국채가 없어 국가들이 외환을 보유할 수 없기 때문에 일어나는 현상으로 중국의 위안이 달러를 대체하고 있다는 엄연한 사실은 2008년 이후30배 이상 증가된 위안의 통화량이 입증하고 있습니다.

중국의 불가피한 세계화폐개혁을 대비하는 정책

물론 달러가 붕괴할 때에는 달러에 의해 그 가치가 산정되는 위안의 가치도 폭락할 것임으로 지배세력이 소유한 은행들과 함께 중국 정부 소유의 은행들 역시 도산할 수 있습니다. 그러나 돈의 원리를 모르는 경제전문가들은 정부가 직접 소유한 중국은행들과 지배세력이 사유로 소유하고 있는 은행들의 근본적인 차이점을 간파하지 못하고 있습니다.

지배세력이 사유로 소유하고 있는 국제은행들이 도산할 경우에는 그들의 지배를 가능하게 한 돈을 창조하는 기능을 상실하게 되지만 중국정부가 소유한 은행들은 다시 시작하면 됩니다. 그 때를 대비해 중국정부는 위안을 보장하는데 필요로 할 대량의 금을 비축해 온 것입니다. 지배세력의 은행들은 2008년에 이미 입증됐듯이 경제가 붕괴하면 거품이 빠진 자산가가 하락으로 이어져 도산을 면할 수 없습니다. 그럴 경우 그들이 발행하던 달러와 유로의 구매력이 폭락해 그 통화를 거부하는 사태가 불가피합니다. 그 때를 대비해 중국과 러시아가 그들의 달러체제를 대체할 브릭스

체제를 구축해 놓은 것입니다.

중국과 러시아가 주도하고 있는 브릭스 통화체제에서는 기축 통화 대신 각 국가가 직접 발행하는 통화로 거래가 이루어지고 있습니다. 지배세력의 달러가 붕괴하면 그들이 통제하는 유로와 일본의 엔도 붕괴를 면할 수 없습니다. 그러면 미국을 포함한 유럽 국가들은 다시 정부가 직접 발행하는 통화로 돌아갈 것입니다. 문제는 1971년 닉슨 쇼크를 시작으로 각 국가의 신용인 국채를 바탕으로 발행되는 통화를 시장에서 더 이상 신뢰하지 않을 것임으로 원래 국제무역의 결제수단이었던 금을 바탕으로 하는 금본위제로 돌아가는 것이 불가피하다는 현실입니다. 그래서 중국과 러시아를 포함한 브릭스 회원 국가들이 진짜 돈인 금을 비축해 온 것입니다. 그동안 지배세력이 세계를 종속시켜 놓았던 달러체제의 실체가 드러나는 순간 그들에게 속았다는 사실에 눈을 뜨게 될 각 국가의 국민들이 그들의 처벌을 요구할 것은 물론이고 그들이 그동안 인류로부터 약탈하며 축적해 놓은 재산까지 박탈하려 할 것은 당연합니다. 그들이 어떻게든 거품을 유지하면서 그런 사태를 세계전쟁을 일으켜 전쟁 탓으로 돌리려고 발악을 하고 있는 이유입니다.

지배세력의 달러가 붕괴할 경우 1944년 브래튼우즈 협약 이후 달러를 기준으로 산정되던 각 국가들의 통화의 가치는 금을 기준으로 재 산정되야 합니다. 그 때에는 금을 가장 많이 보유하고 있는 중국의 위안과 러시아의 루블이 세계가 가장 신뢰하는 통화로 부상하게 될 것은 정해진 사실입니다. 그러나 그 시기가 정확하게 언제가 될지 모르는 상황에서 위안의 수요가 있을 때 중국이 위안을 창조해 최대한 활용하는 것은 오히려 현명한 정책입니다.

13. 그들의 전쟁으로 판을 뒤집는 전략

지배세력은 2008년 리먼브라더스 위기 후 달러를 남발해 주가와 자산가를 다시 부풀리는 데 성공했습니다. 근본적인 문제를 해결하기는커녕 2008년 위기의 원인이었던 거품을 더 키워 주가가 상승했다는 사실을 모르는 세계는 2008년 그들의 언론이 미국 경제의 시작으로 세계경제가 회복하고 있다고 속이자 세계는 또한 번 속았습니다. 9/11을 계기로 시작한 '테러와의 전쟁'으로 5년 안에 아프가니스탄, 이라크, 레바논, 시리아를 차례로 침공한 후 마지막으로 이란과 3차 세계전쟁을 일으키는 계획이 2003년 이라크 전쟁에서 대량살상무기를 찾지 못해 좌절됐다고 했습니다. 그 후 2008년 중국과 러시아의 기습공격에 의해 도산위기를 맞았던 그들의 은행들을 수습한 지배세력은 다시 중동에서 전쟁을 일으켜 인위적으로 지탱시키고 있는 경제를 전쟁 탓으로 붕괴시키고 이미 그들이 경제전에서 패한 중국과 러시아를 군사적으로 제압하는 계획이었습니다. 이라크 전쟁 후 미국군부가 중동전쟁에 참전하기를 거부하고 나왔음으로 그들은 이미 유럽에 파견돼 있는 NATO 군대와 그들의 CIA가 창조하여 테러조직으로 위장한 용병군대 아이시스에 의존해야 했습니다.

아랍의 봄을 빙자한 시리아 전쟁

그들은 불란서 혁명과 러시아 볼셰비키 혁명을 일으킬 때 국민들의 식량을 모두 사들여 식량난을 조성한 후 폭도들을 선동해 왕실을 공격하도록 하는 수법을 활용했듯이 2011년 이집트를 포함한 중동 아프리카 국가에서도 식량난을 조작했습니다. 그러므로 중동 아프리카 지역에서 일어난 '아랍의 봄'은 그들이 소유한 기업들이 농산물을 바이오연료를 생산하도록 유도해 곡식 값이 오르게 인위적으로 조작해서 일어난 식량난이었습니다. 그들의 언론은 그 폭동을 아랍인들이 민주화를 요구하는 목소리라고 속였습니다.

그 핑계로 그들은 리비아 국민들을 가다피정권의 '독재'로부터 해방시켜준다는 조작된 이유로 2012년 그 지역의 가장 부유한 국가였던 리비아를 NATO 군대로 침공해 가다피 대통령을 국제 법을 무시하고 현장에서 살해했습니다. 가다피는 원유수입을 가지고 국민들을 위하는 정책을 펼쳐 그 지역에서 가장 부유한 국가로 만들어 자국의 국민들이 결혼을 할 때 한국 돈으로 약 6천만 원을 지원해 주어 새살림을 꾸리게 해주었습니다. 지배세력의 달러의 가치가 그들의 남발로 희석되고 있다는 사실을 감지한 가다피는 지배세력을 대항하여 중동아프리카 국가들 사이에 디나르라는 금을 바탕으로 하는 그 지역의 통화를 출범시켜 달러 대신 그 통화로 원유를 판매하는 계획을 추진하고 있었습니다. 지배세력은 그들의 테러조직으로 반정부 세력을 지원해 내전을 일으킨 후 그가 진압하고 나오자 그가 독재로 국민들을 탄압하고 있어 리비

아 국민들을 해방시킨다는 '이유'로 NATO공군으로 리비아를 폭격한 후 그를 체포하자마자 살해하고 그가 보유하고 있던 약 244톤의 금을 약탈했습니다.

그 다음 표적으로 이란의 우방국인 시리아도 그들의 CIA가 배후에서 지원한 반정부세력을 충동해 내란을 일으킨 후 시리아의 아사드 대통령이 자국민들에게 화학무기를 사용했다는 조작된 이유로 2013년 9월 NATO 공군이 시리아를 폭격하는 계획을 세웠습니다. 시리아는 이란과 군사동맹국임으로 그렇게 해 그들의 궁극적 목표인 이란과의 전쟁을 도발하는 계획이었습니다. 이란은 중국과 러시아가 함께 주도하고 있는 유라시아 개발 사업에 중요한 협력 국가입니다. 그들이 이란과의 전쟁을 제3차 세계전쟁으로 확산시키려는 의도를 간파한 중국과 러시아는 직접 군대를 페르시아 만에 배치하여 이란과 시리아를 군사적으로 방어할 의사를 밝혔습니다. 그러자 영국의회가 이례적으로 영국군의 NATO 공습에 참여를 거부해 미국은 그 계획을 포기해야 했습니다. 세계전쟁으로 확산되기 일보 직전까지 갔던 엄청난 사태였으나 언론에서 이 사실을 은폐해 세계는 몰랐습니다.

우크라이나 전쟁

그러자 그들은 2014년 오바마 정부는 지배세력의 조지 소로스와 함께 우크라이나에서 민주주의 절차에 의해 선출된 빅토르 야누코비치 정부를 그들의 CIA가 조작한 '시민'혁명으로 전복시켰습니다. 우크라이나는 원래 러시아의 영토였다가 소련 시절 독립했던 국가로 남부에 위치한 크리미아 시에는 러시아의 전략적으로 매우 중요한 해군기지가 있습니다. 거기다 우크라이나는 러시아의 자연가스가 유럽으로 분배되는 파이프라인의 허브가 위치돼 있는 중심지로 야누코비치 대통령은 지배세력의 유럽연합에 회원국으로 가입하는 대신 러시아와 경제적 관계를 유지하려 했습니다. 그러므로 그들은 그의 정부를 전복시켜 신 나치스 정부로 교체시킨 후 내전을 일으켜 러시아인들이 거주하는 크리미아를 공격해 러시아의 해군기지를 탈취하여 러시아와 전쟁을 일으키려 했습니다.

그러나 지배세력이 러시아와 전쟁을 일으켜 이미 중국과 러시아에게 패한 경제전을 전쟁 탓으로 돌리려는 그들의 의도를 잘 아는 푸틴은 전쟁을 우회하고 국제 법에 의거한 크리미아 국민들의 투표로 크리미아를 우크라이나로부터 독립시킨 후 러시아에 정식으로 합병시켰습니다. 그러자 분노한 지배세력은 그들의 언론으로 푸틴이 크리미아를 침략했다는 거짓보도를 근거로 미국과 유럽연합은 러시아를 상대로 경제제재를 걸었습니다. 대한민국 언론 역시 지배세력과 동조해 거짓보도를 하였으므로 우리도 러시아가 크리미아를 침략한 것으로 잘 못 알고 있습니다.

아이시스와의 전쟁을 빙자한 두 번째 시리아 전쟁

다급해진 그들은 2014년 CIA가 지배세력의 돈으로 지원한 테러조직 아이시스를 시리아에 침투시킨 후 그들이 통제하는 NATO 군대로 아이시스 테러조직을 퇴치한다는 조작된 허위 명

분으로 시리아의 영토를 침공하였습니다. 아이시스를 제거한다는 것은 핑계였고 오히려 아이시스를 위한 지원 폭격으로 시리아의 기관시설을 파괴하고 시리아군을 폭격해 시리아 군대가 전멸당할 위기로 몰았습니다. 그러자 시리아 대통령의 정식 요청에 의해 2015년 9월 러시아가 시리아 내전에 참전해 그동안 은밀히 개발해놓은 S-300 반미사일 시스템으로 시리아 항공을 장악해 감히 NATO 공군이 시리아 항공을 침공할 엄두를 내지 못하게 만든 후 아이시스를 불과 3개월 만에 무력화시켰습니다. 참전 직후 러시아 군부는 그들의 아이시스가 이라크와 시리아에서 훔친 원유를 터키로 이송해 지배세력의 석유회사들에게 판매하는 방법으로 전쟁자금을 충당하고 있는 사실을 러시아의 인공위성이 포착한 사진을 공개한 후 그 공급노선을 폭격해 그들의 자금줄을 차단시켰습니다. 러시아는 그 전쟁에서 러시아는 자국이 보유한 지배세력의 무기를 능가하는 첨단무기를 선보여 군사적으로도 지배세력을 제압할 수 있음을 세계에게 알렸습니다. 그 결과 러시아는 지배세력의 궁극적 목적이었던 이란과 세계전쟁을 일으키려던 계획을 좌절시켰습니다.

무산된 북한과의 전쟁 시도

최후의 수단으로 그동안 그들이 비밀리에 핵기밀을 제공해주

며 이란과 함께 악의 축으로 지정해 놓았던 북한을 상대로 핵전쟁을 일으키려 했습니다. 이를 위해 중국과 러시아와 경계를 대고 있는 한반도에서 사드를 기습 배치하여 중국과 러시아를 상대로 핵전쟁을 도발하는 계획이었습니다. 그들은 이미 한반도에서 그들에게 매수된 이명박 정권을 이용해 그들의 이스라엘 군함으로 침몰시킨 천안함을 북한의 소행으로 돌려 한반도에 전운을 조성해 놓고 매년 두 차례에 걸쳐 실제 화력을 이용한 합동군사훈련으로 북한을 공격하기 위한 준비가 끝난 상태였습니다. 그들은 그들이 전시작전권을 보유한 대한민국 군대를 동원해 전쟁을 일으킬 계획이었습니다. 그런데 그 계획마저 2016년 11월에 일어난 이변인 트럼프 대통령의 선출로 좌절됐습니다. 천안함 침몰사건이 북한의 어뢰공격이 아니었다는 증거는 폭격을 받았다는 선체 아무데도 불에 탄 흔적 없이 정확하게 두 동강이 났다는 정황입니다. 지배세력의 히틀러가 거짓말이 허황될수록 멍청한 대중은 더 잘 속게 돼있다고 자랑했던 대로 그들의 언론에게 의존하도록 길들여진 지 오랜 대한민국 국민들이 이명박이 주도한 지배세력의 속임수에 놀아난 것입니다. 이러한 불편한 진실 역시 제 '정보전쟁'에 소개돼 있습니다.

14. 트럼프와 군부의 무혈 혁명

중국과 러시아에게 경제전에서 패해 최후의 수단으로 세계전쟁을 일으켜 판을 뒤집으려던 지배세력은 2016년 11월 미국 안에서 그들이 예상하지 못한 위기를 맞았습니다. 그들은 2016년 11월 미국 대선에서 미국의 애국자 군부세력 하얀 모자의 추대로 대통령후보로 선출된 도날드 트럼프가 그들이 선정해 놓은 힐러리를 물리치고 대통령에 당선됐습니다. 트럼프의 당선은 투표절차를 이용한 합법적

인 혁명으로 그동안 미국을 지배해온 보이지 않는 지배세력을 타도한 미국의 1776년 영국과의 독립전쟁을 방불케 하는 역사적인 사건이었습니다. 그 결과 그들은 그들이 숨어서 세계를 지배하던 미국 안에서 정권을 빼앗겼습니다.

앞에서도 이미 언급했듯이 중국과 러시아의 목표는 미국 안에서 미국을 움직이고 있는 지배세력을 제거하는 것이지 그들의 지배를 받고 있는지도 모르는 미국 국민들과 전쟁을 하는 것이 아니었습니다. 그러므로 중국과 러시아는 지배세력의 달러체제를 무력화시키고 그들이 일으키려고 혈안이 된 세계전쟁을 방지하는데 전력을 다 하며 달러의 붕괴를 기다리는 전략을 벌여 왔습니다. 그러므로 트럼프가 대권을 장악하는 혁명이 성사됨으로 이제 지배세력의 제거는 중국과 러시아와 은밀히 협력해 온 미국 안에

있는 트럼프를 위시한 군부세력의 몫이 됐습니다.

그 때부터 미국 안에서 지배세력이 미국 안에 구축해 놓은 숨은 정부 딥스테이트(Deep State)와 군부의 보호를 받는 트럼프 사이에 치열한 내전이 시작됐습니다. 세계 질서를 좌우할 엄청난 전쟁이 미국 안에 진행 중인데도 지배세력의 통제를 받는 대한민국 언론도 가짜뉴스로 국민들을 속이는데 동조하고 있어 우리는 그 사실을 알지 못하고 있습니다.

경제로 세계를 정복하는 전략이 담긴 그들의 '시온장로들의 의정서' 는 그들이 고대부터 축적해 온 진정한 돈인 금을 가지고 돈을 창조하는 권리를 독점하여 모든 국가가 그들에게 이자를 주고 빌려 쓰게 만들라고 가르쳤습니다. 그런 후 그 돈으로 언론을 장악해 언론의 중요성을 모르는 가축과 다름없는 이방인들이 그들의 언론을 통해 모든 사물을 보게 만들고 그들에게 매수된 학자들로 그들의 생각까지 통제하라고 가르쳤습니다. 또한 멍청한 인류에게 자유와 평등을 약속하는 달콤한 이념에 불구한 자신들이 창조한 민주주의, 공산주의 같은 이념으로 인류를 속박시킨 후 자신들이 매수한 대리인들을 내세워 소수의 경찰력으로 법으로 지배하다가 때가 되면 자신들이 통제하는 돈의 가치를 폭락시켜 인류를 자신들의 노예로 만들라고 가르쳤습니다.

미국을 배후에서 지배해온 그들은 제2차 대전 직후 그들의 돈으로 미국 안에 숨은 정부를 설립해 놓았습니다. 그들의 의정서가 가르치는 대로 로이터, AP, UPI 통신사를 포함한 모든 언론매체를 소유하고 있을 뿐 아니라 그들의 교육재단으로 미국의 학계도 통제해 왔습니다. 그들은 미국에 언론의 자유가 있는 것처럼 세계를 속여 왔으나 그들의 CIA는 (1970년대에 이미 국회의 처치 위원회가 드러낸 목깅버드 작전으로) 뉴스는 물론이고 모든 방송프로를 조작해 국민들의 생각을 통제해왔습니다. 거기다 미국의 대통령을 비롯한 국회의원들 대부분은 그들에게 매수됐고 검찰과 경찰, 사법부, CIA를 위시한 정보조직을 포함한 모든 행정부서에는 그들에게 매수당한 자들이 결정을 내리도록 모든 요직에 배치해놓았습니다.

그렇게 그들은 미국을 지배하면서 전 세계 역시 같은 식으로 지배해 왔습니다. 그들은 냉전을 빙자하여 세계의 모든 국가들을 침투해 각 국가에 그들의 대리인들로 구성된 숨은 정부를 설립해 놓았습니다. 중국, 러시아, 유럽, 일본, 대한민국, 심지어 그들이 세계전쟁을 일으키기 위해 악의 축으로 지정해 놓은 이란과 북한에도 그들의 숨은 정부가 있습니다. 그들이 그런 세계정복계획을 인류를 상대로 벌일 수 있었던 이유는 인류가 숨어있는 그들의 정체를 몰랐기 때문입니다. 그런데 이제 그들의 정체가 드러났기 때문에 그들이 그들의 다음 거점으로 선정해 놓았던 중국, 그리고 그들의 본부인 미국 안에서도 애국자들이 그들을 대적하기 위해 숨어서 힘을 길러왔을 뿐 아니라 전 세계적인 연대까지 은밀히 맺어놓았던 것입니다.

트럼프의 부상

일찍부터 지배세력은 자수성가한 트럼프를 자신들이 매수할 수 없다는 걸 알아 그를 경계해 왔습니다. 트럼프 역시 2015년 그가 대통령 출마를 선언할 때까지도 본인이 심각한 후보가 아닌 것처럼 행세했습니다. 지배세력은 트럼프의 후보시절부터 그들의 언론을 통해 그가 비합리적이고 불안정하고 쉽게 분노하는 성격을 소유했음으로 대통령직을 수행하기에 부적절한 인물로 묘사했습니다. 지배세력의 통제를 받는 대한민국 언론도 마찬가지였습니다.

그러나 트럼프는 실제로 매우 합리적이고 사려 깊은 사업가입니다. 언론은 그가 대단한 부잣집 아들인 것처럼 묘사했지만 그가 아버지로부터 인수한 부동산개발회사의 자산 가치는 백만 불 정도였고 그가 1999년 아버지의 재산을 상속하기 전인 그의 40대부터 자신의 능력으로 수십억 대의 부자가 된 사람입니다. 그리고 그는 젊었을 때부터 그의 이름을 딴 트럼프 브랜드로 일찍 성공한 부동산, 호텔 리조트 개발업자로 언론계와 연예계에서 그의 젊은 시절부터 대통령에 출마하라고 건의를 받았을 정도로 인기가 많았습니다. 1987년 9월에는 뉴스위크의 표지, 1989년 1월에는 타임지의 표지에도 소개됐을 정도로 그는 일찍부터 언론의 조명을 받았습니다.

술 담배나 노름을 하지 않으면서도 후발주자로 뉴저지 주 애틀랜틱시티의 카지노 사업에 진출해서 성공한 기업가이고 일찍부터 미스 유니버스 미인대회도 주관하고 미국 NBC방송에서 어프랜티스 Apprentice라는 프로그램을 10년 동안 제작하고 직접 연출하며 자신의 명성을 떨치던 사업가로 언론의 기자들이 지금같이 그에게 무례하게 대할 수 있는 인물이 절대 아닙니다. 이 모두 지배세력의 언론이 그를 하찮게 대하도록 지시했기 때문입니다. 그의 능력을 폄하하고 그가 인종차별과 성차별자이고 자기도취증에 빠진 대통령으로 부적격한 인물로 몰아 국민들이 그를 혐오하게 만들기 위한 수법입니다.

그는 이미 자수성가한 명성 있는 수십억대 부자로 모델출신의 젊은 부인과 뉴욕, 플로리다 등에 호화주택, 자가용 비행기 등으로 남부러울 게 없을 뿐 아니라 가족적 이기로도 유명합니다. 그러므로 자신들이 개인적으로 이룬 게 아무것도 없는 빌 클린턴이나 아들 부시, 오바마 같은 자들과 비교도 할 수 없이 실력으로 그의 능력이 입증된 사람입니다. 그는 그의 부하직원들에게 공평하고 이해심 많기로 존경받아왔고 표시 안 나게 자선사업을 하는 것으로도 알려졌습니다.

거기다 트럼프는 돈에 대한 원리를 통달한 사업가로 그들의 빚을 이용해 돈을 번 사람입니다. 그는 은행들의 대출로 카지노와 호텔 리조트 등을 개발한 후 4번씩이나 파산법을 이용해 부채를 조정한 경력이 있으므로 지금 미국의 빚을 해결하기에도 적임자인 것입니다. 그러면서도 그는 아무 비리도 없고 청렴결백하여 매수하는 게 불가능하기 때문에 지배세력에게 위협적인 인물이었습니다. 그런데 그가 자신의 모든 것을 걸고 대통령으로 출마한 것은 미국 군부 안의 애국세력인 하얀 모자의 부름에 응한 것으로 진정으로 애국하는 마음에서였습니다.

트럼프는 대선에 출마함과 동시에 워싱턴의 적폐를 청산하겠다고 공약했고 경제적으로 쇠퇴된 미국을 먼저 하는 정책으로 미국의 이익과 상관없는 중동에서 벌이고 있는 전쟁을 종결하고 외국으로 보내진 미국의 제조업을 돌아오게 하겠다고 선언했습니다. 그러므로 미국의 배후에서 세계를 지배하는 지배세력에게 트럼프의 공약은 자신들을 몰아내겠다는 선언이었습니다.

그들은 오랫동안 미국 안에 투표를 조작해 왔음으로 힐러리가 트럼프에게 질 것을 상상도 하지 못했습니다. 트럼프의 배후에 군부 애국자들로 형성된 정보조직이 있다는 사실을 간과한 것입니다. 그들은 트럼프의 당선 직후부터 수차례 그의 암살을 시도했으나 실패했습니다. 군부의 철저한 보호를 받는 트럼프를 케네디처럼 암살하는 것이 쉽지 않으므로 그들은 트럼프가 취임하는 그날부터 그를 끌어내리는 전쟁, 즉 정보전을 이용한 쿠데타를 시작했습니다.

그들의 언론을 총동원한 쿠데타 정보전

그들은 트럼프가 대선에 승리할 수 있었던 이유는 그가 러시아와 공모했기 때문이라고 뉴욕타임스, 워싱턴 포스트, CNN같은 그들의 언론을 통해 마치 증거가 있는 것처럼 허위 보도했습니다. 그들은 이미 그의 후보시절부터 트럼프를 불법 사찰했으나 아무 혐의를 찾을 수 없었으므로 차선책으로 러시아 스파이로 가장한 CIA와 FBI 요원들을 트럼프 선거 단에 침투시켜 마치 그의 선거 단원들이 러시아와 공모한 것처럼 꾸몄습니다.

힐러리의 민주당의 자금으로 전 영국 MI-6 요원이 작성한 허위로 된 러시아 보고서를 언론에 흘린 후 그 보고서를 근거로 연방검찰의 부 검찰총장 로즌스타인이 전 FBI국장 뮬러를 특검으로 임명했습니다. 로즌스타인과 뮬러는 9/11 때 각각 연방검사였고 FBI국장이었던 지배세력의 하수인들이었습니다. 그러나 트럼프를 보좌하는 군부는 미국의 첩보 수집을 담당하는 NSA국장 마이크 로저스가 '하얀 모자'였으므로 이미 그들에 대한 모든 정보를 가지고 있었을 뿐 아니라 실시간으로 그들을 합법적으로 사찰하고 있었습니다. 그러므로 그들의 정보전을 이용한 쿠데타 모의를 사전에 간파하고 있었습니다.

하지만 트럼프와 군부는 그들의 쿠데타를 오히려 허용하여 그들을 국민들에게 노출시키는 장기전을 벌였습니다. 트럼프는 이미 미국의 국회의원 대부분이 지배세력에게 매수됐다는 사실을 알았고 미국의 연방검찰, 연방 수사국, CIA를 포함한 전 부서에 그들에게 매수당한 자들이 요직을 차지하고 있다는 사실도 알았습니다. 그러나 만약 그가 지배세력의 하수인들을 체포하고 처벌할 경우 미국국민들은 트럼프가 자신의 혐의를 덮기 위해 그들을 처벌한다는 언론의 거짓주장을 믿고 국가가 혼란에 빠질 수 있기 때문에 그들의 주장이 거짓이라는 게 드러날 것을 확신한 트럼프 정부는 그들의 정체를 서서히 드러내는 방법을 선택했습니다.

무엇보다도 언론이 지배세력과 합세해 가짜뉴스로 국민들을 속이는데 앞장서고 있다는 사실을 국민들에게 실시간으로 드러내 언론이 그들의 도구라는 사실을 알리는 전법이었습니다. 트럼프는 처음부터 워싱턴포스트, 뉴욕타임스, CNN에게 노골적으로 그들이 '가짜뉴스' 이고 '미국민들의 적' 이라고 묘사했습니다. 그는 그들의 언론을 인터넷과 SNS로 대항했고 유일하게 유선방송 폭스뉴스의 일부 애국자 앵커들이 트럼프와 함께 그들의 언론을 대적했습니다. 그들이 트럼프를 트위터 대통령으로 비하한 이유는 그가 트위터로 효과적으로 그를 추종하는 미국국민들과 직접 소통하기 때

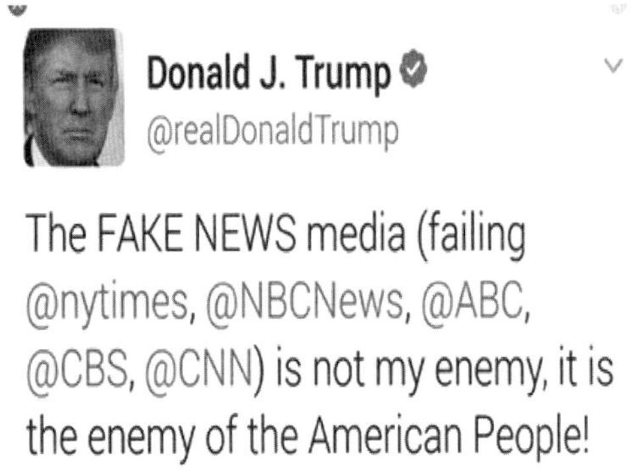
Donald J. Trump
@realDonaldTrump
The FAKE NEWS media (failing @nytimes, @NBCNews, @ABC, @CBS, @CNN) is not my enemy, it is the enemy of the American People!

문입니다. 그리고 그가 과격한 표현을 사용한 것도 오히려 언론이 그의 트위터 내용을 보도하게 만들기 위해서입니다.

트럼프는 특검수사가 진행되는 동안 연방 감찰관 실을 이용해 연방검찰과 연방수사국 안에 있는 부패된 검사들과 연방경찰들을 숙청하였고 뮬러 특검이 수사를 시작하는데 사용된 러시아 보고서가 힐러리 선거단과 민주당이 돈을 댔다는 사실도 밝혀내 SNS와 폭스뉴스 방송으로 알렸습니다. 지배세력이 그를 공격하기에 정신이 팔렸을 때 그는 공석이었던 대법관 두 명을 임명해 대법원을 장악하고 부패한 사법부 판사들을 교체하는 계획을 추진했습니다. 지배세력의 언론이 카베노 (Kavenauch) 대법관의 인준을 그가 대학시절 때 자신을 성폭행했다는 (그 후 CIA 요원이었음이 드러난) 여교수의 허위증언을 토대로 이미 연방 고등법원 판사로 상원을 인준을 받았던 그를 인준 청문회에서 극구 반대하는 억지를 부렸습니다.

그러면서 2018년 중간선거에서 트럼프는 하원의회를 민주당에게 내주면서도 상원의회를 장악하는 데 집중했습니다. 앞에서도 지적했듯이 지배세력은 그들의 하수인들을 공화당 지도부에

도 심어놓았습니다. 트럼프가 공화당 후보로 선정됐을 때 공화당은 그에게 아무 도움을 주지 않았을 뿐 아니라 오히려 공화당 하원의장을 지낸 폴 라이언과 공화당 원로 상원의원 존 매케인을 포함한 많은 의원들은 그들의 숨은 정부에게 매수된 자였음으로 숙청대상들이었습니다. 트럼프는 그들의 혐의를 덮어주는 조건으로 그런 의원들이 자진으로 재선을 포기하게 만들어 대권 야심을 가진 라이언 의장과 공화당 원로 상원의원이며 대권 후보까지 지냈던 존 메케인도 불출마 결정을 내렸습니다.

매케인 의원은 오바마 시절 아이시스를 출범시키는 데 앞장섰던 국가반역죄를 시인하고 그의 가족을 위해 명예롭게 장례를 치르게 해주는 조건으로 자신의 혐의를 자백하여 그가 불출마 결정을 내린 직후 군사재판으로 조용히 사형됐습니다. 아래의 사진은 트럼프 군부가 사살한 아이시스 두목이었던 알바그다디와 회의를 하고 있는 장면입니다. 그래서 트럼프가 그의 장례식에 참석하지 않았던 것이고 매케인은 국립묘지에 안치되지 않았습니다. 그의 사형은 제 '정보전쟁'을 출간한 후 일어난 사건임으로 제가 준비하고 있는 다음 저서에서 다룰 계획입니다.

국정을 운영하기 위해서 상원의회에 실력 있는 아군이 절실한 트럼프는 존 매케인과 한 통속이었던 린지 그램 상원의원은 사면

해 주어 그의 편에서 돕게 만들었습니다. 그런 식으로 트럼프는 공화당 지도부를 숙청하고 그에게 충성할 의원들로 구성된 상원의회를 장악했습니다. 미국 법으로 탄핵재판은 상원의회의 소관인데다 트럼프의 임명 자들을 인준하는 권한도 상원이 보유하기 때문입니다.

쿠데타에 실패한 뮬러특검과 민주당의 탄핵

트럼프정부의 전략은 적중해 뮬러 특검이 약 4억불을 들여 20명의 연방검사와 40명의 연방수사관들이 거의 2년에 걸쳐 벌인 수사가 무혐의로 종결 났습니다. 그 결과 뉴욕타임스, 워싱턴 포스트, CNN은 물론 모든 공중파 방송들이 마치 곧 혐의가 드러날 것처럼 국민들을 호도해 왔던 것이 거짓임이 드러나 그들의 언론의 신뢰가 타격을 입는 결과를 초래했습니다. 반면에 유일하게 트럼프를 지지하던 폭스방송의 시청률을 급등했습니다. 그 발표 직후 트럼프는 새 검찰총장으로 임명된 윌리엄 바 검찰총장에게 허위 러시아 공모관련 수사의 경로를 밝힐 것을 주문했습니다. 그들의 국가반역 행위를 조사해 미국 연방법에 준하여 반역죄로 처벌하기 위해서입니다.

그러자 그들의 국가반역 모의가 드러날 것을 막기 위해 민주당이 2018년 중간선거에 장악한 하원의회에서 트럼프가 우크라이나 대통령과 통화 중 조 바이든 부통령을 수사해달라고 강요했다는 내부고발자의 거짓 고발을 근거해 트럼프의 조사에 착수했고 그들의 언론은 다시 사실인양 대대적으로 보도했습니다. 이미 그들이 그런 탄핵을 시도할 것이라는 정보를 입수하고 있던 트럼프정부는 국가정상과의 통화내용은 기밀로 유지되는 전통을 깨고 통화내역을 이례적으로 공개했습니다. 그 결과 내부고발자의 고발이 거짓임이 드러났는데도 민주당의원들만의 표결로 트럼프가 그의 권력을 남용했다는 이유로 그를 탄핵했습니다. 권력남용은 헌법상 탄핵의 사유가 될 수 없으나 그들의 언론은 그들의 소위 전문가들을 동원해 사유가 된다고 국민들을 속였습니다. 그들이 트럼프를 탄핵하는 진짜 이유는 윌리엄 바 검찰이 수사 중인 자신들의 국가 반역 모의가 밝혀지는 것을 막기 위한 수단에 불구하기 때문입니다.

미 하원의회의 탄핵을 발표하는 펠로시 의장

트럼프는 그들의 탄핵 역시 고의로 허용해 다시 한 번 민주당의원들과 언론의 억지를 서서히 국민들에게 드러내는 기회로 활용했습니다. 결국 민주당의 권력남용을 근거로 한 탄핵은 상원의회에서 재판도 하지 않고 기각됐습니다. 오히려 그 탄핵절차를 통해 조 바이든 부통령이 우크라이나에서 저지른 국가 반역 혐의가 드러났습니다.

탄핵재판장 로버츠슨 대법관

트럼프정부의 전략은 적중해 민주당의 억지가 알만한 국민들에게 드러났습니다. 이는 트럼프의 지지율이 오히려 탄핵 전보다 상승함으로 입증됐습니다. 그들의 탄핵 절차가 끝날 때까지 인내하고 기다리던 트럼프는 이제 그들의 혐의를 드러내는 반격을 시작해 그의 (2017년 10월에 예고했던) 폭풍이 임박한 것으로 보입니다.

그들의 쿠데타를 방어하면서도 트럼프는 지배세력의 전쟁계획을 모두 종결시켰습니다. 그는 북한과의 전쟁의 불씨를 제거하고 시리아와의 전쟁도 러시아와 협력해 종결했습니다. 아프가니스탄과 팔레스타인 지역에서도 평화협상이 진행되고 있습니다. 겉으로 보기에는 트럼프가 이란과 전쟁을 벌이려고 하는 것처럼 보이지만 이 역시 그의 정보 전쟁의 일환입니다. 트럼프는 북한과 전쟁을 할 것처럼 행세했지만 실제로는 그들의 CIA가 북한 안에 심어놓아 김정은이 주기적으로 미사일을 발사하게 조종하던 검은 군대를 소탕하여 김정은과 역사적인 북미회담을 이끌어냈습니다. 마찬가지로 그는 이란 안에 있는 CIA의 소굴을 소탕하기 위한 정보전쟁을 벌이고 있습니다. CIA가 북한을 통제한 사실은 2013년 지배세력의 구글사의 애릭 슈미츠 회장이 북한을 방문하여 전산을 깔아주는 사진이 입증하고 있습니다.

북한과 협조 중인 에릭 스미츠 구글사 회장

이 역시 제 '정보전쟁' 에 더 상세히 소개돼 있으니 참조하시기 바랍니다.

트럼프가 지배세력과 벌이고 있는 경제전쟁

트럼프의 궁극적 목표는 그들이 통제하고 있는 미국의 달러 발권력을 그들로부터 탈환하는 것입니다. 그들이 트럼프를 상대로 쿠데타를 시도했던 이유도 트럼프의 궁극적 목표가 중국과 러시아와 함께 자신들이 구축해 놓은 세계금융제국과 그들의 무기인 달러체제를 파괴하려는 것임을 알기 때문입니다. 이미 트럼프의 당선으로 원래 그들이 힐러리를 내세워 북한에서 핵전쟁을 일으키려던 계획이 무산 됐다고 했습니다. 오히려 트럼프는 중국과 러시아와 협조해 북미회담을 성사시킴으로 한반도에서 전쟁의 불씨를 제거했습니다.

핵전쟁 계획마저 무산되자 그들은 전쟁으로 판을 뒤집어 경제붕괴를 전쟁 탓으로 돌리려던 계획을 포기하고 금리를 서서히 올려 경제를 붕괴시켜 그 책임을 트럼프에게 전가시키려는 계획을 진행했습니다. 그렇게 하여 그를 2020년 대선에서 낙마시켜 정권을 되찾는 전략이었습니다. 트럼프는 후보시절부터 연준위가 무리한 0%금리로 미국경제를 거품으로 유지하고 있다며 자넷 옐렌 연준의장을 공개적으로 비난했었습니다. 그러므로 그들은 당연히 트럼프가 국가예산을 삭감하고 미국의 빚을 줄이는 정책을 펼 것으로 예상했습니다.

이미 자넷 옐렌 의장은 대선 직전인 2016년 초부터 금리를 0.25%씩 올리기 시작했고 양적완화 정책의 반대인 양적축소정책을 시작했었습니다. 양적축소정책은 연준위가 양적완화를 핑계로 매입해 보유하고 있는 국채를 시장에 매각하여 통화량을 줄이는 것입니다. 그러며 이제 경기가 회복됐기 때문에 2008년 금융위기 이후 임시방편으로 늘려놓았던 통화량을 축소시켜 경제를 정상으로 되돌려 놓기 위해서라고 했습니다.

그러나 연준위가 금리 인상을 시작했던 진짜이유는 이미 자신들의 저금리 정책이 한계에 왔음을 알고 힐러리가 당선되자마자 한반도에서 전쟁을 일으킴과 동시에 경제를 붕괴시켜 그 붕괴를 전쟁 탓으로 돌리는 계획에 의한 것이었습니다. 힐러리가 낙선하고 난 후에도 그들은 트럼프 정부 안에 숨어있는 그들의 하수인을 이용해서라도 전쟁을 일으킬 계획을 포기하지 않았고 그마저 안 될 경우 트럼프의 긴축 정책이 경제를 붕괴시켰다고 아무래도 지탱할 수 없는 경제 붕괴의 책임을 그에게 전가시켜 그가 재선에 실패하게 만들어 정권을 회수하겠다는 전략이었습니다.

그러나 그들의 예상을 깨고 트럼프는 오히려 정부예산을 늘리고 기업들의 세금을 대대적으로 삭감해주는 기업 감세정책과 그동안 미국 기업들이 미국의 높은 기업세율을 피하기 위해 국내로 반입하지 않고 있던 자금을 면세해주는 정책으로 국내로 자금을 유입시켜 국내에 통화 공급량을 늘려 미국 경기를 거품으로 활성화 시키는

정책을 추진했습니다. 당연히 트럼프가 그가 비난했던 거품을 줄이는 정책을 진행할 줄로 예상했던 지배세력의 허를 찌르는 전략이었습니다. 그 결과 안 그래도 미국의 거의 1조에 달하는 예산적자를 국채를 발행해 충당해왔는데 그의 감세정책으로 줄어든 세수를 충당하기 위해서는 그 적자규모를 거의 두 배로 늘려야 했습니다.

트럼프는 결국 오바마 보다 한 술 더 뜨게 통화량을 증가시켜 거품을 더 키워 지배세력이 그동안 경제가 회복했다고 세계를 속이는데 사용해온 주식시장의 상승을 그의 정책이 성공하고 있다는 증거로 활용한 것입니다. 그동안 연준위와 그들의 언론은 국민

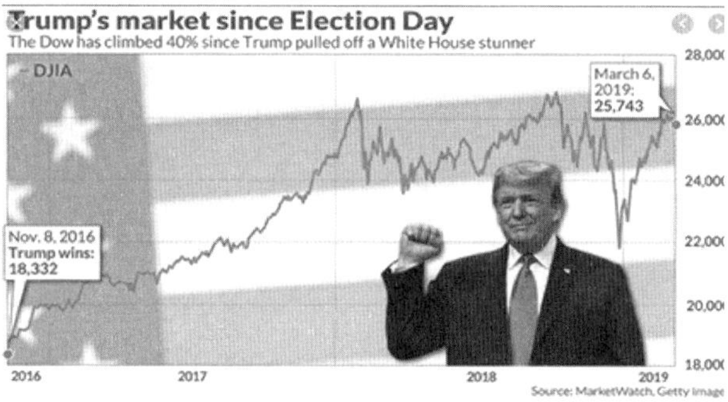

들에게 증시가 오르는 것과 매년 대출에 의해 늘어나는 GDP, 그리고 조작해서 인위적으로 낮추어놓은 실업률이 줄어드는 것이 경기가 회복하고 있다는 증거로 인식하도록 세뇌해 놓았으므로 트럼프가 그들이 쓰던 같은 방법으로 주가를 올리고 실업률이 역대 최하라고 하자 그의 주장을 부정할 수 없게 된 것입니다.

그러며 트럼프는 오바마 정권의 8년 동안 금리를 올리지 않

던 연준위가 그가 당선되자 올리기 시작해 그의 경제정책의 발목을 잡고 있다고 비난하고 나왔습니다. 트럼프는 연준위가 예전대로 저금리정책을 유지했으면 그의 취임 후 시작된 호경기가 더 많이 활성화됐을 거라며 연준위가 당장 금리를 인하할 것을 요구했습니다. 그리고 정말 트럼프의 취임 후 2년 동안 상승하던 경제가 2018년 4분기부터 증시가 하락하기 시작했고 2018년 12월에는 주가가 20%나 하락했습니다.

트럼프는 이미 그들의 금리인상 정책의 영향이 1-2년이 걸린다는 사실을 알고 자신의 경기 부양책을 총동원해 경기가 호전하고 있는 것처럼 보이게 한 후 그의 예상대로 경기가 악화될 때 그의 금리인하 요구를 무시한 연준위에게 책임을 전가하는 전략이었습니다. 그리고 적중했던 것입니다. 트럼프가

경고한대로 경기가 폭락하자 연준위는 그들의 원래 계획을 철회하고 12월 금리인상을 마지막으로 더 이상 인상하지 않고 양적축소 정책도 중단하겠다고 발표했습니다. 미국경기가 회복됐다며 금리를 인상해야 한다던 연준위의 입장이 갑자기 돌변한 것입니다.

그러자 2019년 1월부터 증시가 반등하여 증시 하락세가 반전됐습니다. 그럼에도 트럼프는 연준위가 파격적으로 금리를 인하할 것을 요구하고 양적완화 정책으로 경기를 다시 활성화시킬 것

을 요구하고 나왔습니다. 트럼프는 지배세력이 선정한 대통령들 아무도 감히 거론하지 않던 그들의 연준위를 직접 거론하면서 국민들에게 연준위가 정부에 제제를 받지 않는 독립기관이라는 사실을 알림과 동시에 연준위가 자신의 경제정책의 발목을 잡고 있다며 그들의 국가의 이익과 상반되는 독자적인 경제 정책을 비난하고 나온 것입니다.

만약 경기가 붕괴될 경우 트럼프가 탓한 대로 연준위가 금리를 올렸기 때문이 될 터라 오히려 붕괴를 허용할 수 없는 처지가 돼 그들이 추진하던 금리인상 정책과 양적축소 정책을 뒤집고 트럼프가 요구한 대로 금리를 인하하고 양적완화 정책을 다시 시작해야 했습니다. 그러자 2019년 1월 주가가 다시 반등하더니 다시 상승세로 돌아섰습니다.

트럼프의 정보전쟁과 2020년 차기 대선준비

트럼프가 그들의 예상을 깨고 거품을 더 키우는 정책을 계획한 이유는 2020년 대선을 위한 준비 때문이었습니다. 트럼프는 그의 취임과 함께 시작될 지배세력과의 전쟁은 시간이 걸릴 것을 예상했습니다. 그는 그가 정권을 잡자마자 하얀 모자가 입수해 놓은 정보를 근거로 군대를 이용해 그들을 잡아들여 군사재판으로 처벌해버릴 수도 있었

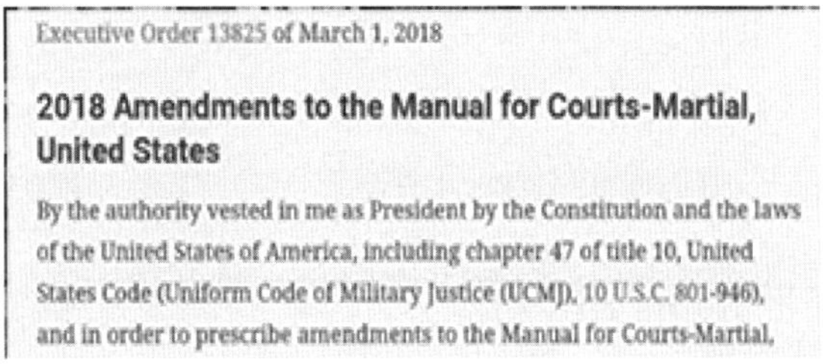
Executive Order 13825 of March 1, 2018

2018 Amendments to the Manual for Courts-Martial, United States

By the authority vested in me as President by the Constitution and the laws of the United States of America, including chapter 47 of title 10, United States Code (Uniform Code of Military Justice (UCMJ), 10 U.S.C. 801-946), and in order to prescribe amendments to the Manual for Courts-Martial,

습니다. 그리고 정말 그는 2018년 3월 1일 군사재판 건이 급증할 경우 민간인 재판관을 군사재판에 등용할 수 있게 하는 대통령 명 13825에 서명함으로 그가 그런 방법을 동원할 수 있음을 지배세력에게 암시했습니다. 지배세력과의 일종의 정보 심리전입니다.

그러나 트럼프정부는 만약 그렇게 할 경우 그들의 언론은 지배세력의 존재를 짐작조차 못하는 국민들을 트럼프가 독재를 하고 있다고 선동해 미국 안에서 실제로 내전이 일어날 수 있음을 간파하고 있었습니다. 이미 그들의 언론은 많은 미국국민들이 트럼프를 성차별주의자와 인종차별주의자로 믿고 혐오하게 만드는데 성공했습니다. 그러므로 미국국민들이 지배세력의 숨은 정부와 그들의 통제를 받고 국민들을 속이고 있는 주류언론의 실체를 국민들이 직접 판단할 수 있게 서서히 드러내는 장기 전략을 선택했습니다. 그리고 앞에서도 지적했듯이 그 전략이 적중하고 있는 정황이 그들의 언론에 대한 신뢰도가 서서히 추락하고 있음이 여론조사로 나타나고 있습니다.

그보다도 더 어려운 문제는 그들의 언론과 학계에게 세뇌된 미국국민들은 물론이고 전 세계가 우러러 보는 연준위가 지배세력의 도구이고 미국국민들을 위한 정책이 아닌 그들의 은행들을 위한 정책을 추구하는 카르텔에 불구하고 그들이 지금 전 세계의 경제를 파괴해온 범인들이라는 사실을 모두에게 인식시키는 것입니다. 중국의 손자병법을 공부한 트럼프는 국가를 파손시키지 않고 전쟁을 이겨야 한다는 손자의 병법대로 미국의 세계적인 이미지를 손상시키지 않는 범위 내에서 미국 안에 깊숙이 자리 잡은 숨은 정부를 제거해야 할 뿐 아니라 도저히 갚을 수 없는 미국의 부채를 조정해야 하는 것입니다.

그러기 위해서는 4년의 임기로는 부족하기 때문에 트럼프는 재선으로 4년을 더 확보하기 위해 국민들에게 경기가 호전되고 있다고 호도해야 하는 것입니다. 돈에 대해 무지한 국민들은 경기가 악화되면 무조건 현 정권에게 책임을 돌리고 새로운 정부를 선택하는 게 익숙해져있어 언론의 선동에 쉽게 넘어갈 것이기 때문입니다. 그러므로 트럼프는 이미 양떼같이 군중심리에 휘둘림을 당하는 국민들을 설득해봤자 소용이 없다는 사실을 알고 오히려 빚을 더 늘려 거품을 일으켜서라도 경기가 좋아지는 것처럼 연출해 국민들을 속여야 하는 것입니다.

국민들은 연준위가 돈의 양을 늘려 자신들의 연금과 은퇴자금, 주택가의 가치가 상승하는 것처럼 보이도록 거품을 일으켜 조작한 속임수라는 것을 알지 못합니다. 그러기 때문에 트럼프는 돈에 대한 지식이 없는 국민들에게 2008년 금융위기 이후 미국의 경제가 거품으로 지탱 돼 왔다고 설득해 봤자 언론의 방해로 오히려 역효과가 날 것을 알았습니다. 트럼프는 마치 파산하기 전에 신용카드 빚을 최대한으로 늘리듯 이미 붕괴를 피할 수 없는 달러 빚을 최대한으로 늘리는 전법을 택한 것입니다.

트럼프는 그들이 구축해 놓은 구도를 그대로 활용하는 수법을 택하면서도 그들의 은행들이 아닌 국민들에게 그 혜택이 돌아가게 했습니다. 그들이 그동안 해 온 대로 대출로 통화를 늘릴 경우 자산을 소유한 자들에게만 유리하게 적용돼 부의 양극화 현상이 더 악화될 것이었습니다. 그러므로 그는 대출을 유도하는 정책 대신 국민들과 중소기업들에게 감세를 해줌으로 국민들의 가처분 소득이 늘고 기업들이 채용을 늘릴 수 있게 했습니다. 그럼과 동시에 그는 쇠퇴된 지역을 기회지역 (Opportunity Zone)으로 지정해 그 지역에 진출하는 기업들에게 세금혜택을 줌으로 그 지역에서 고용을 증가시키는 전략을 추진했습니다.

그 결과 저소득층 국민들은 저임금 일자리가 늘어나 지난 10년 만에 처음으로 국민들이 트럼프의 경제정책의 혜택을 보게 됐습니다. 또한 트럼프가 역으로 경기 폭락의 책임을 전가시켜 궁지에 몰린 연준위는 결국 금리를 인하하고 지난 3년 사이에 서서히 줄이고 있던 통화량을 거꾸로 늘려야 했던 것입니다. 주가가 다시 상승세로 진입하자 트럼프는 그가 취임한 후 주가가 가장 큰 폭으로 상승함으로 미국이 역대 최고의 호경기를 누리고 있다고 국민들에게 선전하여 국민들의 사기를 고무했고 그 결과 지역경제가 실제로 호전되기 시작했습니다.

미국 경기의 실체

그러나 앞에서도 지적했듯이 미국경제는 2008년 미국 발 금융위기 이후 제로금리 정책과 양적완화 정책으로 거품을 키워 유지해왔습니다. 빚을 늘려 돈을 창조하는 방법으로 그들은 자동차융자와 학자금 대출을 권장해 상환능력과 상관없이 대출해 주는 방법으로 다시 거품을 키워 늘어나는 대출이 국가GDP가 상승한 것으로 국민들과 세계를 속였습니다. 거기다 그들의 은행들은 2008년 금융위기의 발단이 됐던 파생상품을 축소하기는커녕 더 많이 창출하는 방법으로 거품을 키웠습니다. 그동안 미국은 매년 예산적자가 약 4-6천억이라고 속여 왔으나 지난 10년간 늘어난 부채는 평균 연 1조를 능가한다는 사실이 그들의 거짓을 입증하고 있습니다.

거기다 미국의 실제 실업률은 20%가 넘습니다. 하지만 오바마 때처럼 통계를 조작해 4% 미만이라고 세계를 속이고 있습니다. 이미 실업보험금을 받고 1년 이상 직업 찾기를 포기한 대부분의 실업자들은 통계에서 제외됐습니다. 또한 2009년 이후 정부는 미국의 GDP가 매년 상승했다고 경기가 회복중이라고 하지만 미국의 인플레이션 율을 예전에 기준으로 측정할 경우 실제로 연 인플레이션 율은 정부가 보도하는 2% 미만이 아니고 연 평균 8-10%입니다. 그러므로 지난 10년간 진행한 저금리 정책에도 불구하고 실제 인플레이션 율을 적용할 경우 미국의 GDP는 마이너스로 미국경제가 회복했다는 선전은 말 그대로 거짓 선전용입니다. 그러나 그들의 보도를 사실로 믿고 주가가 상승하는 현상이 거품이라는 사실을 인류는 감지하지 못하고 있는 것입니다.

그들은 중국과 러시아의 공격으로 자신들 은행들의 취약점이 드러난 이상 거품의 규모를 최고치로 키워 그들이 전쟁을 일으켜 달러를 붕괴시킬 시점까지 유지시키겠다는 계획이었습니다. 그 결과 그들의 자산가는 상승하지만 고정수입에 의존하는 99%의 인류의 생활은 악화돼 부의 양극화 현상은 더 심해졌습니다. 그런 미국 경제정책의 여파로 대한민국에서도 통화량이 대거로 늘어나 주가와 아파트 값이 큰 폭으로 '상승' 해 주식과 아파트를 소유한 자산가들과 월급에 의존하는 근로자들과의 빈부차이는 더욱 심해지는 현상이 지속됐습니다.

트럼프의 중국과의 무역전쟁

트럼프가 2020년 대선에서 승리해 4년을 더 확보해야하는 두 번째 이유는 1980년부터 세계지배세력은 미국의 부를 자유무역으로 약탈하고 미국의 제조업을 외국으로 보내는 방법으로 미국을 쇠퇴시켜 놓은 것을 제자리로 돌려놓는데 시간이 필요하기 때문입니다. 그러며 그들은 미국정부의 신용을 바탕으로 하는 달러로 전 세계의 부를 약탈하며 미국이 도저히 갚을 수 없는 부채를 씌어 놓았습니다. 그러므로 미국 경제의 거품을 빼고 빚을 청산하기 전에 우선 미국의 쇠퇴된 인프라를 재건하고 외국으로 나간 제조업을 미국으로 다시 귀환시켜야 하는 것입니다. 더욱이 임금이 저렴한 중국과 아시아로 진출한 기업들이 미국에 무관세로 재수출해서 얻는 혜택을 관세로 봉쇄시켜 미국에서 직접 생산하는 게 유리하게 만들어야 합니다.

그러므로 트럼프는 그들이 진행해 온 약탈정책으로부터 벗어나는 전략으로 제2의 경제대국이며 세계의 공장으로 부상한 중국

에게 관세를 부과하면서 무역전쟁을 선포해 세계를 놀라게 했습니다. 트럼프는 그의 선거 전략가 스티브 배넌을 통해 중국이야말로 미국의 세계패권을 위협하는 가장 큰 적이라며 중국을 맹공격하고 나왔습니다. 트럼프의 주장도 일리가 있는 것이 세계지배세력은 일찍부터 중국을 그들의 다음 거점으로 선정하고 미국의 제조업을 중국으로 옮겨 미국에 무관세로 수출하는 방법으로 미국의 부를 약탈해 왔기 때문에 중국이 그들이 구축해 놓은 자유무역 구도의 가장 큰 수혜 국가인 것은 사실이기 때문입니다.

그러나 중국에서 돈을 벌고 있는 애플, 델컴퓨터 같은 그들의 기업들은 모두 지배세력이 소유했고 실제 중국에서는 고가 부품을 일본, 독일, 한국 등에서 수입해 그들의 기업들이 수익을 창출하므로 전체 수익구조에서 중국이 차지하는 부분은 그런 제품을 조립하는 노동임금으로 가장 작은 부분입니다. 그러므로 중국이 미국에다 애플 전화기를 수출해 800불의 무역흑자를 내봤자 그 중에서 중국이 얻는 조립수익은 불과 30불에 그치는 것입니다.

이는 세계지배세력이 그들의 세계화와 자유무역으로 구축해 놓은 그들 기업들의 수익을 극대화하는 구도이기 때문입니다. 앞에서도 지적했듯이 그들은 이미 고가부품을 제조하는 독일, 일본, 한국 기업들 역시 그들이 대주주로 소유하고 있습니다. 그러므로 중국이 미국의 부를 불공평한 수출로 갈취하고 있다는 트럼프의 주장은 사실이 아닙니다. 다만 현재 세계지배세력이 구축해 놓은 구조로 볼 때에는 가장 수출흑자가 많아 보이는 국가가 중국일 뿐입니다.

앞에서도 언급했듯이 중국은 지배세력에게 동조하는 척하며 중국 고유의 처세술로 그들의 기업들이 중국에 진출하는 것을 허용했습니다. 그러며 그들로부터 기술을 이전받았습니다. 중국의 고대 전을 진정으로 읽고 이해한 독자라면 아시겠지만 지배세력은 중국의 통 큰 전술을 너무 과소평가했습니다. 중국의 전술은 큰 물고기를 잡기 위해서 작은 물고기들은 얼마든지 허용하며 그들에게 당하는 것같이 바보스럽게 처세하도록 가르칩니다.

지배세력의 의정서에서 가르치는 속임수를 이용한 술수 정도는 이미 중국 무협지에서 흔히 볼 수 있는 술수입니다. 그들의 의정서의 원본을 작성한 예수회 신부들은 16세기에 중국에서 손자병법을 접하고 그 병법을 번역해 교황청을 통제하던 예수회 수도회 본부에 배포했을 정도로 그들은 중국으로부터 오히려 전법을 배웠습니다. 다만 사탄을 숭배하는 그들은 고대부터 내려오는 숨은 지식을 독점하여 일찍이 외계인들로부터 전수받은 과학에 대해 알고 있어 기계화를 이용한 산업혁명을 일으킬 수 있어 그들이 개발한 첨단 무기로 중국을 굴복시킬 수 있었습니다. 그들이 외계인에 대한 지식도 숨기고 그들로부터 전수받은 비행접시 제조를 가능케하는 반중력 기술을 포함한 최첨단 과학기술을 독점해온 사실 역시 제 '정보전쟁'에 소개돼있으니 참조하시기 바랍니다.

그들은 돈의 비밀을 숨겨 돈으로 세계를 지배해 왔듯이 지식과 정보를 감추고 독점하는 것이 무지한 인류를 정복하는데 가장 큰 힘이라는 사실을 잘 아는 자들입니다. 그러므로 그들의 원천을 조사해보면 그들은 그들이 가는 곳마다 그 지역의 고전들을 약탈하고 파괴했습니다. 그들은 조선을 일본의 식민지로 만든 후 우리의 찬란한 발해의 역사를 없애고 우리의 단군역사를 신화로 변질시켜 우리 국민들의 긍지와 자부심을 파괴해 서양문화가 우월한 것처럼 세뇌했습니다. 이미 우리 민족은 이씨 조선이 500년 동안 중국에게 조공을 바치며 백성들을 무지하게 만든 데다가 일제 식민지 역사 때문에 DNA에 뿌리박힌 사대주의 사상이 그들의 우월성을 믿게 만들었습니다.

우리민족의 고대역사를 공부하는 학자들은 그 것이 일본학자들의 짓이라고 믿고 있으나 이는 일본문명을 과대평가하는 잘못된 발상입니다. 우리가 원수로 알고 있는 일본은 그들의 식민지 국가에 불과했고 그만한 지식을 보유할 만한 유적을 일본 어디에서도 찾을 수 없습니다. 제가 '정보전쟁' 에서 밝히듯이 지배세력의 가문은 로마군대를 앞세워 그리스의 철학가 플라톤이 그의 서적에서 언급하는 알렉산드리아 도서관에 있는 엄청난 양의 서적을 탈취하고 그 도서관을 불 질러 버린 사악한 자들입니다. 그러며 지식을 독점하고 거짓 정보로 인류를 무지하게 만들어 그들의 영원한 노예로 전락시켜온 그 자체가 자신들의 신으로부터 받은 특권이라고 그들의 의정서에서 가르치고 있습니다.

그러므로 트럼프가 중국과 대대적인 무역전쟁을 벌이고 있는 진짜 이유는 중국이 세계지배세력의 세계화 정책을 상징하는 국가이기 때문입니다. 단순한 미국국민들에게 지배세력의 실체를 설명해봤자 언론에 의해 음모론으로 묘사될 것이기 때문에 국민들에게 눈에 보이는 적으로 중국을 설정한 것뿐입니다. 그들이 공산주의라는 가상의 적을 창조해 민주주의 국가들을 속였듯이 트럼프는 중국을 미국의 적으로 묘사하고 있는 것입니다. 그동안 속임수로 세계를 지배해 온 미국의 배후세력은 이미 중국에게 그들의 정체가 드러나 경제전쟁에서 패하였기 때문에 미국은 이제 종이호랑이에 불구합니다. 그러나 아직 중국 역시 그들의 숨은 정부를 완전히 제거하지 못했음으로 지금도 중국 안에 그들의 하수인들이 숨어 있어 미국의 지배세력과 협력하고 있습니다.

그동안 미국이 세계의 패권을 지킬 수 있었던 이유는 그들의 달러가 있어서 가능했습니다. 그 달러가 구매력을 잃을 경우 자원과 생산시설을 가진 국가가 경제권을 쥐는 것입니다. 그런데 대한민국의 내로라는 경제학자들은 자신들이 지배세력이 통제하는 세계 명문대에서 '학위'를 받았다는 이유만으로 우월 증에 사로잡혀 자신들이 돈에 대한 근본적인 지식을 모르고 지배세력이 주입시킨 허황된 주장으로 국민들을 속이는데 앞장서고 있다는 사실을 감지하지 못하고 있습니다. 빚더미에 앉아서 생산시설도 낙후되고 지금까지 기축통화였던 달러를 거부 받게 되는 처지에 놓인 미국이 중국을 패망시킨다는 주장은 터무니없습니다.

물론 저 역시 50이 될 때까지 그렇게 속고 살아왔으므로 깊이 반성하고 제나름 진실을 폭로하는 데 최선을 다 하고 있습니다. 문제는 소위 지식을 탐구한다는 내로라는 대한민국 학자들마저 허세와 자만에 차있어 새로운 정보에 귀담아 듣기를 거부하고 있다는 안타까운 정황입니다. 그만큼 그들은 지배세력이 구축해 놓은 패러다임에 속박돼 있으면서 오히려 진실을 부인함으로 자신들의 '지식'을 상징하는 학위가 사회에서 부여하는 지위를 지키려 하고 있습니다.

세계화를 종결하고 미국이 우선이 되게 하겠다는 그의 공약이 바로 세계지배세력이 자유무역을 이용해 구축해 놓은 무역 구도 그 자체를 붕괴시킨다는 공약입니다. 그렇게 해서 외국으로 보내진 제조업을 다시 들여와 미국을 재 산업화시켜 없어진 제조업 일자리를 다시 창조해 미국국민들의 생활수준을 되돌려 놓겠다는 것이 바로 트럼프가 추구하고 있는 미국이 먼저 되는 정책입니다. 트럼프는 이미 후보시절 비공식 석상에서 미국은 중국에게 경제전에 패했다고 인정했습니다. 그러나 그는 아직도 미국이 강한 것처럼 허세를 부려야 하는 것입니다. 미국의 국민들에게 국민들이 힘을 합쳐 미국을 다시 위대하게 만들자고 사기를 고무하는 것입니다.

세계 쌍방무역 체제를 구축하고 있는 트럼프

그런데 학문마저도 인류를 속이는 도구로 이용하는 그들에게 세뇌된 지도 모르는 소위 경제학자들마저 트럼프가 파괴하려는 자유무역이 인류의 발전을 쇠퇴시키는 것이라고 헛소리를 하고 있습니다. 트럼프가 중국을 상대로 부과하고 있는 관세는 자유무역의 무관세 제도를 폐지시켜 중국에 있는 미국 기업들을 미국으로 귀환시키기 위한 전략입니다. 중국을 적으로 묘사해 국민들에게 미국이 중국을 혼내주고 있는 것처럼 보이는 효과를 위해 트럼프는 중국정부가 관세를 내주며 중국 업체들을 지원해주고 있다고 호도하지만, 실제로는 그들의 기업들이 수익을 그만큼 줄여 희생하고 있습니다. 그래서 관세에도 불구하고 중국의 수출이 줄기는커녕 오히려 늘고 있는 것입니다.

더구나 그동안 자유무역정책으로 사라진 각 분야의 제조업을 재건하기 위해서도 당연히 관세로 미국의 국내시장을 보호하면서 그런 제조업체들이 다시 경쟁력을 갖출 때까지 지원해 주어야 하는 것입니다. 트럼프가 그러므로 국가안보와 직접 연관이 있는 쇠퇴된 철강과 알루미늄 제조업을 관세로 보호하여 다시 키우는 것은 당연한 것입니다. 러시아의 푸틴대통령이 박정희 대통령을 존경하는 이유도 박대통령이야말로 전쟁으로 폐허되고 아무 자원도 없는 대한민국을 감히 그들의 세계화에 대항하여 보호무역정책으로 세계적인 국가로 발전시킨 업적을 높이 평가하기 때문입니다. 물론 박대통령은 그들에게 매수당한 부하에게 암살당하는 대가를 치러야 했습니다.

자유무역이 모든 국가를 부유하게 만든다고 했던 '국부론'을 저술한 아담 스미스도 일찍이 지배세력이 내세운 자이고 제가 시카고 경제학과를 선택하게 됐던 자유시장 논리로 노벨상을 수상했던 밀턴 프리드먼 교수도 지배세력이 내세운 시오니스트 유대인으로 세계를 자유무역의 허황된 주장으로 세뇌시키는데 '공헌'한 자입니다. 세계화와 자유무역은 세계를 그들이 독점하는 기업들에게 의존하게 만들어 모든 국가들을 그들의 영원한 경제식민지로 남기기 위해 창조된 이론입니다.

그 이론이 진실이었다면 지금의 대한민국은 존재할 수 없듯이 트럼프는 각 국가가 자국의 이익을 위해 쌍방무역 체제를 도입해 발전할 수 있는 자주권을 회복시켜주는 새로운 구도로 전환시키기 위해 노력하고 있습니다. 우리는 그들에게 세뇌돼 마치 기업의 이윤 극대화가 우리나라를 선진국으로 만드는 것으로 믿고 있습니다. 그 이론대로라면 우리나라의 농업은 사라져 그들 기업들이 재배하는 농산물에 의존하다가 그들이 1997년 갑자기 외화를 유출해가듯이 농산물의 공급을 중단할 경우 굶어죽는 것이 대한민국을 선진국으로 만드는 길이라고 믿은 옛 문민정부의 무능함과 다를 게 없습니다. 지금 대한민국의 젊은이들에게 일자리가 없는 것과 그로인해 출산율이 하락하고 있는 것도 문민정부가 무조건 세계화와 자유무역을 받아들인 결과입니다. 만약 이해가 안 되시면 제 '정보전쟁'을 참조하시기 바랍니다.

트럼프가 중국과 벌이고 있는 무역 전쟁이 상징적인 전쟁이라는 사실은 그가 중국에게 관세를 매김으로 그가 정말로 관세를 매길 수 있다는 사실을 세계에 과시함으로 다른 국가들이 그의 쌍방무역 협상요구에 응하게 만드는데 성공했다는 사실이 입증합니다. 그는 대한민국, 일본을 비롯한 모든 국가들과 그동안 체결됐던 자유무역협상을 재협상하였습니다. 특히 도저히 불가능하다고 하던 멕시코, 캐나다와의 NAFTA를 재협상하여 USMCA를 채결했습니다. USMCA는 미국이 중국을 비

USMCA 에 서명 중인 트럼프

못한 개발 도상국가들과의 경쟁력을 향상시키기 위한 미국에게 가장 중요한 재협상으로 중국과의 무역전쟁을 이용한 압박이 있었기 때문에 가능했습니다. 그러므로 트럼프는 북미지역에서 멕시코의 저렴한 노동력을 활용하여 미국을 산업화시키고 중국에 있는 기술력을 미국으로 귀환시키는 정책을 추진하고 있습니다.

트럼프의 다음 표적은 유럽연합과의 무역 재협상입니다. 지배세력은 자유무역을 빙자해 그들이 지배하는 유럽에게 훨씬 유리한 조건으로 미국을 착취해 왔습니다. 트럼프가 중국을 상대로 벌인 무역전쟁으로 중국을 압박함으로 중국에 고가 부품을 수출하는 독일을 포함한 유럽기업들이 이미 타격을 받았습니다. 더구나 트럼프는 이미 최근 WTO가 미국 재정지원에 전적 의존하는 점을 활용해 유럽의 에어버스가 불공평한 정부지원을 받아 미국의 보잉사에게 손해를 줬다는 의외로 공정한 판결을 받아냈습니다. 그리고 그는 브랙시트를 2020년 1월 31일자로 성공적으로 성사시킨 영국의 보리스 존슨 총리와 자유무역 협상을 진행시켜 유럽연합이 2020년 12월 말까지 영국과 채결하게 돼 있는 무역협상에서 영국과 공정한 쌍방무역 협상을 하게끔 압박을 가하고 있습니다.

그러므로 현재 진행 중인 중미 무역전쟁은 상징적인 전쟁으로 미국이 지배세력이 구축해 놓은 자유무역체제를 파괴하여 모든 국가들이 자국의 발전을 위해서 관세를 이용해 자국의 시장을 보호할

수 있는 쌍방무역체제로 돌려놓기 위한 것입니다. 쌍방무역체제를 회복시킨다는 것은 미국을 포함한 모든 국가들의 자주권을 회복시키는 전략입니다. 미국의 중미무역전쟁은 미국의 경제를 재건하기 위한 방어 전쟁이지 절대 중국을 망하게 만들기 위한 패권전쟁이 아닙니다. 다만 앞에서도 언급했듯이 외형적으로 중국이 지배세력의 세계화 정책의 수혜자이기 때문에 미국의 적으로 표적이 될 수밖에 없는 것입니다. 그러므로 트럼프가 중국을 적으로 묘사하는 이유는 중국으로 옮겨간 제조업을 미국으로 귀한시키는 대의명분으로 활용하려는 고도의 전술입니다.

그들의 세계화를 빙자한 자유무역의 여파로 제조업이 쇠퇴돼 경상적자를 내며 빚에 불과한 달러로 수입에 전적 의존하고 있는 미국이 이미 자원이 풍부한 전 세계 국가들과 손잡고 새로운 유라시아 시장을 개척해 놓은 세계의 공장인 중국을 패망시킬 수 있다고 믿는 것은 돈의 이치를 모르고 있음을 증명하는 발상입니다. 중국경제가 수출에 의존하고 있는 지분은 전체 중국 GDP의 17%이고 그 중 미국으로의 수출은 약 3..3%입니다. 중국은 26%로 수출의존도가 가장 높았던 2010년부터 꾸준히 줄이며 세계가 탐내는 중국의 내수시장을 키워왔습니다. 거기다 앞에서도 지적했듯이 중국의 수출흑자의 혜택 대부분은 그들 기업들의 몫입니다. 오히려 중국은 미국의 달러의 의존도를 줄이는 정책을 꾸준히 준비해 왔습니다. 현재 중국과 러시아가 미국 지배세력의 달러를 붕괴시키지 않고 있는 이유는 트럼프가 미국의 정돈된 평가절하로 달러의 붕괴가 가져올 수밖에 없는 세계적인 경제 혼란을 방지해 세계경제를 연착륙시키도록 은밀히 협조하고 있기 때문입니다.

15. 미국 부채를 조정하게 될 달러의 평가절하

미국이 세계와 무역전쟁을 하고 있는 진정한 이유는 전 세계의 무역구도를 공평하게 만들고 미국의 제조업을 재건해야만 미국의 궁극적 목표인 미국의 달러 발권력을 지배세력으로부터 탈환해 달러를 평가절하 할 수 있기 때문입니다. 지배세력의 달러체제는 이미 그 한계에 도달했습니다. 그래서 지배세력이 전쟁을 일으키려고 안달하고 있는 것입니다. 그러므로 트럼프가 재선으로 시간을 더 확보해야하는 세 번째 이유는 그렇게 미국의 경상적자를 없애야만 그의 궁극적 목표인 달러를 재평가하는 방법으로 도저히 갚을 수 없는 미국의 부채를 조정할 수 있기 때문입니다.

이미 2008년 중국과 러시아가 주도한 경제공격에서 그들의 취약점이 드러났듯이 경제가 붕괴하면 그들의 은행들 역시 도산할 수밖에 없습니다. 경제가 붕괴할 당시 그들이 준비금으로 보유하고 있는 국채가의 하락이 은행들의 자산가의 하락으로 연결돼 재무제표 상 도산이 불가피하기 때문입니다. 그래서 그들은 다음 사태를 대비해 모든 은행들이 워런 버핏이 말하는 '대량 금융 살상 무기'인 수천조 단위의 파생상품 계약으로 묶어 놓아 한 은행의 도산이 모든 은행들의 도산으로 연계되게 하는 배수진을 쳐 놓았습니다.

거기다 도드 프랭크 법안으로 그들 은행들이 도산하기 전에 파생상품 계약금을 우선순위로 모든 예금주들의 부를 먼저 갈취하는 계획을 세워 놓았습니다. 주식과 채권시장 붕괴는 그 자산들을 보유하고 있는 그들 은행들의 도산은 물론이고 주식과 채권을 보유하고 있는 모든 국민들의 연금과 은퇴자금의 붕괴로 이어져 모든 국민들의 부는 동시에 사라지게 만드는 계획입니다. 그렇게 되면 미국 정부는 경제 붕괴로 세수가 줄어들어 예산을 충당하기 위해 국채를 발행하여 연준위가 창조하는 돈에 의존해야 할 것이지만 문제는 이미 도저히 갚을 수 없는 부채를 가진 미국 정부의 신용이 바탕인 달러는 휴지가 되는 상황으로 전개될 수밖에 없을 것이기 때문입니다.

원래 그들이 계획은 그 때를 이용해 새로운 통화를 출범시켜 그들의 세계정부를 설립하는 것이었으나 이미 중국과 러시아가 구축해 놓은 브릭스 체제 때문에 그들이 그동안 미국의 달러로 미국과 세계를 약탈해왔다는 정황이 드러나 세계의 심판을 받는 사태로 전락될 수 있으므로 그들은 전쟁계획을 성사시키든지 아니면 경제를 붕괴시켜 트럼프에게 그 책임을 전가시켜야 하는 것입니다.

지속되는 그들의 전쟁도발 계획

그들은 이미 1988년 그들의 로스차일드가 소유한 이코노미스트 표지에 피닉스가 목에 2018년이라고 적힌 금 동전을 매고 아직 꺼지지 않은 달러잿더미 위로 치

솟는 장면을 선보임으로 그들의 그런 계획을 예고했었습니다. 그런데 그들이 2018년으로 예고했던 그들의 새로운 통화의 출범이 2008년 중국과 러시아가 주도한 경제전쟁과 2016년 미국 안에서 트럼프에게 정권을 빼앗기는 이변 때문에 무산됐습니다. 그러나 궁지에 몰린 그들은 그들의 전쟁으로 판을 뒤집는 전략을 포기하지 않고 최근 2020년 1월에도 이란과 핵전쟁을 일으키려했다가 또 실패했습니다.

트럼프 대통령이 지배세력이 이란에 심어놓은 그들의 하수인 살레미니를 암살하자 트럼프의 경고를 무시하고 이란이 중동의 미군 기지를 폭격하는 미사일 공격으로 반격했습니다. 당연히 트럼프가 그가 경고했던 대로 미사일 공격으로 이란에게 보복할 것에 대비해 그들이 보유한 레이더를 혼동시키는 기술로 이란의 방공 포병이 우크라이나 여객기에 미사일을 발사하게 한 후 이를 트럼프의 군 소행으로 돌리려는 계획이었습니다. 그런데 그들의 그런 계획에 대한 정보를 미리 입수한 트럼프는 보복 폭격을 하지 않았습니다. 그러자 이란은 결국 그 미사일 공격이 이란의 오판에 의한 것이었음을 시인해야 했고 그들의 전쟁계획은 또 수포로 돌아갔습니다.

트럼프의 연준위를 장악하는 전략

트럼프는 경제가 붕괴할 경우 그 책임이 세계경제를 주도해온 연준위에게 있다는 사실을 국민들에게 교육시키기 위해 연준위가 정부의 제제를 받지 않는 독립된 기관이라는 사실을 국민들에게 서서히 알려 왔습니다. 그러면서 원래 연준위를 출범시킬 당시 그들이 상징적으로 미국 대통령에게 부여한 연준위의장을 비롯한 연준위의 이사들 중 4명을 대통령이 임명하는 권한을 이용해 공백인 연준위의 이사 자리를 트럼프가 채우는 계획을 추진하고 있습니다. 연준위를 장악해 구조조정을 하겠다는 의도입니다. 지배세력이 트럼프의 그런 계획에 위협을 느끼고 있다는 정황은 그들의 전 연준위 이사장들 4명 모두가 2019년 6월 기자회견을 열고 연준위의 독립성을 트럼프가 침해하고 있다고 그들의 언론들을 총동원해 공격하고 나온 사실이 입증하고 있습니다.

Former Fed chairs Volcker, Greenspa
Bernanke and Yellen call for
independent central bank

그러나 트럼프는 이제 연준위 이사로 그의 경제자문이며 금본위제의 필요성을 주장해 온 주디 셀튼을 연준위의 이사로 추대해 상원에서 청문회가 진행 중이고 그녀가 인준될 것으로 보입니다. 셀튼을 임명함으로 트럼프는 연준위 자체를 안으로부터 구조 조정해 정부가 직접 관할하는 기관으로 만들겠다는 정황입니다. 트럼프는 이미 그의 후보시절부터 금본위제의 필요성을 언급했고 한 언론과의 인터뷰에서 돈의 가치가 금으로 고정되면 얼마나 경제가 공평해지겠냐는 발언을 한 것을 인터넷에서 확인할 수 있습니다. 거기다 그는 그의 백악관 집무실 벽에 미국에서 두 번째 중앙은행을 폐쇄시킨 앤드루 잭슨 대통령의 초상화를 걸어놨

을 정도로 그는 연준위를 폐쇄하겠다는 의지를 숨기지 않고 있습니다.

Forbes

Jul 21, 2018, 10:10am EDT

Is Our Government Intentionally Hiding $21 Trillion In Spending?

Laurence Kotlikoff Contributor
Taxes

트럼프는 그가 취임하자마자 미국국방부의 감사를 지시했습니다. 미국 국방부와 미국의 주택도시개발부 예산에서 지난 10여 년간 약 21조 달러가 사라졌다는 사실이 미시간대학 교수가 진행한 조사에서 발견돼 인터넷 매체에서 폭로된 직후입니다. 그런 엄청난 돈의 지출은 국방부의 공식 예산의 수배에서 수십 배가 되는 금액입니다. 그런데 그 감사가 갑자기 중단되고 오히려 의회는 국방부가 그런 재무기록을 공개하지 않아도 된다는 법안을 통과시켜 은폐했습니다. 그 것은 이미 연준위가 불법으로 돈을 창조해 그들의 군산복합체에 속한 기업들에게 제공해 줬음이 드러났기 때문이라고 추정됩니다. 그 사실을 확인하자마자 덮음으로 추후에 연준위를 구조 조정할 때를 위해 보존한 것으로 보입니다. 이미 국회에 상정돼 있는 연준위의 감사 법안을 통과시켜 지배세력이 연준위를 자신들의 현금인출기로 사용해 왔음을 재선 이후 국민들에게 드러내려는 전략일 것으로 추정됩니다.

금을 확보한 것으로 추정되는 트럼프

그러나 트럼프가 새로운 달러를 출범시키기 위해서는 금이 있어야 합니다. 연준위를 소유한 지배세력은 금값을 조작하기 위해 미국의 금은 물론이고 세계 국가들이 위탁해 놓은 금마저 탕진했습니다. 미국이 포트 녹스에 보유하고 있다는 약 8,100 톤의 금은 아이젠하워 대통령 시절에 감사를 한 후 단 한 번의 감사가 이루어지지 않았을 뿐 아니라 금괴의 자물쇠가 이미 불법으로 개봉된 흔적이 있습니다. 그리고 2013년에는 독일이 자국이 미국에 위탁해 놓은 금 1500톤을 회수해 줄 것을 요청했으나 미국이 이를 거부하고 다만 약 300톤을 5년에 걸쳐 회수해주겠다고 하는 사례가 있었습니다. 그 때 놀란 독일 정부가 그럼 최소한 금의 존재를 확인 하고 싶다고 했으나 이 역시 거절함으로 금을 보유하고 있지 않은 사실이 드러났었습니다.

그들은 이미 미국이 소유한 금과 위탁받은 금을 금 선물시장에서 가격을 떨구는데 사용하면서 자신들이 사들이는 수법으로 미국의 금을 훔쳤습니다. 트럼프의 계획은 금을 바탕으로 하는 재무부가 직접 발행하는 새로운 달러로 평가 절하시킨 연준위의 달러와 교체하는 방법으로 미국의 빚을 조정하는 계획을 가지고 있습니다. 그러기 위해서 트럼프는 2017년 12월 21일 서명한 대통령 명 13818로 인신매매를 포함한 인권침해와 부패와 연관된 기업들과 개인은 물론 그들의 그런 범죄를 보조, 지원 혹은 은신해 줄 경우 관련된 모든 자산을 몰수, 박탈하는 법을 선포해 그 권한을 미국 재무부에게 부여한 후 미재무부는 세계에서 실제로 몰수

Executive Order 13818 of December 20, 2017

Blocking the Property of Persons Involved in Serious Huma Rights Abuse or Corruption

By the authority vested in me as President by the Constitution and tl laws of the United States of America, including the International Emergen Economic Powers Act (50 U.S.C. 1701 *et seq.*) (IEEPA), the National Eme gencies Act (50 U.S.C. 1601 *et seq.*) (NEA), the Global Magnitsky Hum Rights Accountability Act (Public Law 114–328) (the "Act"), section 212

해 왔습니다. 특히 제 '정보전쟁' 에서 이미 상세히 폭로했듯이 그들이 소유한 구글, 애플 같은 국제기업들과 대형은행들은 지배세력의 마약자금과 인신매매사업에서 벌어들이는 엄청난 검은 자금을 세탁해 왔습니다.

Sign in Search The Guardian International edition

Eric Schmidt steps down as executi chairman of Google's parent Alphab

그 대통령 명에 서명하는 시기와 동시에 구글의 애릭 스미츠를 비롯한 세계 대기업들의 최고 경영자들이 줄줄이 사퇴하는 사태가 벌어졌습니다. 트럼프는 그런 식으로 그들의 재산을 포기하는 조건으로 그들의 범죄를 기소하지 않기로 했다는 소문입니다. 또한 트럼프가 김정은과 북미회담을 성사시킬 당시인 2018년 6월 그 회담장소를 싱가포르로 정한 이유가 그 시기에 맞추어 트럼프 대통령을 호위하는 임무로 그를 동행했던 특수부대가 인근 인도네시아에 보관돼 있는 금을 회수했다는 내용의 기사를 인터넷에서 확인할 수 있습니다. 그 얼마 후 트럼프의 재무장관 므누신이 아무 예고 없이 포트 녹스에 나타나 금이 존재하는 지를 확인했다고 금 바를 들고 있는 사진이 공개돼 화재가 됐습니다. 트럼프는 언론들이 있는 자리에서 앞으로 미국의 인프라를 재건하고 미국의 일자리를 창출하는데 필요한 수조 달러의 자금도 이미 정부예산이 아닌 민간인 예산으로 확보해 놓았다고 하고 있는 것으로 보아 그들의 재산을 몰수했을 가능성을 시사합니다.

미국의 경상적자를 줄이는 게 급선무인 트럼프

앞에서 언급했듯이 트럼프가 금을 바탕으로 하는 미국달러의 재평가를 미루고 있는 이유는 미국의 경상적자를 줄이는 작업이 먼저 완성돼야 하기 때문입니다. 미국은 매년 약 6,000에서 9,000억불의 경상적자를 내고 있습니다. 그러므로 만약 미국이 달러를 재평가하더라도 기축통화 지위를 포기해 더 이상 빚으로 적자를 만회할 수 없음으로 지금의 경상적자로는 미국의 금이 불과 1-2년 안에 외국으로 유출될 수밖에 없는 상황입이다. 그래서 트럼프가 그동안 중국과 무역전쟁을 시작함과 동시에 관세를 이용해 중국으로 옮겨간 미국의 기업들과 제조업을 귀한시킴과 동시에 북미 자유무역을 재협상하여 수출경쟁력을 확보하기 바쁜 것입니다.

그는 대한민국에서도 롯데, SK기업들의 미국 투자를 이끌어 냈습니다. 그리고 그가 북한과의 북미협약을 지연하고 있는 이유이기도 합니다. 사업가인 그는 북미회담이 성사됨과 동시에 유라시아와 대한민국과 일본을 연결시키는 요지에 위치한 북한에서 폭발할 기관 시설 건설 사업에 미국 기업들을 참여시키고 미국 건축 재료를 수출하여 미국의 수출실적을 늘리려는 것으로 추정됩니다. 물론 그의 그런 계획은 북한에게도 유익하다고 정당화하고 있을 것입니다. 지금까지 세계시장

에서 제외돼 온 북한이 이왕이면 세계화폐개혁이 성사된 후에 합류하는 것이 북한에게도 더 유리하다는 판단일 수도 있습니다. 돈의 비밀을 모르는 북한의 김정은은 트럼프의 그런 계산을 모르고 안달하고 있는 것으로 보입니다.

그러므로 트럼프가 재선에 성공한 후 세계의 기축통화인 달러를 평가 절하하는 유일한 방법은 새롭게 출범할 달러를 금으로 보장하는 것입니다. 그리고 세계의 진짜 돈인 금을 상대로 지금의 달러를 평가 절하하는 것입니다. 그 말은 곧 1933년 루스벨트 대통령이 국민들의 금을 몰수하자마자 금값을 60% 인상시키는 방법으로 달러를 금대비 평가 절하시켰듯이 기존 달러를 금대비 평가 절하시키는 것입니다. 루스벨트는 정부가 국민들로부터 금을 몰수한 후 임의적으로 금값을 올려야 했지만, 그 동안 지배세력이 코멕스 선물시장에서 금값을 조작해 상승을 억제해 왔기 때문에 그들의 조작을 차단시키면 자연히 원가격으로 폭등할 것입니다. 이미 지배세력이 소유한 국제결제은행BIS도 미국국채의 50%만 준비금으로 인정하던 금을 2018년 국채와 동등하게 승격시켰고 그러자 2018년, 2019년 연속 닉슨쇼크 이후 가장 많은 양의 금을 중앙은행들이 구매했습니다. 그들의 중앙은행들 역시 달러대비 금값이 더 상승할 금으로 준비금을 보충해 리셋에 대비하는 전략입니다.

16. 끝나지 않은 지배세력과의 전쟁

세계지배세력은 미국 안에서 트럼프를 향한 쿠데타에 실패하고 오히려 자신들이 검거될 위기에 놓였습니다. 트럼프는 미국 국민들에게 그들의 숨은 정부를 형성하고 있던 오바마 정부의 검찰, 경찰, CIA와 민주당이 그들의 언론과 합세해 트럼프를 상대로 허위정보전을 벌여온 사실을 서서히 드러내는 수법으로 국민들을 인식시켰습니다. 그러면서 트럼프의 검찰은 거꾸로 지배세력의 숨은 정부에 대한 수사를 진행해 왔고 그 수사가 좁혀오는 것을 막기 위해 명분 없는 탄핵을 시도했으나 트럼프는 이 역시 국민들에게 민주당의 억지를 드러내는 작전으로 활용했습니다. 그러면서도 트럼프는 그동안 은밀히 진행해 온 수사 결과를 발표하지 않고 있으며 적절한 시기를 기다리고 있습니다. 오히려 민주당의 대선을 위한 경선을 허용하고 있고 자신도 대선 선거운동을 위해 전국을 방문하며 가는 곳마다 그를 지지하러 나온 국민들과 직접 소통하고 있습니다.

트럼프의 검찰은 숨은 정부의 적폐를 수사하는 동안 숨은 정부와 결탁해 가짜뉴스를 주도해 온 뉴욕타임스, 워싱턴 포스트 및 CNN, MSNBC는 물론이고 구글, 유튜브, 페이스북, 트위터도 은밀히 수사해 왔습니다. 그들이 소유하고 통제하는 트위터, 페이스북은 트럼프와 공화당 국회의원들이 게시한 글들을 부적절하다고 삭제하는 행위도 서슴없이 해 왔습니다. 거기다 유튜브, 페이스북은 지배세력의 숨은 정부의 정체를 드러내는 동영상들을 정당한 사유 없이 삭제해 왔으나 점점 그런 삭제행위는 노골화돼 왔습니다. 그러나 이 역시 트럼프 정부는 고의로 허용하여 국민들을 그들이 소유한 구글, 페이스북, 트위터 등의 행위를 서서히 알리는 방법으로 이용하고 있습니다. 그러며 조용히 연방검찰과 연방 통신위원회를 통해 그런 행위에 대한 수사를 진행하고 있습니다. 또한 트럼프 대통령은 그들의 언론의 가짜뉴스의 횡포를 국민들에게 인식시키는 방법으로 최근 워싱턴 포스트, 뉴욕 타임즈, CNN을 상대로 명예회손 소송을 제기했습니다.

트럼프의 검찰은 그동안 지배세력의 대형은행들에 대한 수사도 진행해 왔습니다. 2008년 이후 대형은행들은 돈세탁, LIBOR 금리 조작, 금, 은 가격조작, 등등으로 기소됐었으나 숨은 정부의 보호로 처벌되지 않았습니다. 그런데 2019년 9월 트럼프의 검찰은 금과 은 가격을 조작해 온 제이피 모건은행을 조폭조직을 기소할 때 쓰는 RICO 법으로 기소했습니다. 제이피 모건은 2007년

Department of Justice

Office of Public Affairs

R IMMEDIATE RELEASE Monday, September 16, 2019

Current and Former Precious Metals Traders Charged with Multi-Year Market Manipulation Racketeering Conspiracy

은 값을 조작하다 망한 베어 스턴스 투자은행을 헐값에 인수한 후 1980년대에 헌트 형제가 감히 은을 대량으로 구입했다가 지배세력에게 압수당했던 양의 9배가 되는 2700 톤이 넘는 실물 은을 보유하고 있습니다. 그리고 그 은행은 그 때부터 현재까지 단 한 번도 선물시장에서 이루어진 수만 건의 거래에서 손해를 보지 않았다는 사실이 그들이 은값을 조작해 왔음을 입증하고 있습니다.

이미 기소된 제이피 모건 은행 간부들은 자신들의 범법행위를 시인했을 뿐 아니라 상부의 지시 하에 진행했다고 증언한 상태입니다.

거기다 지배세력의 수뇌부에 대한 수사도 은밀히 진행해 왔습니다. 트럼프가 취임한 직후 세상을 떠난 데이비드 록펠러, 2018년 12월 갑자기 세상을 떠난 아버지 부시 전 대통령, 미국은 물론이고 세계 모든 국가들을 그가 소유한 NGO인 오픈 소사이티를 통해 막대한 선거자금을 지원하고 필요에 따라 민주정권을 전복시키기 위해 분열을 조성하는 역할을 담당해 온 조지 소로스, 백신을 이용해 UN 의제 21이었다가 UN 2030으로 명칭을 바꾼 인구감소계획을 주도해 온 빌게이츠, 등등에 대한 수사도 진행해 왔습니다. 뿐만 아니라 제가 '정보전쟁' 에서 폭로하는 세계지배세력의 아킬레스건인 아동들의 인신매매와 소아애(pedophilia) 아동성범죄의 주범들의 수사도 진행해 왔습니다. 2019년 아동강간죄로 호주에서 실형을 받은 프랜시스교황의 오른 팔인 조지 펠추기경, 2019년 그의 카리브해 버전 섬에서 상류층을 상대로 운영해 온 성노예 시설이 발각돼 검거돼 뉴욕의 최고보안 형무소에 감금돼 있다가 불가사의하게 암살당한 제프리 엡스타인과 그와 연결돼 있는 빌 클린턴 전직 대통령, 영국왕실의 앤드루 왕자를 포함한 저명인사들에 대한 수사도 진행해 왔습니다.

Cardinal George Pell / Vatican treasur
found guilty of child sexual assault

그러나 자신들의 의정서에서 지난 2천년 넘게 준비해왔다고 자부하던 그들의 세계정부를 설립하는 계획을 쉽사리 포기할 자들이 아니라는 사실을 잘 아는 트럼프는 이미 그들의 반역행위와 관련된 수사가 끝났음에도 이를 폭로하지 않고 있으며 재선 후로 미루고 있는 것처럼 행동하고 있습니다. 그러나 그의 그런 행동은 다급해진 그들이 반드시 준비하고 있을 다음 계획에 대비하고 있었음이 그 후 드러났습니다. 그들은 이미 연준위가 금리를 올리는 방법으로 경제를 붕괴시키려던 계획도 무산됐고 그들의 가짜뉴스로 트럼프를 탄핵하는 계획도 오히려 민주당 의원들과 바이든 부통령을 위시한 오바마 정부의 부패를 드러내는 결과를 초래했습니다. 또한 이미 붕괴직전에 와있는 경제를 전쟁을 일으켜 붕괴시킨 후 전쟁 탓으로 돌리려던 계획 역시 북한, 이란에서 트럼프에 의해 좌절됐습니다.

그들의 언론은 지난 100년 동안 단 한 번도 경제위기를 경고하기는커녕 매번 경제가 건전하다고 거짓말을 해 오던 것과 대조되게 곧 미국 경제는 불황에 들어갈 것이라고 경고하고 있습니다. 그들은 무슨 수를 써서라도 경제를 악화시켜 트럼프의 대선을 막아야하기 때문입니다. 미국의 실물경제가 악화되고 있다는 사실은 이미 급락하고 있는 BDI운임지수에서도 나타나고 있습니다. 그러나 트럼프는 국민들에게 미국이 그의 취임 후 사상최고의 호경기로 진입했다며 증권시장의 상승을 그 증명으로 제시함으로 그들의 그런 정보전이 국민들에게 먹히지 않고 있습니다.

트럼프는 연준위의 금리인상 정책과 양적축소 정책으로 2018년 12월 잠시 미국 경제가 하락세로 접어든 것을 연준위가 다시 금리를 인하시키고 양적완화로 돌아서게 만드는데 성공했습니다. 하지만 그들이 가동시킨 금리인상 정책의 여파로 시작된 금융시장의 신용경색을 나타내는 현금 유동성 (Liquidity) 문제가 해소되지 않았습니다. 경제가 불안정하다는 사실을 잘 아는 트럼프는 대선까지 경제를 지탱시키기 위해서 연준위에게 금리를 대폭 인하시킬 것을 요구하고 있으나 자신의 성공적인 경제정책으로 경기가 좋다고 하는 그가 대폭적인 금리인하를 고집할 만한 명분이 없는 것이 그가 직면하고 있는 숨은 딜레마였습니다. 그런데 2019년 9월 금융시장에서 신용경색으로 인한 유동성 문제가 마침내 표면 위로 올라오는 바람에 연준위가 긴급히 시장에 개입해야 했습니다. 연준위가 개입해 금융시장에 수혈한 자금으로 유동성 위기는 모면했지만 과연 트럼프가 이미 붕괴조짐이 역력한 미국 경제를 지탱시킬 수 있을지가 불확실한 정황이었습니다.

17, 트럼프가 막은 세계경제붕괴와 시작된 세계화폐개혁

세계금융위기의 재발을 예고한 리포 위기

2019년 9월 17일 도산 직전에 있는 유럽의 도이치뱅크의 일부자산을 불란서 BNP 파리바 은행으로 이전하는 날부터 매일 금융자산을 담보로 하는 재구매계약 (Repurchase Agreement)을 이용해 1일 단위로 빌려 쓰는 리포(Repo)시장으로 알려진 자금시장에서 단기금리가 기존 연 2%에서 연 10%로 급등하는 사태가 벌어졌습니다. 그 말은 리포 시장에서 금융자산을 담보로 1일 단위로 해주던 대출이 위험하다고 판단돼 시장이 기존 금리보다 더 높은 이자를 요구하고 나온 것입니다. 금리 급등으로 리포 대출이 막히면 경제를 마비시킬 수 있는 현금 유동성 사태로 전개될 수 있습니다. 그런 사태를 막기 위해 연준위가 직접 리포 시장에 개입해 돈을 창조해 리포시장에서 거래되는 1일 리포 대출을 연 2%에 대신 공급해 주어 급등했던 금리를 인위적으로 낮추어 시장경색을 막았습니다. 하지만 이는 임시방편에 불과했습니다.

리포 시장의 마비는 2008년 금융위기 직전에 나타났던 현상으로 그 때에는 시장이 문제의 주택저당증권의 건전성을 불신해서 일어났었습니다. 그 당시에는 너무 갑작스럽게 너무 많은 양의 담보가 쏟아져 나와 연준위가 수습하기에 역부족이었으나 이번에는 연준위가 신속히 개입하여 2008년 같은 리포시장의 신용경색을 막았습니다. 그러나 이런 급박한 정황을 연준위와 그들의 언론은 금융기업들이 3분기 세금을 내야 하는 바람에 일어난 단기적인 현상이라고 얼버무렸고 돈의 원리에 대해 무지한 시장은 그 심각성을 감지하지 못했습니다. 그 구실이 거짓이었다는 증거는 2020년 3월 까지도 연준위가 매일 750억 불씩 창조해 리포 대출을 대신 해주고 있다는 사실입니다. 그런 식으로 그 때부터 연준위가 매일 평균 약 750억에서 1,000억 불이 넘게 창조한 총 금액은 6조 달러가 넘었습니다.

원래 리포시장에서 필요한 자금은 머니마켓펀드와 은행들이 보유하고 있는 예금을 유동성을 항상 필요로 하는 헤지펀드나 일반 기업들이 보유하고 있는 금융자산을 담보로 1일 단위로 대출해주어 단기 금리 수익을 버는 제도입니다. 2008년 금융위기 직전에 최초로 있었던 사례 외에는 그런 사태가 일어난 적이 없습니다. 그 사태 이후 BIS는 그런 유동성 위기사태의 재발을 방지하기 위해 대형은행들이 예전보다 더 많은 현금을 보유하도록 규제했습니다. 2008년 전에는 그런 현금을 보유하지 않고도 잘 돌아가던 리포시장이 아래 (연준에서 제공하는 은행들이 공동으로 보유하고 있는 준비금을 표시하는) 도표가 보여주듯이 2008년 금융

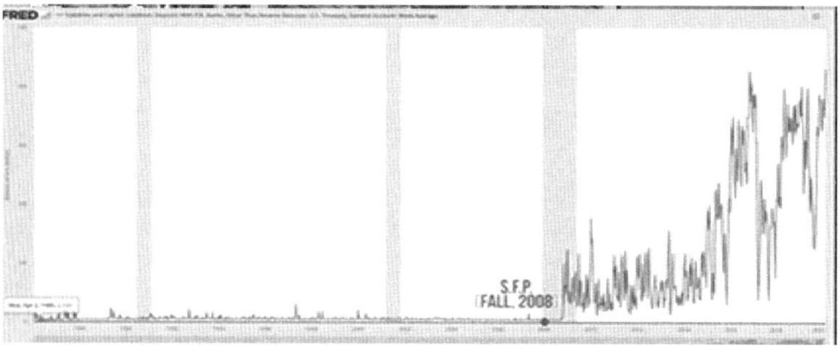

위기 이후부터 수 조 달러의 현금을 비축하고 있는데도 리포시장이 마비가 됐다는 정황은 대형은행들이 그 현금을 자신들 은행들의 위기를 대비해 준비금으로 비축하고 있으며 금융자산 담보에 대한 건전성을 불신하고 있다는 정황이었습니다.

그런데도 금융전문가들은 2019년 9월 17일부터 시작된 리포 사태의 원인을 설명하지 못했습니다. 2008년 오바마 정부가 시작될 때 약 8조 달러였던 부채가 현재 24조 달러로 지난 11년 사이 약 16조에 달하는 국채가 발행됐으므로 가장 안전한 금융자산인 미국 국채의 공급량이 남아돌아야 합니다. 그러므로 약 3조 달러로 추정되는 1일 리포 시장이 동결될 하등의 이유가 없어야 정상입니다. 그렇다면 시장이 최고 안전자산으로 믿는 미국 국채마저도 신뢰를 하지 않고 있다는 결론이었습니다. 돈의 원리를 모르는 소위 경제전문가들은 수수께끼라고만 하며 연준위가 단기금리를 정상화 시켰다고 믿고 안일하게 대했습니다. 1일 단위로 하던 대출을 14일에서 한 달 단위로 늘려준 리포대출까지 포함할 경우 그 사이 심할 경우에는 연준위가 하루에 1천억 불을 훌쩍 넘게 창조하여 금융시장에 제공해 왔습니다. 물론 그 리포 대출이 상환되고 다시 새로운 단기 대출이 창조되고 있지만 임시 현상이라기보다는 구조적인 문제인 것이 명백한 정황이었습니다.

신용경색의 주원인이 된 파생상품

원래 2010년 통과된 도드 프랭크 법안에 의하면 연준위의 이런 비정상적인 대출에 대해 국회에 투명하게 밝히게 돼 있지만 미국 의회의 은행관리 위원회에서는 이 사태를 언급조차 하지 않았습니다. 한 편에서는 도이치뱅크가 당면한 자금난을 보완해주기 위해서라고 했지만 그러기에는 너무 대출규모의 변동이 심했습니다. 저 역시 여러 채널을 통해 그 원인을 알아보려고 했으나 아무데서도 명백한 답을 구할 수 없었습니다. 결국 여러 출처를 조사해 보고 파생상품을 논하는 전문가들의 의견을 종합해 본 결과 리포시장에서 일어나고 있던 1일 단위 담보대출 거부 사태는 그들의 은행들이 그동안 창출해 놓은 파생상품 때문이었음을 감지할 수 있었습니다.

그들은 현재 세계적으로 12천 조 (1.2 Quadrillion)불에 달하는 파생상품 계약을 창출해 놓았고 그 파생상품으로 배수진을 쳐 놓은 상태입니다. 앞에서도 언급했듯이 파생상품은 이미 존재하는 빚을 묶어 한 번 더 뻥튀기해 (즉 빚 자체를 증권화 시켜) 다시 한 번 팔아먹는 수법입니다. 그들은 그런 식으로 자동차 대출, 학자금 대출, 주택대출, 거기다 금리변동을 우려하는 기관투자자들에게는 금리 스와프 계약이라고 불리는 파생상품, 거기다 만약 그들이 구매한 금리 스와프 파생상품의 변동 이자율이 올라갈 경우 자신들이 재구매해 준다는 크레디트디폴트 스와프 계약까지 판매했습니다. 그런 파생상품을 구매하는데 사용된 자금이 바로 가장 안전자산으로 거래되고 있는 미국국채였던 것입니다. 그래서 2008년 8조였던 미국부채가 24조로 늘어나는 동안 16조 달러에 달하는 저금리 국채를 시장이 소화할 수 있었던 것입니다.

앞에서도 지적했듯이 연금과 보험회사의 자금을 운영하는 기관들이 필요로 하는 최하 7%의 이자수익을 오래된 저금리 정책의 여파로 창출할 수 없게 됨으로 주식시장에서 주식을 구매하고 기업들이 발행하는 최고 등급에 못 미치는 BBB등급 채권을 대량으로 구매하는 방법으로 대처해 왔습니다. 그러나 대부분의 기관투자자들은 최고등급의 채권을 구매해야 함으로 지배세력의 은행들은 그런 BBB채권들로 파생상품을 창조해 2008년에 주택저당증권을 판매하듯이 판매하면서 만약 그들이 판매한 파생상품이 보장하는 이자를 지급하지 못 할 경우 자신들의 은행들과 보험회사들이 그 상품을 재구매해 줄 것을 보장하는 크레디트 디폴트 스와프를 판매했습니다. 2008년 AIG 보험회사가 그랬듯이 그들이 소유한 대형 보험회사들과 대형은행들은 그 때보다 더 많은 양의 파생상품을 창조해 더 많은 대형보험회사들과 협력해 그런 파생상품을 기관투자자들에게 판매해 왔습니다.

즉 기관투자자들은 미국구채를 구입한 후 그 국채를 주고 위험도가 더 높은 BBB 기업채권을 묶어 창조된 더 높은 이자율을 보장하는 금리파생상품과 '교환' 하여 더 높은 금리 수익을 벌고 만약 그 상품이 디폴트가 날 경우 그들의 보험회사들로부터 구매한 크레디트 디폴트 스와프로 원금을 보장받는 계약을 한 것으로 추정되는 정황인 것입니다. 물론 2008년 금융위기 전에 주택저당증권에게 최고 등급을 매기고도 아무 처벌을 받지 않은 그들의 등급회사들도 개입이 돼 있을 것은 당연합니다. 돈에 대한 지식이 없는 기관투자자들이 만약 그런 사태가 벌어지면 은행들과 보험회사들 역시 도산해야 한다는 현실을 알지 못하는 (아니면 알면서도 모르는 척하는) 점을 악용하는 대형 사기행각입니다.

그렇게 그들은 파생상품으로 더 많은 돈을 창조하는 수법으로 통화량을 계속 늘려 주가와 부동산가의 거품이 빠지지 않게 지탱하며 수익을 창출해왔습니다. 그러므로 시장에서 최고 안전자산으로 여기는 미국 국채마저 이미 그들이 판매한 파생상품을 재구매해주기로 하는 재구매 계약 (Repurchase Agreement)에 저당으로 잡혀있다는 사실을 그들 은행들이 알기 때문에 그런 국채를 담보로 1일 리포 대출을 해주기를 꺼리는 것으로 밖에 설명이 되지 않았습니다. 거기다 실물경제가 악화되고 있다는 사실을 제일 먼저 감지한 은행들은 은행 대출자들이 대출을 상환하지 못하는 사태를 대비해서 준비금이 될 현금을 비축해야 하기 때문에도 그런 1일 담보대출 해주기를 꺼려온 것입니다.

트럼프는 지배세력의 연준위를 궁지에 몰아넣음으로 그들이 양적완화 정책과 저금리 정책을 그가 요구하는 대로 진행할 수밖에 없는 처지에 몰아넣는데 까지는 성공했습니다. 그 결과 연준위는 금리를 내리고 그 것도 모자라 월 650억불의 양적완화를 시작했습니다. 하지만 연준위는 경기가 회복됐다며 금리를 인상하고 양적축소 정책을 진행한다던 말을 뒤집어야 하는 바람에 이미 신뢰가 실추 됐던 관계로 자신들이 매월 650억블 씩 구매하고 있는 단기채권이 양적완화가 아니라고 세계를 속여야 했습니다. 월 650억불로써는 턱없이 부족하기 때문에 리포 사태가 벌어졌고 2020년 3월에도 1일 단위로 750억불 씩 제공하고 있었습니다. 그러므로 지난 2019년 9월 17일을 계기로 시작된 리포사태는 이미 2008년 같은 금융시장의 붕괴로 이어졌어야 할 사태를 연준위가 돈을 창조해 임시방편으로 겨우 막고 있었다는 정황입니다.

트럼프가 직면한 딜레마

2019년 9월 시작된 리포 사태를 막을 수 있는 유일한 방법은 예전의 양적완화보다 더 강도 높은 양적완화 정책으로 리포시장이 필요로 하는 자금을 1일 대출 대신 전면적으로 액면가로 구입해주어 시장에 유동성을 제공하는 것입니다. 그러나 그동안 미국의 경기가 최고라고 국민들을 호도해 온 트럼프가 그런 경기부양책을 연준위에게 강요할 명분이 없는 게 그가 직면한 딜레마였습니다. 만약 그가 연준위를 움직여 그런 정책을 감행하더라도 경제가 원만한 줄로 믿고 있는 투자자들의 심리를 자극해 2010년 유럽 국가 부채 사태 때처럼 시장이 더 높은 금리를 요구하고 나올 수 있습니다. 그 때는 유럽중앙은행이 양적완화로 국채를 직접 구매하는 방법으로 금리를 안정시킬 수 있었지만 이번에는 양적완화 때문에 올라가는 금리를 더 큰 양적완화로 안정시킬 수 없을 뿐 아니라 오히려 그 반대로 금리가 더 뛸 것이기 때문입니다. 지배세력은 그들의 언론으로 미국 경제가 악화되고 있다고 선동하고 있기 때문에 트럼프가 양적완화 정책을 실시할 경우 이를 문제삼아 금리가 오르도록 선동할 것은 너무나 당연했습니다.

앞에서 이미 언급했듯이 세계경제는 2008년에 그들의 은행들을 도산시키고 구조조정 됐어야 했습니다. 그 때에는 미국도 지배세력의 은행들을 파산시키고 새롭게 시작할 여력이 아직 남아있었습니다. 그러나 그들의 지배하에 있는 정부는 그들을 구제해주었고 그렇게 그들은 달러를 남발하여 빚으로 거품을 키울 수 있었습니다. 최근 그들의 국제결제은행은 그 때 세계의 총 빚이 세계GDP인 약 70조 달러의 약 두 배인 160조 달러였는데 지금은 235조 달러로 3 배가 훌쩍 넘는 위험 수준이라고 경고하고 나왔습니다. 자신들이 저질러 놓고는 마치 자신들은 아무 책임이 없는 것처럼 세계를 속이고 있는 것입니다. 앞에서도 지적했듯이 조는 어마어마한 숫자입니다. 10억불(Billion)이 초로 환산했을 때 31년이면 조 (Trillion)는 3만1천년이 넘습니다. 거기다 2009년 그들이 창조한 29조 달러 그리고 최근 미국의 HUD와 국방부가 지난 10여 년간 지출로 잡혀있는 그들의 연준위가 비밀리에 창조한 것으로 확인된 21조를 합칠 경우 세계의 빚은 세계 GDP의 4배가 넘는 수준입니다. 세계가 아는 것만 해도 그러니 그들이 세계가 모르게 창조한 빚이 얼마가 될지는 알 도리가 없습니다.

트럼프가 지배세력의 하수인들의 국가반역죄에 대한 모든 증거를 확보하고 있으면서도 그들을 체포하지 못하고 있는 이유도 만약 트럼프가 그들의 체포를 시작할 경우 그들의 언론으로 국민들을 트럼프가 보복정책을 벌이고 있다고 선동해 국민들을 분열로 몰은 후 그들이 통제하고 있는 지하조직의 갱들을 동원해 폭동을 일으켜 국가를 혼란으로 몰아 안 그래도 위태로운 경제를 붕괴시키는 위기사태로 진행될 수 있기 때문입니다. 그렇기 때문에 이런 불안정한 경제를 11월 대선까지 끌고 갈 수 있을지가 의심스러울 정도로 트럼프는 이미 그들이 쳐놓은 배수진 속에 갇혀있는 포로나 다름없어 보이는 정황이었습니다. 그런데 궁지에 몰린 것처럼 보이던 트럼프는 놀랍게도 지배세력이 다음 수를 둘 때까지를 기다리는 전략을 펴고 있었습니다.

코로나 바이러스 세균전

2019년 10월 빌 게이츠가 그가 이사장으로 있는 병균리서치 연구소 이름으로 코로나 바이러스 같은 세계적인 유행병을 경고하는 영상메시지를 언론을 통해 공개했습니다. 그는 핵전쟁보다 더 위협적이고 파격적인 수억 명의 사망자를 낼 사태가 될 것이기 때문에 사전 준비가 요구된다고 언론을 통해 공개적으로 경고했습니다. 그러더니 2019년 12월 말 중국 우한 시에서 코로나 바이러스로 감염된 유행병이 발병했습니다. 2018년 영국에 위치한 실험실인 PIRBRIGHT INSTITUTE이 국방 첨단과학기술 연구소(DARPA)와 빌케이츠의 재단(Bill & Malinda Gates Foundation)

U.S. Pat. No. 10,130,701. (Nov. 20, 2018). CORONAVIRUS. Assignee: THE PIRBRIGHT INSTITUTE (Woking, Pirbright, Great Britain), funded by DARPA, Wellcome Trust, Bill & Melinda Gates Foundation, EU. U.S. Patent Office.

으로부터 지원받아 개발한 신종 바이러스로 미국 특허청에서 특허 (U.S. Pat.No. 10,130,701)를 받았던 사실이 인터넷매체들을 통해 드러났습니다. 그런데 그 바이러스를 조지 소로스가 중국 우한에 소유한 세균무기 실험실이 입수해 연구를 했다는 정보가 뜨더니 12월 초 미국에서 하버드대 세균연구를 하는 화학과 과장 찰스 리버교수가 우한대학으로부터 거액의 연구기금을 받은 혐의로 보스톤 국제공항에서 검거됐습니다. 인터넷 매체에 의하면 그의 실제 혐의는 그가 문제의 우한 실험실로 코로너 바이러스 세균을 불법으로 넘겨준 정보를 미국 정보기관이 포착했던 것이었습니다. 그가 검거될 당시 한 중국연구원의 짐 속에서 수십 개의 코로나세균이 든 병들을 중국으로 가져가다 적발됐습니다. 그러므로 지배세력이 그 세균을 그런 통로를 이용해 미국에서 중국으로 가져가 우한에서 방출한 정황인 것입니다.

빌 게이츠는 2019년 10월 방송을 통해 그가 핵폭탄보다 더 위협적인 바이러스를 보유하고 있어 중국에 퍼트릴 수 있음을 과시했다는 정황입니다. 우리가 배운 것과 달리 지배세력의 하수인 빌 게이츠는 그의 주택 차고에서 윈도우즈를 발명한 게 아니고 전 IBM회장이었던 그의 장인 왓슨이 회사의 기술을 가로채 그에게 전수해줬습니다. 같은 식으로 미국의 첨단 기업들인 페이스북, 구글의 '천재' 창시자들 역시 미국 CIA가 통제하는 국방 첨단과학 연구소 DARPA가 개발하던지 특허청에 제출된 특허를 가로챈 기술을 그들에게 전수해 준 것입니다. 빌 게이츠는 이미 지배세력의 UN 2030(의제21)인류감소 계획을 주도하며 그가 배포한 폴리오 백신으로 인도에서 수많은 사람들을 불구로 만들고 라이베리아에서는 에볼라 백신으로 국민들을 사망시킨 혐의로 구속영장이 발부돼 있으나 언론이 은폐해 왔습니다. 거기다 트럼프정부가 들러서자마자 시작한 백신과 관련된 수사로 그가 인체에 해로운 백신을 개발해 온 사실을 이미 추적 중입니다.

믿기지 않으시겠지만 지배세력은 일찍부터 그들이 UN을 통해 추진해 온 '의제 21' 이라는 인구를 감소시키는 계획의 일환으로 아프리카에는 에이즈 바이러스, 중국과 아시아에서는 사스, 에볼라 바이러스, 남미에서는 지카 바이러스 등을 그들의 실험실에서 개발한 후 고의로 퍼트리는 정책을 진행해 왔습니다. 그리고 필요에 따라서는 경제전의 일환으로도 사용해 왔습니다. 한 예로 에볼라 바이러스는 미국의 질병본부 CDC가 특허를 소유하고 있음을 특허청에서 확인할 수 있습니다. 이번 중국 우한에서 발병된 신규 코로나 바이러스 역시 앞에서 기재한 번호로 특허청 사이트에서 확인할 수 있습니다. 이미 2018년부터 지배세력이 세균을 이용한 테러를 준비 중이라는 소문이 인터넷에서 돌았고 게이츠가 주도해 온지 오래인지라 그가 2019년 10월 갑자기 수학적 모델링으로 전파 속도와 범위를 추정하는 세계적인 유행병을 경고하고 나왔을 때부터 많은 깨어있는 네티즌들이 그의 행보를 주시하고 있었습니다.

앞에서 트럼프가 그들이 연준위의 금리인상과 양적축소 정책으로 미국의 경제를 붕괴시켜 트럼프의 재선을 막으려던 그들의 계획을 무산시켰다고 했습니다. 아무리 지배세력의 지시지만 연준위는 트럼프의 작전에 의해 자신들이 경제 붕괴의 책임을 져야 하는 상황으로 몰리자 정책을 뒤집고 지배세력의 지시에 불복했던 것입니다. 그래서 이제 그들은 세계의 공장인 중국에게 세균공격을 가해 중국의 공장들을 마비시켜 중국의 생산라인에 의존하고 있는 독일, 미국 등의 제조업을 정지시켜 경제를 붕괴시키는 계획이었습니다. 중국의 생산라인을 마비시키면 전 세계의 무역이 마비돼 실제 경제가 둔화됨으로 건전한 기업들까지도 흑자 도산하는 사태가 벌어져 트럼프가 연준위를 움직여 통화량을 증가시키는 정책마저도 효과가 없을 것이라는 계산이었습니다.

중국 우한에서 코로나 바이러스 발병이 발표되자 트럼프는 1월 중순에 미국국민들의 중국여행을 당분간 중단할 것을 권고했다가 중국이 1월 23일 우한 시를 전적 봉쇄하는 결정을 내리자 1월 31일에는 그의 대통령 권한으로 비상사태를 선언하고 중국을 다녀온 외국인들의 미국 입국을 불허하는 파격적인 결정을 내렸습니다. 지배세력에게 매수된 질병본부 CDC의 과학자들이 중국인들의 입국을 봉쇄할 필요가 없다고 조언하였으나 트럼프는 이를 무시하고 내린 결정이었습니다. 그러자 그들의 언론은 트럼프 대통령이 과학전문가들의 조언도 무시할 정도로 무지하다며 그를 비난했습니다. 그의 그런 과감한 결정 때문에 미국에서는 감염 사태가 수백 명도 안 될 정도로 미비한데도 그들의 언론은 트럼프가 코로나 바이러스 확산을 막는데 실패하고 있다고 공격하고 나왔습니다. 미국 현지에 파송된 대한민국 특파원들과 국내 언론매체들도 하나같이 가짜뉴스를 그대로 보도하며 트럼프대통령을 비하하는 데 공조해 왔습니다.

언론의 위선이 극치라는 정황은 오바마는 2009년에 유행했던 N1H1 돼지 인플루엔자로 미국 시민 2만 명이 입원하고 천 명이 넘는 사망자를 내고난 발병 6개월이 지난 후에서야 비상사태를 선언했는데도 언론에서 그를 탓하지 않았습니다. 그 독감으로 미국에서만 1만7천명이 사망했고 세계적으로는 57만 명의 사망자를 냈다고 발표될 정도로 심각한 유행병이었음에도 그 당시 언론은 코로나 바이러스처럼 소란을 피우지 않았습니다. 그들에게 매수된 소위 세계적인 미국, 영국, 중국 과학자들은 이 사태로 수천만 명에서 수억 명의 사상자를 낼 것이라며 발표하자 그들의 언론은 그런 과학자들을 인용해 세계를 공포로 몰았습니다.

그러며 트럼프가 세계보건기구 WHO에서 제공한 진단 검사기로 검사를 즉시 진행하지 않고 안일하게 대응하고 있다며 그를 대대적으로 공격하고 나왔습니다. 트럼프가 진단 검사기를 사용하지 않았던 이유는 지배세력의 하수인들로 형성된 WHO가 제공한 검사기가 50%에서 80% 양성판정이 나오도록 조작됐음을 알았기 때문이었습니다. 지배세력의 통제를 받는 WHO는 바이러스를 확산시켜 공포를 조성해야 함으로 국경의 봉쇄가 불필요하다고 했을 뿐 아니라 의료계에서는 기본상식인 마스크의 착용도 효과가 없다며 감염자 외에는 할 필요가 없다고 발표했습니다. 또한 세계 인구 15-20%가 감염되고 57만명의 사망자를 냈던 N1H1 인플루엔자에 비하면 중국에서 고작 수천 명의 사망자가 발생했음에도 세계적인 재앙인양 공포를 조성하는데 앞장섰습니다.

중국은 우한 시를 완전히 봉쇄하는 전쟁 시를 방불케 하는 전략으로 대응함으로 바이러스의 확산을 통제했고 그 지역의 모든 공장을 폐쇄시켜 생산라인을 정지시켰습니다. 생산라인의 중단이 일으킬 경제적 피해를 줄이기 위해 중국정부는 긴급 경기 부양책을 내놓으며 시민들의 이동을 차단하고 중국 경제를 위기로 몰았습니다. 거기다 사악한 지배세력의 존재를 알지 못하는 중국 시민들의 SNS를 강경하게 차단시키는 정책으로 지배세력의 전형적인 수법으로 중국국민들의 공포를 조성해 중국 내에서 혼란을 유발하려는 그들의 계획을 사전에 막았습니다. 중국에서 감염사태가 급속히 확산되자 중국 정부는 새로운 병원시설을 짓고 중국의 다른 도시들도 봉쇄하고 나왔습니다.

그러나 코로나 바이러스의 확산을 세계에서 가장 체계적으로 방역을 한 대한민국에서 드러났듯이 감염확산 속도는 빠르지만 치사율은 예전의 사스보다도 미비하다는 사실이 입증됐습니다. 대한민국의 체계적인 진단으로 2십여만 명의 확진 자를 찾아내고 투명한 발표로 치사율이 1% 미만이라는 사실이 드러나자 그들의 언론은 대한민국의 방역시스템을 치하하면서 대한민국의 사례가 예외인 것처럼 보도하고 오히려 대한민국 정부의 방역의 성공을 트럼프 정부를 비난하는 데 이용했습니다. 저는 솔직히 미국에 의식이 깨어있는 네티즌들도 지배세력이 세균공격을 준비하고 있는 정황을 주시하고 있었는데 왜 미국의 NSA를 통해 지배세력의 움직임을 실시간으로 감찰하고 있었을 트럼프의 군부가 이런 공격을 사전에 방지하지 못했는지가 의문이었습니다.

트런프의 세균공격을 허용하는 전략

그러나 이 역시 트럼프가 그들의 그런 계획을 역으로 이용하는 전략이었음이 3월에 드러났습니다. 트럼프는 그들이 그런 세균공격을 준비하고 있다는 정보를 일찍부터 입수하였으나, 그가 취임한 후 그들의 쿠데타를 허용하는 전법으로 그들의 실체를 국민들에게 드러내고 거꾸로 그들의 혐의와 관련된 증거를 확보하듯이, 이번에도 그들의 세균공격을 허용하는 고도의 작전이었습니다. 그들이 세균전을 준비하고 있다는 정보를 사전에 입수한 군정보부의 하얀 모자는 그 세균의 치명적인 유전자를 제거하고 일반 독감 증상과 확산을 증가시키는 유전자로만 약화시킨 후 그들도 모르게 바꿔치기 했다는 정황입니다. 그렇게 바이러스가 바뀐 줄 모르는 그들의 언론과 과학자들이 세계를 공포로 몰아 그들의 기획한 경제폭락을 허용하는 작전이었습니다. 트럼프는 이를 핑계로 이미 신용경색 때문에 붕괴 직전에 와있는 리포시장의 유동성 위기를 양적완화로 해결하고 난 후 일반 독감에 불구한 코로나의 치료제를 내놓아 세계를 안심시켜 경제를 반등시키는 전략이었습니다.

그들의 계획이 실패했다는 사실을 빌 게이츠가 제일 먼저 알아차린 정황은 2월 8일 중국의 시진핑에게 100억불을 기부하고 코로나 바이러스 백신 개발을 돕겠다고 자진해서 나오고 시진핑 역시 그의 도움을 반긴다는 기사가 중국의 영문 언론이 발표했을 때입니다. 그런 직후 인터넷에는 에볼라 바이러스의 치료제로 개발 중이던 렘데시비르가 코로나 바이러스의 치료에 효과적임으로 그 약품이 대거로 중국으로 유입됐다는 정보가 떴습니다. 그때부터 중국의 확진자 수가 급격히 줄기 시작하더니 3월 중순에는 중국에서 확진자가 한 명도 없다는 발표와 함께 중국의 생산라인이 정상으로 재가동되기 시작했다는 뉴스가 발표됐습니다. 게이츠가 중국과 협력하기로 한 그 다음 달 3월 13일 그가 창시한 마이크로소프트 이사직에서 이례적으로 사임한 것도 그가 그의 계획이 실패했음을 시인하고 있다는 정황입니다.

중국의 전면 봉쇄정책이 바이러스의 전파를 차단시키는데 효과가 있어서였는지 중국을 전쟁터를 방불케 하여 전 세계의 경제를 붕괴시킬 것이라며 세계를 공포로 몰던 유행병이 중국에서 불과 3개월 만에 종식됐고 사망자의 숫자는 2009년 돼지 인플루엔자로 미국에서 죽은 1만7천명에 비해 미국인구의 4배가 넘는 중국에서 불과 3천 명을 초과하는 사망자가 발생했습니다. 그러므로 중국 역시 전쟁을 방불케하는 상황을 연출해 코로나 바이러스를 이용해 붕괴 직전에 와있는 세계경제를 회생시키는 트럼프의 정보전에 협력했을 가능성을 시사하고 있습니다.

트럼프의 신의 한 수

트럼프가 1월에 결정한 공격적인 국경봉쇄 정책으로 미국의 확진자의 수는 상대적으로 적었지만 미국과 다르게 국경을 봉쇄하지 않고 있던 유럽에서 감염자의 수가 급격히 확산됐습니다. 노령 인구가 가장 많은 이태리가 중국 다음으로 확진 자 수가 늘기 시작하고 사망자가 늘자 유럽 국가들도 비상사태를 선언했습니다. 그 여파로 3월 초부터 세계증시가 폭락하기 시작하자 연준위는 3월 3일 긴급회의를 소집해 금리를 0,5%를 인하시킴과 동시에 7천억 불의 양적완화를 발표했습니다. 세계증시 폭락이 코로나 바이러스에 대한 공포에 의한 것이었음으로 연준위의 그런 결정은 주가폭락을 저지하는 효과가 없을 것은 당연했습니다. 3월 11일 세계보건기구 WHO가 세계적 유행병(Pandemic)을 선포하고 증시가 계속 폭락하자 연준위는 3월 17일에 있을 정기이사회의 이틀 전인 3월 15

일 다시 긴급회의를 소집해 금리를 0%로 인하하고 추가로 1조5천억 불의 양적완화를 발표함과 동시에 모든 은행들의 3%–10%였던 준비금을 0%로 내려 은행들의 준비금도 금융시장의 자금난을 완화시키는 데 투입할 수 있게 조치했습니다. 그런데도 증시는 잠시 반등하는 것 같더니 다시 폭락함으로 증시 폭락의 주원인이 경제에 대한 우려가 아닌 바이러스에 대한 공포 심리에 의한 것이라는 사실이 또다시 확인됐습니다.

그렇게 트럼프는 코로나 유행병을 핑계로 금리를 그가 요구하던 0%로 내리는 데 성공했습니다. 무엇보다도 그는 9월부터 시작된 리포 위기를 종결시키는데 필요한 양적완화를 통해 금융시장에서 금융자산들을 액면가로 전적 구매함으로 위기에 놓였던 리포시장의 유동성 위기를 해소시켰습니다. 연준위는 대선이 있는 해에는 선거에 영향을 주지 않는다는 이유로 금리를 변동하지 않는 관습을 깨고 경기 부양 시 사용되는 파격적인 금리인하와 양적완화 정책을 감행하였으나 시장은 이를 당연하게 받아들였습니다. 이 모두 코로나 사태로 시작된 경제 폭락을 세계가 실제 위기로 믿게 만들었기 때문에 가능했고 트럼프는 이제 그의 업적으로 내놓았던 미국의 호경기가 예상할 수 없던 코로나 바이러스 때문에 급락했던 것이라고 주장할 명분이 생겼습니다.

그러므로 트럼프는 지배세력의 세균공격을 역으로 이용해 주가 폭락의 원인을 바이러스에게 전가하여 미국 증시의 거품을 빼고 그가 필요했던 경기부양책의 명분으로 활용한 후, 증시폭락의 원인이 코로나 바이러스의 확산이라고 믿는 국민들에게 바이러스에 대한 치료제를 내놓아 경제를 반등시키는 전략을 준비했던 것입니다. 경제 부양책을 발표한 지 얼마 안 돼 트럼프는 비상대책위원들과 함께 국민들에게 생방송하는 브리핑에서 백신의 임상실험이 시작됐다는 소식과 함께 이미 말라리아 치료제로 사용되는 하이드로 클로로퀸과 아지트로마이신을 같이 복용하면 코로나 바이러스의 치료에 효과가 있다는 의료진들의 보고를 받고 그 치료제를 당장 뉴욕에 투입시켜 임상실험을 시작할 것을 지시

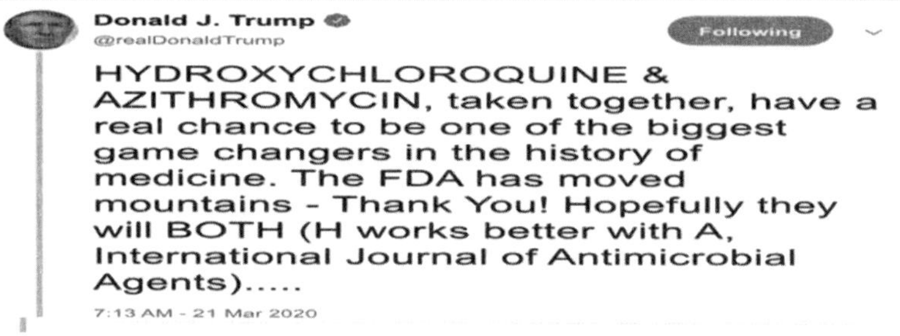

했다고 발표했습니다. 중국에 이미 투입돼 코로나사태를 잠재우게 된 에볼라 치료제인 렘데시비르 역시 언급은 했지만 트럼프는 지배세력의 언론이 그 약이 아직 미국의 식품의약국(FDA)에서 인증되지 않은 사실을 근거로 시비를 걸 것을 알고 식품의약국에 의해 이미 말라리아 치료제로 인증된 지 20년 이 넘는 클로로퀸을 대신 제시한 것입니다.

그는 만약 이 치료제가 효과가 있음이 확증될 경우 이는 '신의 선물' 이 될 것으로 1-2주면 알게 될 것이라고 브리핑에서 선언했습니다. 그러자 그 다음날 그들의 언론 CNN은 나이제리아에서 정신이상자로 판정된 부인이 상업용 클로로퀸을 남편에게 먹여 사망한 사례를 트럼프가 치료제로 제안한 클로로퀸을 먹고 죽었

다는 가짜뉴스로 그의 주장을 반박하고 나왔습니다.

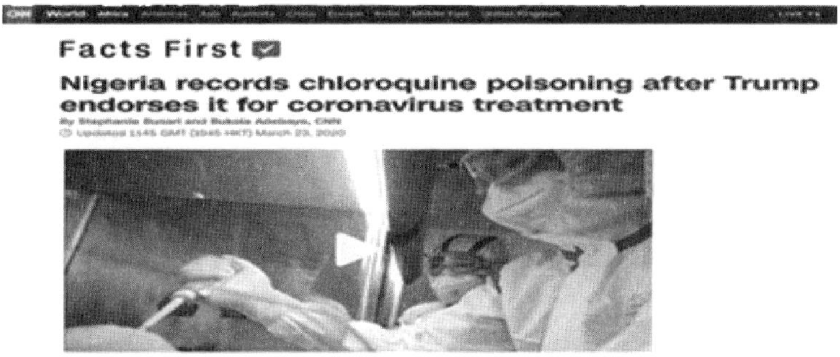
Facts First

Nigeria records chloroquine poisoning after Trump endorses it for coronavirus treatment

또한 워싱턴포스트지는 뜬금없이 TV매체가 생방송하는 트럼프의 기자회견의 방송을 중단해야 한다는 기사를 냈습니다. 이유는 그가 국민들에게 거짓된 정보를 제공하고 있다는 허황된 주장

Coronavirus

Media · Perspective

The media must stop live-broadcasting Trump's dangerous, destructive coronavirus briefings

이었습니다. 코로나 사태를 이용해 국민들과 직접 소통하던 트럼프가 치료제를 국민들에게 소개해 코로나사태를 종식시킬 것을 우려해 어떻게든 막아야하기 때문이라고 밖에 볼 수 없는 정황이었습니다. 민주당 대선 후보인 전직 부통령 바이든도 트럼프대통령이 국민들과의 브리핑으로 국민들을 속이고 있다는 허황된 주장으로 자신이 올바른 정보를 국민들에게 제공하기 위한 '브리핑'을 시작했습니다. 힐러리도 그녀의 트위터를 통해 트럼프가 국민

들에게 올바른 정보를 제공하지 않고 있다고 공개적으로 비난하고 나오고 있는 것을 보아 그들이 기획한 바이러스 전쟁이 계획대로 전개되지 않고 있을 뿐 아니라 트럼프가 바이러스의 치료제를 내놓아 그 사태를 종식시킬 것을 우려해 몹시 다급해 진 정황이었습니다.

연준위를 지배세력으로부터 탈환한 트럼프

더 놀라운 사실은 이 사태를 이용해 트럼프가 지배세력의 연준위를 합법적으로 '국영화'시켜 버린 정황입니다. 그는 그동안 연준위를 그가 선정한 이사들을 임명해 서서히 구조조정을 할 것처럼 행세해왔습니다. 그러나 이 역시 지배세력을 방심하게 만들기 위한 정보전쟁의 일환이었습니다. 트럼프는 지배세력의 세균전을 국가비상사태를 선언하는 명분으로 활용하여 국가비상사태시 헌법이 대통령에게 군 통치권자(Commander in Chief)의 자격으로 부여하는 절대적 권한으로 연준위를 재무부 산하로 편입시켜버린 것입니다. 그렇게 트럼프는 연준위의 독립 관할이었던 통화정책을 비상사태를 빙자해 재무부가 인수하고 연준위는 정부를 보조하게 만들었습니다. 이제 트럼프는 그의 대통령권한으로 정부가 주관하는 파격적이고 이례적인 구제 방안에 필요한 금액을 직접 무이자로 창조할 수 있게 된 것입니다. 그런 정황은 4월 9일 파월의장이 기자회견 중 연준위는 모든 결정을 재무부의

사전 승인을 받고 내리고 있다는 발언으로 확인됐습니다. 불과 한 달 전 까지만 해도 연준위가 정부로부터 독립된 기관이라던 그들의 주장을 뒤집는 발언이었으나 그들의 언론이 당연히 보도하지 않고 있어 세계는 이 세계경제질서의 패러다임을 뒤집는 역사적인 사건을 감지하지 못했습니다..

트럼프의 세계를 속이는 정보전술

트럼프는 손자병법에서 가르친 대로 적군을 속이기 위해서는 아군을 속이는 병법의 일환으로 세계를 상대로 선의의 심리전을 이용한 정보전을 벌인 것입니다. 애초부터 그들의 세균전을 차단시킬 수 있었을 뿐 아니라 그 후에도 그가 이미 치료제를 보유하고 있다고 발표해 국민들을 진정시킬 수도 있었겠지만 그는 역으로 지배세력의 세균전을 그들의 계획대로 진행하도록 허용함으로 그가 국민들이 모르게 지배세력과 벌이고 있는 진짜 전쟁을 바이러스와의 전쟁으로 대신한 것입니다. 그러면서 그는 국민들과 직접 소통하는 기자회견에서 미국은 현재 '보이지 않는 적'과 전쟁중이라고 수차례 언급함으로 바이러스보다 더 거대한 보이지 않는 적과 전쟁 중인 사실을 은연중에 알렸습니다.

그는 비상사태를 선언한 후 모든 국민들에게 출근을 자제하고 격리생활을 권고했습니다. 지배세력의 하수인들로 형성된 주지사들과 시장들이 나서서 모든 학교들과 상점들을 폐쇄시키고 요식업체들은 물론 관람스포츠경기들도 중단시키자 그들의 계획에 순응함으로 사실상 미국경제를 정지시키는데 동조했습니다. 그렇게 그는 국민들에게 중국에서처럼 미국에서도 바이러스 때문에 경제가 마비될 정도로 심각하다는 정황을 국민들이 믿고 실감하게 허용해 현재 미국이 처해져 있는 실제 경제 위기상황 대신 바이러스로 정신을 팔게 만드는 고도의 심리전을 벌였습니다.

미국 GDP의 70% 이상이 소비인 미국에서 국민들을 집에 격리시킬 경우 경제가 마비될 것은 당연함으로 바이러스의 전파를 막기 위한 불가피한 조치가 경기를 악화시켰다고 믿게 만드는 작전이었습니다. 그렇게 트럼프는 그들이 벌인 세균전으로 그동안 리포시장에서 연준위의 긴급조치로 아슬아슬하게 막아온 실제 경제위기 사태를 전혀 예상하지 못했던 유행병 때문에 발생한 것처럼 국민들과 세계를 속이는 작전에 성공했습니다. 그럼과 동시에 그는 국가비상사태를 빙자해 국가 방위군을 동원해 전국에 배치한 후 미국 안에 지배세력이 통제하는 MS13 갱단 원들을 대대적으로 잡아들였습니다. 지배세력의 하수인들은 자신들의 체포가 임박할 경우 갱단을 동원해 각 도시에서 폭동을 일으킬 준비를 해 놓았기 때문입니다,

그렇게 그들의 세균전을 역으로 활용해 그들의 연준위를 장악한 트럼프는 세계가 직면한 경제위기 사태가 코로나바이러스 때문이라고 믿도록 만든 후 이미 붕괴 직전에 있던 세계경제를 회생시키는 사상 최대 규모의 경기 부양책을 발표했습니다. 트럼프는 2008년 금융위기 사태는 대형은행들과 대기업들의 무분별한 투기와 부실경영 때문이었으나 이번의 경제위기는 아무도 예상하지 못했던 바이러스 감염사태 때문임으로 아무 잘못 없는 기업들

과 국민들이 당면한 경제위기를 정부가 나서서 공격적인 선제 대응책으로 구하겠다고 선언했습니다. 연준위는 미국경제를 선제적으로 방지한다는 명분으로 무기한, 무제한 양적완화 정책으로 국내와 주택저당증권, 자동차 대출, 신용카드 대출, 학자금 대출 등과 관련된 파생상품들을 구매하고 기업들의 유동성위기를 방지하기 위해 채권시장에서 기업채권도 구매하는 방침을 발표했습니다. 거기다 그동안 각 시와 주 정부들의 공무원연금을 구제하기 위해 각 시, 주정부가 발행한 기존 채권들은 물론 신규 채권들도 구매하는 방침을 발표했습니다.

트럼프의 이 모든 구제 방안은 결국 지배세력이 배수전략으로 구축해 놓은 파생상품들의 디폴트를 방지하기 위한 전략입니다. 만약 그들의 은행들이 파생상품들을 창조하는데 활용됐던 주택저당증권, 자동차 대출, 학자금 대출, 기업 채권들 중 어느 한 분야에서라도 디폴트가 시작되면 이미 도산직전에 있는 독일의 도이치뱅크를 위시해 그들의 망하게 두기에 너무 크다는 (Too Big to Fail) 모든 은행들이 연쇄적으로 도산할 것임으로 파생상품을 형성하고 있는 모든 부채를 구제해 그런 사태를 미리 막아야 하는 것입니다. 그러므로 그들의 은행들은 물론 이미 도산했어야 할 좀비 기업들까지 구제해 주어서라도 국민들의 연금의 폭락을 방지하고 그런 기업들이 고용하고 있는 종업원들의 일자리까지 보호하여 세계적인 혼란을 야기할 세계경제 붕괴를 막은 후 서서히 구조조정을 진행시키는 전략입니다. 이를 위해 그동안 연준위로부터 빌려서 발행하던 달러를 정부가 직접 발행하고 금리를 0%로 내려 미국정부의 재무는 물론이고 기업들의 이자부담을 덜어주고 저금리 대출을 제공해 주어 기업들의 유동성 위기를 방지한 것입니다.

또한 코로나 감염 확산을 방지하기 위해 경제가 마비돼 일자리를 잃게 된 근로자들을 위해 실업혜택을 늘리고 근로자들을 해임하지 않고 유지하는 기업들에게는 보조금을 주는 방안도 발표했습니다. 근로자들에게는 매월 월급에서 자동으로 제하는 소득세를 12월까지 면제해 주고 매년 4월15일이 납기일인 소득세보고도 연기해주는 방안으로 국민들의 가처분 소득도 늘려 주었습니다. 주택대출 상환도 우선 3개월 연장해주고 학자금대출 상환도 연말까지 연장해 주었습니다. 중소기업들에게도 저금리 융자로 자금을 지원해 줌으로 중소기업들의 도산도 막을 수 있도록 조치했습니다. 그 결과 2008년에 연준위에 의해 시행됐던 경기부양책의 혜택이 그들의 은행들과 기업들에게만 주어졌던 것과 달리 트럼프의 경기부양책은 국민들과 중소기업들에게도 골고루 분배됐습니다.

트럼프는 달러 유동성을 우려하는 G20 국가들에게도 통화스와프를 제공해 줌으로 세계적인 달러의 유동성을 선제적으로 방지할 의지를 밝히자 대한민국도 600억의 통화스와프를 미국과 채결해 외환위기를 우려하는 국내시장을 안정시켰습니다. 그 뿐 아니라 달러 유동성 때문에 미국의 국채를 매각하는 사태를 방지하는 방안으로 연준위가 세계 국가들과 기업들이 보유하고 있는 국채를 담보로 단기로 리포대출을 해주는 (FIMA) 창구도 신설했습니다. 세계경제를 활성화하는데 중요한 원유가격이 배럴당 20

달러선으로 하락한 것도 외형적으로는 러시아와 사우디의 분쟁 때문인 것으로 묘사됐지만 진짜 이유는 세계경기의 붕괴를 공동으로 막고 세계경제를 활성화시키기 위해 러시아와 사우디가 트럼프와 협력하고 있을 가능성도 배제할 수 없습니다. 에너지 비용의 절감은 세계 모든 기업들과 시민들의 경제부담을 덜어주어 소비를 증가시키는 효과가 있기 때문입니다. 그렇게 트럼프는 지배세력이 최후의 수단으로 동원한 세균공격을 역으로 활용해 미국에서 경제를 부양시킴으로 전 세계적으로 진행됐을 경제 붕괴를 막는데 성공했습니다..

코로나사태로 그들의 사악한 정체를 드러내는 전략

트럼프가 취임하자마자 시작된 지배세력과의 전쟁에서 트럼프는 그들의 특검임명을 허용한 다음 트럼프가 러시아와 공모했다는 주장이 거짓임을 국민들에게 서서히 드러냈습니다. 그들이 트럼프가 우크라이나 대통령에게 바이든 부통령을 수사할 것을 강요했다는 주장 역시 거짓임이 드러났음에도 그를 탄핵하는 것을 허용해 그들의 억지를 또다시 국민들에게 드러내는 기회로 활용했습니다. 오히려 트럼프의 연방검찰이 러시아 공모설이 조작됐음을 입증하는 증거를 확보하고 있음에도 그들을 기소하지 않으며 국민들이 스스로 그들의 언론과 정치인들의 거짓을 깨우치게 하는 장기전을 진행해 왔습니다. 마찬가지로 트럼프는 그들의 세균전을 활용해 그들의 달러 발권력을 탈취하고 난 후 또다시 코로나바이러스 사태로 그들의 언론과 하수인들의 실체를 국민들에게 드러내는 고도의 정보전을 벌였습니다.

빌 게이츠는 원래 수천만 명의 사망자를 낼 것이라고 경고했었으나 트럼프 군부가 세균을 바꿔치는 바람에 그가 노렸던 치사율 증가에는 실패했지만 그의 계획을 포기하지 않고 언론에 직접 출현하여 백신이 개발될 때까지 국민들의 이동을 금지해야 한다고 나왔습니다. 코로나바이러스를 이용해 미국의 경제를 마비시켜 트럼프의 재선을 막으려는 것입니다. 그 뿐 아니라 그는 백신이 개발되면 모든 국민들이 의무적으로 백신을 맞도록 한 후 백신을 맞았다는 증서가 있어야만 원위치로 복귀할 수 있게 허용해야 한다고 주장하고 나왔습니다. 빌 게이츠는 의학을 공부한 사람이 아닌데도 그들의 언론은 마치 그가 백신분야의 최고전문가인양 그를 떠받치고 나왔습니다. 게이츠와 조지 소로스는 원래 코로나 세균전으로 인류를 백신을 맞도록 의무화하여 지배세력이 개발해 놓은 RF 컴퓨터 칩을 비밀리에 인체에 삽입시키는 계획도 성사시키려 했습니다.

그러나 그들의 그런 계획을 이미 알고 있는 트럼프는 정작 20년이 넘게 그 안전성이 입증된 말라리아 치료제 하이드로클로로퀸으로 사태를 종식시킬 계획으로 이미 생산을 가동해 곧 미국식품의약국을 통해 발표할 준비를 했습니다. 앞에서도 언급했듯이 지배세력의 하수인들은 언론을 통해 그 치료제가 위험하다며 트럼프의 계획을 막기 위해 안간힘을 쓰고 있습니다. 그러나 트럼프는 이미 수많은 미국의 의사들이 그 치료제를 처방하고 있으므로 그들의 주장이 거짓이라는 사실이 드러나도록 그들의 거짓주장을 허용하고 있습니다. 거기다 이미 스탠포드 대학과 남가주 대학은 물론 독일 학계에서 코로나바이러스의 치사율은 일반 독감 수준보다 낮다는 연구 결과로 그들 언론의 주장을 반박하고 있으므로 그들의 거짓이 드러나는 것은 시간문제입니다. 그런데도 그의 코로나 태스크포스의 의료자문인

안토니 파시(Fauci) 박사까지 이미 20년 이상 말라리아 치료제로 사용된 하이드로클로로퀸이 '검증'되지 않아 치료제로 부적절하다는 허황된 주장으로 반대하고 있습니다. 트럼프는 그 역시 지배세력의 하수인이라는 사실을 알면서도 앞에 내세워 국민들에게 드러내고 있는 것입니다.

동시에 트럼프는 세계보건기구 WHO가 2019년 12월에 이미 타이완 정부의 의료기관으로부터 코로나바이러스를 사람이 감염시킬 수 있다는 보고서를 받았음에도 이를 무시하고 박쥐에서 나온 바이러스로 사람이 감염시킬 수 없다고 발표했던 사실에 대한 조사를 지시했습니다. 그 조사가 진행되는 동안 세계보건기구의 예산을 정지시키는 결정을 내리자 그들의 언론과 민주당 정치인들은 물론 독일의 메르켈수상까지 트럼프를 공개적으로 비난하고 나왔습니다. 그러나 이는 지배세력의 도구에 불구한 WHO의 정체를 세계에게 드러내기 위한 조치입니다. WHO는 미국의 질병본부와 함께 트럼프가 중국의 미국 출입을 봉쇄하는 결정을 내렸을 때 트럼프를 비난했을 정도로 그들은 코로나바이러스를 확산시키는 데 공조했던 사실을 국제사회에 드러내려는 것입니다.

또한 트럼프는 이미 지배세력이 바이러스 세균을 창작한 후

중국에 방출시켰다는 정황을 알면서도 군정보부에게 만약 중국 우한에 위치한 시장에서 박쥐를 팔지 않았다는 보고가 사실이라면 어떻게 방출된 것인지 그 세균의 출처를 확실하게 조사할 것을 지시했습니다. 이 역시 조지 소로스를 위시한 중국 안에 지배세력의 하수인 조직들의 정체를 드러내려는 트럼프의 작전입니다. 미국 의사들의 거센 반발 때문에 2014년부터 미국정부가 세균연구를 금지했는데도 미국국립보건원(NIH)의 당시 원장이었던 파시 박사는 2015년 정부보조금 370만 불을 우한 세균실험실에 불법으로 제공했던 사실이 인터넷 매체에서 드러났습니다. 트럼프가 이 역시 조사하라고 지시한 것으로 보아 지배세력이 배후에서 우한 세균실험실을 통해 코로나 바이러스에 대한 연구를 지원해 온 사실도 드러내는 작전을 진행 중인 정황입니다.

트럼프는 국민들과 소통하는 생방송에서 노골적으로 민주당 의원들과 언론이 가짜뉴스로 그에게 코로나사태에 대한 책임을 씌우고 있다고 공격하며 그들이 트럼프가 국가 경제를 다시 재개하려는 것을 방해하는 이유도 트럼프를 재선에서 낙마시키려는 꼼수라고 공격함으로 그들의 언론이 국민들의 건강이난 복지보다 민주당이 정권을 되찾는데 전념하고 있는 사실을 드러냈습니다. 이미 CNN을 비롯한 그들의 언론은 그의 생방송을 아예 보도하지 않고 있어 트럼프의 말대로 그들의 언론은 국가 경제를 파탄시키면서라도 그를 낙마시키려 하고 있음을 국민들에게 드러내는 작전입니다. 거기다 그들의 하수인들인 민주당 주지사들은 오히려 국민들의 이동을 강화하고 경찰력까지 동원하여 트럼프의 경제 재개계획을 방해하고 있어 그들의 정체 역시 국민들에게 드러나고 있습니다. 그렇게 트럼프는 그들의 코로나 세균전을 역으로 그들의 정체를 드러내는 데에도 활용하고 있습니다.

시작된 달러의 붕괴

달러 발권력을 그들의 연준위로부터 탈환하는 것이 목표였던 트럼프는 그렇게 그들이 조작한 바이러스 사태를 이용해 그 목표를 달성했습니다. 트럼프는 이제 달러를 남발하는 대대적인 양적 완화 정책으로 세계적인 경제 붕괴를 막고 그런 붕괴가 가져왔을 세계적인 대공황을 방지하는데 성공했을 뿐 아니라 오히려 경제를 회생시키는 데 성공해 11월에 있을 대선에서 그의 재선은 확정됐습니다. 다만 트럼프는 그들의 의정서가 인류를 (양떼 같은) 가축들을 다루듯이 지배하라고 가르친 전술을 그대로 인용해 세계를 정보전으로 감쪽같이 속이는 병법을 쓴 것입니다. 고로 그들의 교육에 의해 숲을 보지 못하고 나무만 보도록 길들여져 있는 세계는 트럼프의 그런 전술을 가늠하지 못하고 오히려 조작, 연출된 바이러스 사태에 정신이 팔려있어 그가 준비하고 있는 치료제가 공개됨과 동시에 세계경제는 정상을 되찾을 것입니다.

일찍부터 연준위가 은행가들의 카르텔이라는 정체와 세계경제가 이미 그들의 정책에 의해 붕괴 직전에 와있다는 사실을 알며 트럼프를 대선 전부터 지지하던 경제 전문가들마저 트럼프가 벌이고 있는 지배세력과의 정보전쟁을 간파하지 못하고 오히려 그를 비난하고 있는 게 현실입니다. 트럼프가 취임하자부터 시작한 감세정책과 거품을 키워 주가가 오르게 하여 그 주가상승을 그의 업적으로 자처하고 국민들에게 경기가 최고라고 호도하고 나오자 트럼프가 불가피한 붕괴의 책임을 자초하고 있다며 그를 비웃었습니다. 심지어 어떤 전문가들을 그가 지배세력과 한 패라고 속았다고 한탄까지 했습니다. 그런 경제전문가들은 당연히 트럼프가 지배세력이 키워온 거품을 빼는 정책으로 경제를 정상화시켜야 한다는 틀에 박힌 생각을 벗어나지 못하기 때문입니다. 그들은 문제점은 보지만 현실적인 해결책을 제시하지는 못하는 것입니다. 왜냐면 그들은 자신들도 지배세력의 패러다임 속에 살고 있어 전체를 보지 못하고 있다는 사실을 감지하지 못하기 때문입니다.

그 전문가들은 자신들의 생각대로 트럼프가 거품을 빼는 정책을 시도했으면 안 그래도 취약한 경제가 벌써 붕괴했었을 것이라는 사실을 모르고 있습니다. 지배세력도 트럼프가 거품을 빼는 정책을 펼 줄로 믿었다가 그와 정반대되는 정책에 허를 찔렸던 것입니다. 그들의 연준위는 이미 트럼프가 취임할 때부터 경제를 '정상화'시킨 다는 명분으로 시작한 금리인상과 양적축소 정책으로 신용경색을 일으켜 경제를 붕괴시킬 계획을 추진하고 있었습니다. 그래서 트럼프는 처음부터 돈을 마구 창조하는 감세정책을 펼쳐 돈의 양을 늘리며 연준위에게 그들의 금리인상 정책이 경제를 악화시킬 것이라고 공격하고 나왔던 것입니다. 트럼프의 감세정책으로 경제가 좋아지고 있는 것처럼 보이다가 2018년 12월에 그의 말대로 경제가 하락하기 시작하자 붕괴의 책임을 지게 될 위기로 몰린 연준위가 양적축소 정책을 뒤집고 오히려 양적완화를 시작해야 했습니다. 하지만 그들이 이미 진행했던 양적축소 정책의 여파로 리포 시장에서 신용경색 상황이 고조되고 있다가 결국

2019년 9월에 위기로 분출했던 것입니다.

돈의 지식이 없어 위기를 감지하지 못한 금융전문가들

그러나 경제위기를 경고하던 전문가들마저 2019년 9월에 리포시장에서 일어난 신용경색이 지진이 일어나기 전의 미진처럼 세계적인 경제 붕괴의 전초전이었다는 사실을 간파하지 못했습니다. 왜냐면 지배세력이 구축해 놓은 빚으로 창조된 돈의 패러다임 안에 살고 있어 모든 경제가 크레디트, 즉 신용에 의해 돌아가고 있다는 사실을 간파하지 못한 것입니다. 그래서 지배세력에게 돈은 무기인 것이고 그래서 그들이 돈의 비밀을 숨겨 온 것입니다. 그들이 신용으로 연결시켜 놓은 경제구도에서는 한 분야의 신용경색이 경제전체의 마비로 연결되게 제도화 해놓았습니다. 신용이 경색되면 신용을 바탕으로 하는 여신으로 창조된 돈이 순식간에 증발해버린다는 이치를 돈에 대한 지식이 없으면 간파할 수 없기 때문입니다.

금융시장에서 1일 단위의 리포대출이 윤활유 역할을 하듯이 기업들은 30일 단위로 빌리는 기업어음 시장이 있습니다. 그 기업어음을 구매해주는 역할을 헤지펀드와 은행들이 하고 있으므로 만약 리포시장이 마비되면 기업어음 시장 역시 마비되는 것입니다. 우리의 일상 경제도 신용에 의해 돌아가기는 마찬가지입니다. 제조업에서 생산한 제품을 유통기업들이 구매해 도매상과 소매상에 공급해 주는 모든 과정도 신용으로 돌아가고 있습니다. 그러므로 만약 단기 금리 리포시장이 마비될 경우 기업들에게 제공하는 신용이 무너져 제조업체도 현금을 요구할 것이고 유통기업들도 도매업과 매장에 신용으로 제공하던 대금을 현금결제로 요구할 것이므로 매장도 소비자로부터 카드 결제 대신 현금을 요구할 것입니다. 그러면 소비자는 은행으로부터 현금을 인출해야 하고 그러면 은행들의 자산들도 모두 빚(신용)에 불구함으로 전체 예금액의 1%도 안 되는 부분을 현금으로 보유하고 있는 은행들이 제일 먼저 문을 닫게 되는 것입니다. 이미 앞에서 지적했듯이 모든 통화는 신용(크레디트)이라서 전체 통화량에 비해 극소량의 현금밖에 존재하지 않아 신용이 차지하는 돈을 대체하기에는 턱 없이 부족합니다.

다시 말해 우리가 돈으로 믿고 사용하고 있는 통화는 은행계좌에 컴퓨터 키보드로 입력돼 있는 크레디트에 불구한 신용이기 때문에 신용이 붕괴되는 것은 곧 은행들이 여신으로 창조한 돈 이 증발한다는 말로 모든 상거래를 성사시키는데 필요한 돈이 없어지는 것입니다. 현금은 전체 통화에 비해 극소량이다 보니 갑자기 물물교환으로 거래가 이루어져야하기 때문에 경제가 마비되는 사태로 확산되는 것입니다. 그렇게 되면 모든 기업들이 돈이 없어 도산하고 그 여파로 모든 근로자들이 실직됨으로 제조업체가 생산한 제품이 있다한들 소매업체로 배급되지 않아 상점에는 품절현상이 일어나 생필품과 식량난으로 전개되는 것입니다. 결국 전 세계는 지금까지 경험해 보지 못한 현금이 고갈되는 대 공황으로 진입해 식량과 필수품들이 품절되는 식량난으로 번져 대부분의 국민들이 굶어죽는 사태로 전개되면 가족의 생존을 위해 전쟁을 방불케 하는 무법천지로 변할 수밖에 없게 되는 것입니다.

그래서 그들의 의정서에서 그들의 세계정부를 설립하는 방법으로 빚으로 창조된 통화를 그들로부터 빌려 쓰게 하다가 경제를 붕괴시켜 돈을 증발시킨 후 새로운 돈을 출범시켜 돈이 시장에서 사라져 굶어죽게 된 인류에게 공급해주면 자연적으로 그들의 지배하에 들어오게 될 것이라고 가르친 것입니다. 그리고 그들은 세균전으로 인류를 공포로 몰은 상태에서 그들이 개발해 놓을 백신을 자진해서 맞게 만든 후 그들이 이미 준비해 놓은 RF 컴퓨터칩을 삽입시킬 계획이었습니다.

그런 지식이 없기 때문에 그 전문가들은 이번에 트럼프가 리포시장에서 나타났던 신용경색 사태를 바이러스사태를 이용해 가동시킨 양적완화 정책으로 진정시키지 못하였다면 그들이 기획한 바이러스 사태가 불씨로 작용해 세계적인 경제 붕괴로 이어졌을 것이라는 사실을 간파하지 못하고 있습니다. 거기다 그들은 이번 코로나 바이러스 사태가 경제를 붕괴시키기 위해 지배세력이 벌인 세균전이라는 사실은 짐작조차 못하고 있습니다. 오히려 그 전문가들은 이번에 일어난 바이러스 사태가 전혀 예상하지 못했던 블랙 스완(black swan)임으로 트럼프가 처음부터 거품을 빼지 않고 오히려 더 키워놓았던 경제 거품이 터진 것이므로 트럼프의 양적완화 정책으로도 막지 못할 것이라고 전망하고 있습니다.

결국 그런 전문가들은 트럼프가 벌이고 있는 고도의 정보전을 간파하지 못하고 있는 것입니다. 그런 고정된 관념으로는 트럼프가 취임할 당시 세계가 직면하고 있던 세계경제 위기를 막을 재량이 없었습니다. 그래서 트럼프는 하늘이 낸 지도자인 것입니다.

트럼프는 아무래도 터질 수밖에 없는 경제의 거품을 코로나 바이러스 사태를 핑계로 일시적으로 뺏다가 다시 부풀리는 전략으로 지배세력의 패러다임 자체를 역으로 이용했습니다.

그나마 지배세력의 경제 패러다임을 이해한다는 전문가들마저 그들의 패러다임 안에 갇혀 있어 이미 지배세력의 학계와 언론에게 세뇌된지 오랜 국민들을 트럼프가 합리적으로 설득해봤자 소용이 없다는 더 큰 틀을 보지 못했습니다. 그래서 그들은 트럼프가 국민들을 설득해 경제를 정상화시킬 것을 기대했던 것입니다. 트럼프가 국민들에게 경제가 붕괴 직전이라고 설명했으면 마치 영화관에서 불이 났다고 할 경우 놀란 관객들이 한꺼번에 출구로 몰려 사태를 악화시킬 것임으로 오히려 영화스크린에 정신을 팔게 만든 후 불을 진화하는 방법을 쓴 것입니다. 즉 트럼프는 실제 경제위기 대신 코로나 바이러스에 정신을 팔게 만들어 혼란을 조성 했다가 치료제를 제시해 안정을 되찾게 하는 사이에 붕괴직전에 와있던 경제에 필요한 경기 부양책을 코로나 사태를 빙자해 통과시켜 선제적으로 붕괴를 막은 것입니다. 그러다보니 적을 속이기 위해서 아군을 속이듯이 트럼프는 코로나 바이러스가 진짜 재앙인양 세계가 믿도록 연출해야 했습니다.

중국과 러시아가 그들의 달러체제를 대체하는 브릭스 통화체제를 구축하는 바람에 그들의 세계정부 계획은 좌절됐으나 지배세력은 세균전으로 경제를 붕괴시켜서라도 그 책임을 트럼프에게 씌워 그의 재선을 막고 권력을 되찾는 최후의 전투를 벌인 것입니다. 그런데 트럼프는 그들의 세균공격으로 경제를 붕괴시키려던 계획을 경기부양책을 가동시키는 명분으로 활용하고 동시에 국가비상사태를 빙자해 그들의 연준위를 국영화시켜 버리고는 무이자로 창조되는 그들의 달러로 경제를 회생시킨 것입니다.

트럼프가 가동시킨 미국의 재건

트럼프는 코로나사태를 이용해 연준위를 그들로부터 탈환한 후 지금까지 지배세력을 위한 도구였던 연준위를 국민들을 위해 돈을 창조하는 방법으로 그가 원래 공약했던 미국의 쇠퇴된 인프라를 재건하고 멕시코와 캐나다와 새롭게 채결한 USMCA 자유무역협정에 의거해 해외로 나갔던 제조업을 귀환시켜 일자리를 창조하는 작업에 박차를 가할 것입니다. 그는 이미 국가생산법으로 GM자동차회사가 폐쇄했던 공장들을 가동시켜 호흡기를 포함한 의료기구 생산을 가동해 그 지역의 일자리를 창출하였습니다. 거기다 그는 같은 법으로 중국에 나가있는 기업들이 국내로 귀환할 경우 이전비용을 세금에서 공제해줄 뿐 아니라 정부가 보조금을 지급하는 방안을 추진하고 있습니다. 거기다 미국의 도로와 다리, 전기 그리드, 하수구 등등 쇠퇴된 인프라 건설 프로젝트로 국내 경제를 활성화 시킬 준비도 끝났습니다.

지금까지 그들의 은행을 위해서만 사용됐던 경기부양책을 국민들과 기업들에게 제공하는 방법으로 그는 미국의 대기업 보잉사를 시작해 중소기업에게까지 자금을 지원하는 방법으로 그 기업들의 부실채권들을 액면가로 구매해 줌으로 기업들이 도산하지 못하게 조치하고 있습니다. 그렇게 달러를 창조해 신용과잉으로 경제를 선제적으로 구제하고 국민들의 일자리도 보존하는 방안으로 실물경기를 활성화시키는 전략입니다. 그러므로 경기부양책과 양적완화로 급속히 늘어나는 달러의 공급량은 주가와 자산가의 상승으로 나타날 것이고 돈의 원리를 모르는 국민들은 인플레이션으로 돈의 가치가 하락하는 현상인 줄 모르고 자신들의 부가 늘어난 것으로 믿고 소비를 촉진시켜 미국경기가 빠른 속도로 회복할 것입니다.

트럼프의 전략이 성공할 수밖에 없는 이유

지금도 일부의 경제전문가들은 트럼프의 달러 남발로 경제를 회생시키는 정책은 하이퍼인플레이션을 유발해 실패할 것이라고 전망하고 있습니다. 그러나 트럼프가 시작한 국채는 물론이고 기업 채권과 ETF를 구매하는 대대적인 양적완화 정책이 하이퍼인플레이션으로 진행된다는 전문가들의 이론이 실물경제에 직결하지 않는다는 사실이 이미 일본경제사례로 확인됐습니다. 앞에서도 언급했듯이 일본은 1991년 증시붕괴 후 정부가 지난 30여 년간 진행한 양적완화로 정부가 일본국채의 50%를 구매하고 대부분의 ETF를 구매해 왔습니다. 그 결과 일본정부의 부채가 일본 GDP의 두 배가 넘는 240%로 미국 부채비율의 두 배가 넘는데도 아직 전문가들이 예고하는 하이퍼인플레이션이 일본에서 발생하지 않았습니다.

그 이유는 지난 10여 년 동안 세계적으로 진행된 양적완화 정책이 그들의 은행들과 기업들에게 제공돼 실물경제가 아닌 금융자산가의 상승으로 이어졌기 때문입니다. 일본의 경우 거품에 의한 자산가의 상승마저도 경기침체로 지속적으로 빠지고 있는 거품을 지탱하느라 도쿄증시는 지금까지도 1991년 최고치에 못 미치고 있습니다. 그 결과 일본을 포함한 세계는 자산가만 상승하는 부의 양극화 현상을 초래해 경기 활성화 효과는 없었습니다. 그래서 국내 GDP의 70%이상이 소비로 형성된 미국에서 트럼프는 양적완화로 창조하는 돈을 국민들에게 직접 제공해주어 소비를 촉진시켜 실물경제를 활성화시키려는 것입니다.

트럼프의 비평가들은 그의 양적완화 정책이 지배세력의 은행들과 기업들에게 제공되고 있다며 그의 목적은 결국 지배세력의 은행들과 기업들을 구제하는 것이라고 비난하고 있습니다. 그러나 앞에서도 지적했듯이 트럼프의 정책은 국민들을 보호하기 위해서는 기업들의 도산을 막아서 경제붕괴를 방지하고 국민들의 일자리를 지키기 위한 필요에 의한 것입니다. 트럼프의 의도는 기업들을 구제해 줌과 동시에 새롭게 창조되는 달러로 쇠퇴된 미국의 기반시설들을 건설하여 일자리를 창출하고 외국으로 나간 제조업을 귀환시켜 국민들의 소득을 늘려 실물경제를 활성화시키는 것입니다.

트럼프는 이미 통화량을 대거로 늘린다고 곧바로 하이퍼인플레이션으로 진행되지 않는다는 점을 감안하고 있습니다. 왜냐면 하이퍼인플레이션이 일어나기 위해서는 돈의 통화유통속도(Money Velocity)가 급속히 늘어야 하기 때문입니다. 경기가 악화되면 소비심리가 위축돼 오히려 소득으로 빚을 줄이든지 미래를 위해 비축 하는 바람에 통화유통속도가 떨어지기 때문입니다. 다시 일자리가 창출되고 국민소득이 늘어나 돈을 소비하기 시작해야만 통화유통속도가 늘어나 물가상승으로 나타나기 시작하기 때문에 그러기 위해서는 그가 계획하는 경제 활성화 정책의 효과가 나타나기 시작해야 합니다. 그러므로 트럼프는 무이자로 창조하는 달러로 인프라를 재건하고 새로운 일자리가 창출될 때까지 시간이 걸릴 것을 계산에 넣은 것으로 그 전에 달러를 적극 활용하려는 것으로 보입니다. 그리고 하이퍼인플레이션이 나타날 시기에는 미국 경제가 활성화 될 때인 터라 그 때 그가 계획하고 있는 달러의 금 대비 평가절하로 인플레이션을 제어할 것으로 추정됩니다.

그렇다 하더라도 급격한 통화량의 증가가 인플레이션으로 이어질 것은 당연하지만 더 가파르게 상승할 자산가 때문에 자신들의 부가 늘어난다고 믿고 소비를 늘리는 효과로 작용할 것입니다. 이미 세계는 1971년 닉슨 쇼크의 여파로 약 10년간 인플레이션을 경험해 보았던 경험이 있습니다. 더구나 돈의 비밀을 모르는 세계는 아직도 미국의 달러가 가장 안전자산이라고 믿고 있으므로 트럼프의 정책으로 미국 증시가 오르면 외국 자금도 미국으로 몰릴 것은 물론이고 낮은 금리 때문에 수익을 주식으로 대체해야하는 연금을 관리하는 기관투자자들도 미국 증권시장으로 몰릴 것입니다. 또한 달러대출을 상환해야하는 많은 개발 도상국들에게는 아직도 달러의 수요가 많아 그 국가들의 통화에 비해 달러의 가치가 상승할 것입니다. 달러에 의해 그 가치가 산정되는 세계 국가들의 중앙은행들이 동시다발적으로 통화량을 늘릴 것이므로 당분간 미국에서 일어날 인플레이션은 외국에서도 같이 일어남으로 세계가 체감하는 인플레이션은 생각보다 서서히 진행될 것입니다.

그래서 트럼프의 전략이 신의 한 수인 것입니다. 만약 증시폭락의 원인이 리포시장에서 분출한 유동성 위기 때문이었다는 진실을 세계가 알았다면 연준위와 정부의 통화정책을 불신해 트럼프의 부양책은 실패했을 것입니다. 그러나 트럼프는 오히려 국민들에게 미국경제는 최고였는데 예상하지 못한 코로나 바이러스 때문에 경제가 붕괴한 것처럼 믿도록 연출했기 때문에 그 두려움만 해소되면 국민들은 자신들의 과대반응 때문에 경제가 무너질 위기에 처한 것을 트럼프의 긴급조치로 회생됐다고 믿고 다시 정상적인 경제 활동으로 돌아갈 것입니다.

금의 변수

트럼프의 대대적인 양적완화정책 발표가 있자마자 선물시장 뉴욕 코멕스에서 금과 은값이 폭락했습니다. 증권시장에서 주식을 구매할 때 전체가격을 지급하지 않고 일정부분(Margin)만 내고 나머지는 담보대출로 구매하기 때문에 주가가 폭락할 때 주식 담보 가치가 줄어 모자라는 부분을 현금으로 충당하라는 '마진콜'이 유발됩니다. 그럴 때 현금화하기 가장 쉬운 금과 은을 팔기 때문에 금과 은 매물이 급증해 값이 잠시 떨어지는 자연적인 현상입니다. 증시가 폭락하자 그 틈을 타 최근 금 과 은값이 상승하는 바람에 값을 억제하기 위해 그들의 은행들이 쏟아냈던 대량의 금과 은 공매도를 처분하기 위해 코멕스를 통제하는 제이 피 모건을 위시한 은행들은 값을 더 조작해 금과 은 값을 폭락시켜 은의 경우 코멕스 선물시장에서 온스 당 18불 하던 것을 12불까지 터무니없이 떨어트렸습니다.

그런데 그렇게 큰 폭으로 폭락시킬 만큼 많은 양의 금과 은 매물이 쏟아져 나왔다면 남아돌아야 할 금과 은의 제고가 바닥이 나 금과 은 딜러들 사이에 품절 현상이 일어났습니다. 그러자 미국에서는 코멕스 선물시장에서 제시하는 은 가격보다 두 배 가까운 가격에 실거래가 일어나는 사태가 발생했습니다. 또한 제 2차 대전 동안에도 문을 닫은 적이 없는 스위스의 금 제정업체들이 모두 이례적으로 코로나 바이러스를 핑계로 문을 닫고, 금과 은 을 생산하는 광산들이 생산을 중단해 미국, 영국 및 캐나다의 금과 은 조폐국 역시 폐쇄했습니다. 거기다 코멕스 선물시장과 ETF 증권시장에서 선물계약과 금증권 대신 실물 금을 요구하는 사태가 발생했습니다.

앞에서도 지적했듯이 미국 선물계약이나 금ETF는 언제든지 요구하면 금으로 배달해 준다는 약속, 즉 신용에 불구합니다. 마치 달러 통화 공급량에 비해 실제 현금은 없어도 되듯이 종이로 된 금과 은 증서인 ETF와 선물계약 역시 실제 금과 은이 없이 거래되기 때문에 실물 금이나 은을 요구할 경우 달러로 대신 지급해 왔습니다. 그런데 코로나사태로 실물 금을 요구하는 양이 급등하는 바람에 코멕스에 실물 금과 은이 없다는 정황이 드러날 위기에 처한 것입니다. 급한 대로 코로나 사태때문에 런던 금거래소

(LBMA)에서 비행기 수송이 중단돼 지연됐다는 변명을 하고 있으나 원래 코멕스 선물거래소는 자사가 판매자들의 금과 은을 위탁받고 있어 배달할 수 있는 것처럼 행세해 왔습니다. 거기다 런던금거래소(LBMA)가 보관하고 있다는 금은 세계중앙은행들이 위탁해 놓은 금이라서 런던금거래소가 ETF용도로 보관하고 있는 금은 전체 보관량의 1/10도 안됩니다. 그것마저도 보관된 금의 수십에서 수백 배에 이르는 ETF증권을 위해 배정돼 있기 때문에 코멕스가 배달해야 하는 금과 은의 양을 충당할 여력이 없습니다. 고로 코멕스와 런던금거래소가 그동안 종이 증서를 이용해 벌여온 폰지 사기극이 드러날 형국입니다.

만약 코멕스가 현 사태를 수습하지 못하면 그들의 은행들에 의해 임의적으로 조작된 가격과 실거래 가격의 격차 때문에 코멕스와 런던 금거래소가 가격을 신뢰하지 않게 될 것입니다. 그렇다면 중국 상해를 비롯한 실물 금과 은이 거래되고 있는 세계 곳곳에서 시시각각 가격을 정하게 돼 실제 가격에 거래될 것임으로 그동안 지배세력에 의해 억제됐던 금과 은 가격이 순식간애 폭등할 수 있습니다. 그러므로 금과 은을 생산하는 광산업체들이 갑자기 생산을 중단한 이유도 현재 코멕스가 제시하는 가격이 실제 가격을 반영하지 않아서 일어난 현상일 가능성을 시사하고 있습니다. 이미 선물시장에서 성사된 거래인데 광산에서 생산돼야 배달할 수 있다는 핑계는 신빙성이 없기 때문에 코멕스가 배달사고에 원인으로 제시한 코로나 사태로 인한 운반문제를 조만간 해소시킬 수 있을 지는 미지수입니다. 이미 양적완화가 달러의 구매력을 희생시킨다는 사실을 아는 투자자들이 금으로 몰리고 있어 그들의 폰지 사기극이 드러나는 것은 이제 시간문제입니다.

달러의 금 대비 평가절하를 통한 미국의 부채 조정

미국이 가동시킨 돈을 마구 창조해 경기를 활성화시키는 통화 정책이 오래 지속될 수 없다는 사실은 트럼프 자신도 잘 알고 있습니다. 돈의 비밀을 모르는 인류는 인플레이션이 돈의 구매력을 희석시키는 것이라는 정황을 알지 못하지만 돈에 민감한 원자재와 상품을 수출하는 국가들은 감지하기 때문입니다. 특히 그동안 브릭스 연합체제로 미국의 달러를 우회하며 자국의 통화로 직거래를 해 온 국가들의 수가 더 늘어날 것이고 달러를 거부하는 사례가 늘어날 수 있습니다. 그러므로 달러로 무역결제를 거부하는 사태를 방지하기 위해 국제무역 결제는 (이미 브릭스연합 체제에서 부분적으로 실행되고 있는) 금으로 보장하는 어음이 대체하게 될 가능성이 매우 높습니다.

중국이 위안으로 거래되는 상해 에너지 국제 거래소를 개장한 2018년부터 러시아가 자국의 중앙은행의 분점을 중국에 개설한 정황이 이미 금을 결제수단으로 상용하고 있음을 시사합니다. 그러므로 무역거래에 대금을 달러로 지불하되 금값에 고정시킬 가능성이 높습니다. 또한 그런 식으로 금으로 거래하기 위해서는 금값이 현재 그들에 의해 억제된 가격이 아닌 실 가격을 회복해야 하기 때문에 지배세력의 코멕스와 런던 금거래소가 가격을 정하는 불법행위를 차단시킬 가능성이 높습니다. 결국1944년 브래튼우즈협정 같은 세계통화협정이 G20를 중심으로 곧 개최되던지 이미 진행 중일 수도 있는 이유입니다.

금값의 상승은 트럼프가 미국의 도저히 갚을 수 없는 빚을 조정하는 계획에도 계산돼 있습니다. 그는 이미 빚을 조정하는 수단으로 달러를 금 대비 평가 절하시킬 준비를 해 왔습니다. 1933년 프랭클린 루스벨트 대통령이 국민들의 금을 몰수한 후 달러를 금 대비 평가 절하시킨 것과 유사합니다. 트럼프는 미국의 국제 위신 때문에 아르헨티나 같은 국가들처럼 국채에 대한 의무를 디폴트(불이행) 할 수 없기 때문에 새롭게 (가격이 상승된) 금으로 보장되는 달러를 발행하여 금 대비 평가 절하된 연준위의 달러를 교체하는 방법으로 부채를 조정할 계획입니다. 이는 원래 미국의 창시자들이 만든 헌법에 돈을 창조하는 권한을 국회에 부여했던 대로 마침내 정부가 회수하는 것이고 미국헌법은 이미 국회가 금과 은의 가치를 산정하도록 규정함으로 금과 은이 돈의 역할을 하도록 정해놓은 대로 원상 복귀하는 것입니다. 1944년부터 달러에 의해 그 가치가 산정돼온 세계 통화 모두 같은 식으로 금 대비 재평가됨으로 지배세력이 그들의 세계정부를 설립하기 위해 고의로 국가들에게 씌워놓은 빚의 부담을 덜게 돼 모든 국가들도 다시 자국의 경쟁력을 회복할 것입니다.

그러나 기존의 달러부채가 새롭게 발행하는 달러에 비해 평가 절하되는 것이므로 돈의 원리를 모르는 세계는 부채가 삭감됐다는 사실을 감지하지 못해 새로운 경제체제로 자연스럽게 이행될 것입니다. 그동안 중국과 러시아가 트럼프와 협력해 온 보람이 있게 지배세력이 계획했던 세계적 혼란을 야기할 위기에 있던 세계

경제를 정돈된 세계화폐개혁으로 연착륙 시켜 새로운 체제로 전환 될 것입니다. 미국은 정부가 돈을 직접 창조하기 위해 정부에 임시로 편입시켰던 연준위를 해체하고 재무부가 직접 돈을 창조할 것이고 같은 식으로 유럽중앙은행(ECB)도 해체돼 모든 국가들이 자국의 통화를 직접 발행하게 될 것이므로 지배세력은 그들의 지배를 가능하게 했던 돈의 발권력을 빼앗겨 무장해제 되는 결과를 초래할 것입니다. 그 뿐 아니라 그들의 사악한 정체가 드러나 세계 모든 국가 안에 숨어있는 그들의 하수인들과 함께 처벌될 뿐 아니라 그들이 그동안 축적해 놓은 재산도 몰수당할 것입니다.

불가피한 세계적인 구조조정의 과도기

통화의 금 대비 평가 절하는 결국 그동안 빚으로 부풀려져 부가 늘어난 것으로 착시 현상을 유발했던 모든 자산가의 거품이 서서히 제거됨으로 거품에 불과했던 부의 가치가 원 위치로 돌아가는 것입니다. 부채가 금 대비 상대적으로 줄어들듯이 그 부채에 해당되는 채권의 가치가 그만큼 줄어들기 때문에 부가 삭감되는 결과입니다. 즉 채무자의 부채가 금 대비 하향 조정되는 만큼 그 부채를 소유한 채권자의 부가 금 대비 하향 조정되기 때문입니다. 예를 들어 금값이 두 배로 오를 경우 상승된 금값에 의거해 발행되는 달러는 예전 달러보다 두 배의 구매력을 가지게 됨으로 예전의 달러는 새로 발행된 달러의 절반으로 그 가치가 하향조정 되는 것입니다. 마찬가지로 예전 달러로 100불 하던 주식은 이제 새로운 달러로 50불로 하향조정 되는 것입니다. 이 역시 서서히 진행될 경우 돈의 이치를 모르는 대부분의 인류는 새로운 화폐로 교환되는 정도로 믿게 됨으로 자신들의 부의 가치가 조정됐음을 감지하지 못하게 진행될 수 있습니다.

그 대신 그동안 빚에 의존하여 벌써 구조 조정을 했어야 할 기업들은 정리되고 그동안 부의 양극화의 일환으로 부풀려졌던 자산가의 하락으로 경제가 재정비 됨으로 세계 모든 기업들이 구조조정을 하는 동안 인류는 이에 적응하는 과도기를 거쳐야 합니다. 그 동안 그들이 키워놓은 거품이 한거번에 빠져 자산가가 폭락하는 대신 자산가는 유지되지만 그 가치가 하락하는 방법으로 거품을 서서히 제거하는 절차입니다. 부실기업들이 도산해 실업자들이 증가하는 대신 경쟁력 있는 기업들은 급속도로 성장해 더 나은 일자리를 창출할 것임으로 수요와 공급을 바탕으로 하는 건전한 시장경제체제로 귀환하는 것입니다.

그래야만 부실기업들은 정리되고 경쟁력 있는 기업들이 성장하는 시장경제 기능을 회복하기 때문입니다. 거품에 의해 올랐던 자산가가 원래 가치를 되찾고 부의 양극화 현상이 소멸돼 임금 역시 원래 가치를 회복하여 더 공정한 경제체제로 전환될 것입니다. 다만 그 과정이 슬로 모션으로 서서히 진행되는 것 뿐입니다. 그러므로 혼란 속에서 진행됐을 리셋이 서서히 진행돼 리셋에 적응하는 시간적인 여유가 있다는 차이이지 변화의 과도기 자체를 피할 수는 없습니다. 즉 트럼프는 세계적인 혼란을 야기했을 세계경제의 붕괴를 연착륙시키는데는 성공했지만 허상에 불구했던 거품경제에서 지상으로 내려와 정상을 되찾는 데 필수인 그동안의 거품을 제거하는 진통을 겪어야하는 수순은 남아 있는 것입니다.

그러나 그 진통은 마치 마약중독자가 마약을 극복하기 위해 겪어야 하는 과도기처럼 세계경제를 더 건전하게 만드는 과도기가 될 것입니다. 궁극적으로 그 동안 돈을 무기로 부를 갈취해온 그들과 그들의 기업들만을 위한 경제체제 대신 개개인은 물론이고 각 국가가 투자한 만큼 수확을 거두는 더 공평한 경제체제로 돌입할 것입니다.

미국의 경우 그동안 빚으로 경상적자를 충당해 오던 기축통화의 혜택을 상실할 것입니다. 앞으로의 경상적자는 금의 유출로 연결되기 때문에 수출로 벌어들인 외화 한도 내에서 수입해야 함으로 그동안 빚으로 유지됐던 생활수준이 예전에 비해 저하 될 수밖에 없습니다. 아직 많은 자원을 보유하고 있는 미국은 그러므로 국내에서 제조해서 자급자족할 수 있는 구도를 회복하는 과도기 동안 생활수준의 저하를 고수해야 합니다. 또한 그동안 지배세력에 의해 쇠퇴된 제조업의 경쟁력을 회복하기 위해서 분야별로 관세를 부과하는 보호무역 정책 때문에도 물가 상승이 불가피할 것임으로 국가의 경쟁력을 회복하기 위한 고통의 과도기를 겪어야만합니다. 그 대신 제조업 일자리가 늘어나 국민들의 소득도 늘어날 것이므로 국가 경쟁력을 생각보다 빠른 속도로 회복하게 될 것입니다.

트럼프는 그의 2017년 1월 취임사에서 (지배세력이 세계로부터 숨겨온) 새로운 첨단기술을 공개하겠다고 선언함과 동시에 그동안 (지배세력이 통제해 온) 미국 특허청이 국가안보를 빙자해 불허했던 천 건이 넘는 특허를 개방할 것을 대통령 명으로 지시했습니다. 그 중에는 지배세력이 억제해 온 자유에너지 기술, 암을 치유할 수 있는 의학 기술, 반중력 (anti gravity)을 이용한 항공기술 등이 포함돼 있어 트럼프는 이를 이용해 미국의 제조업을 활성화시키는 계획을 준비해 왔습니다. 그러므로 미국의 재건 속도가 생각보다 빠를 뿐 아니라 세계의 생활수준이 한 단계 업그레이드되는 변화를 예고하고 있습니다. 거기다 돈의 가치가 금에 고정된다는 말은 더 이상 돈의 가치가 임의로 변동하지 않아 돈을 약탈도구로 사용해 온 지배세력으로부터 해방돼 노력한 만큼 부를 보존할 수 있는 공평한 사회로 진입할 것을 예고합니다.

임박한 세계화폐개혁에 대비해야 할 시기

우리는 공기와 물처럼 당연하게 사용하고 있는 돈에 대한 지식이 없어 돈이 인류를 숨어서 지배해 온 사악한 소수집단의 무기라는 사실을 모르고 살아왔습니다. 비밀리에 사탄 루시퍼를 숭배하는 그들은 미국 달러의 발권력을 독점한 후 그들이 아무비용도 안들이고 임의로 창조하는 돈으로 인류를 그들이 구축해 놓은 패러다임 속에 가두어 놓고 전 인류를 그들의 언론과 학계가 조작한 거짓정보로 정신적으로 지배해 왔습니다. 그들은 부와 명예에 메마른 자들을 돈으로 매수해 그들의 하수인으로 등용해 정계, 재계, 언론계, 학계, 법조계, 종교계, 연예계 뿐 아니라 심지어 지하조직까지 통제하며 인류를 숨어서 지배해 왔습니다. 대한민국도 예외가 아닙니다.

천만 다행스럽게도 그들의 지배를 받는 수모를 겪으며 그들의 정체를 파악한 중국과 러시아가 주도한 그들과의 보이지 않는 전쟁으렵 그들이 막다른 골목으로 몰리게 됐을 때 그들의 거점인 미국 안에서 트럼프가 주도하는 군부에게 정권을 빼앗겼습니다. 그들은 그들의 언론을 이용한 정보전으로 트럼프를 탄핵시키려고 했으나 이 역시 실패했고 최후의 전투로 인류를 상대로 세균전을 벌여 이미 붕괴 직전에 있던 세계경제를 붕괴시키려 했습니다. 그런데 거꾸로 트럼프는 그들의 세균전을 이용해 그들의 무기인 달러 발권력을 쟁탈해 그들의 달러를 이용한 경기 부양책으로 세계경제의 붕괴를 막고 무이자로 발행한 달러를 기업들과 국민들에게 공급해 줌으로 도산 직전에 있던 경제를 소생시켜 세계경제를 극적으로 연착륙시키는데 성공했습니다. 이제 트럼프는 미국의 도저히 갚을 수 없는 부채를 달러의 평가절하로 조정하는 절차만 남겨두고 있으며 그 전에 무이자로 창조하는 그들의 돈으로 미국을 재건시키는 계획을 가동했습니다.

그러므로 조만간 정부의 신용을 바탕으로 빚으로 창조되던 달러가 원래 돈인 금을 바탕으로 하는 통화로 교체될 것이고 그 과정은 이미 시작됐습니다. 달러의 평가 절하는 달러에 의해 그 가치가 산정되는 세계 모든 통화의 평가절하로 이어질 수밖에 없으므로 우리의 돈인 원화의 평가 절하도 불가피합니다. 그러므로 미국과 마찬가지로 우리 정부는 아무래도 하양 조정될 국채를 발행해 기업들과 국민들에게 넉넉히 공급해 주어 국내 기업들의 도산을 막는 방법으로 국내경제를 연착륙시켜 불가피한 세계화폐개혁이 가져올 과도기 동안 우리가 겪어야 할 진통을 최소화시켜야 합니다. 문제는 촛불혁명으로 정권을 빼앗긴 후 이를 되찾는데 혈안이 된 기득권 정치세력은 대한민국의 대차 대조표가 GDP 대비 부채비율 40%로 미국의 110%와 일본의 240%에 비해 월등하게 건전한데도 국가부채를 논하며 시급한 정부의 경기부양 정책을 방해하고 있습니다. 돈에 대해 무지해 엄청난 변화가 눈앞에 다가왔다는 사실을 짐작조차하지 못하는 주제에 자신들의 권력에 눈이 먼 그들은 경제를 붕괴시켜 그 책임을 현 정권에게 씌워서라도 정권을 되찾겠다는 역적행위를 감행하고 있습니다. 지배세력의 하수인들로 형성된 대한민국 안의 언론과 검찰을 포함한 기득권 세력으로 자신들의 부정부패가 드러날 것이 두렵기 때문입니다.

무엇보다 중국과 러시아가 그동안 금과 은을 축적해 왔듯이 우리도 더 늦기 전에 빚에 불구한 달러와 달러에 의해 가치가 산정되는 금융자산을 정리, 처분해 진정한 돈인 금과 은을 비축하는데 활용해야 합니다. 우리는 지배세력에게 속아 우리 국민들이 보유하던 진짜 돈인 금 227톤을 외환위기 때 그들에게 갖다 바쳤습니다. 거기다 중국이 일찍부터 국민들이 금과 은을 구입할 것을 권장하고 있을 당시 지배세력의 통제를 받아온 대한민국 정부는 오히려 부가세를 도입해 금과 은의 구입을 저지시켰습니다. 미국의 트럼프가 무기한, 무제한 양적완화로 국채와 기업채권을 구입하고 있는 상황을 적극 활용하여 대한민국 정부는 물론이고 은행들과 기업들이 보유하고 있는 미국 국채와 기업채권을 가능한 한 처분하여 금으로 바꾸어 놓는 현명함이 요구됩니다.

우리는 지금 격변의 시기에 살고 있다는 현실에 눈을 뜨고 그들이 임의로 분단시켜놓은 우리민족의 통일을 성사시켜 트럼프가 준비하고 있는 새로운 세계 경제 질서에 준비해야 합니다. 우리는 불행히도 우리민족의 5천년 역사동안 들어보지도 못한 이념인 공산주위와 민주주의를 빙자해 서로를 적으로 믿도록 지배세력에 의해 세뇌돼 비극 속에 살아왔습니다. 그 뿐 아니라 지배세력의 하수인들에 불과한 대한민국 정치인들, 학자들과 언론의 남북통일이 불가능하다는 선전에 속고 살아왔습니다. 북한은 그동안 세계지배세력을 저항하며 6조에서 10조 달러로 추정되는 엄청난 자연자원을 지배세력의 달러를 이용한 약탈로부터 지켰습니다. 거기다 한반도는 미국이 중동전쟁으로 8조 달러를 전쟁비용으로 낭비하는 동안 약 6조 달러를 넘게 들여 개척해 놓은 유라시아시장을 세계 제3의 경제국인 일본과 연결시키는 통로가 될 것임으로 트럼프 대통령도 공식석상에서 인정하듯 남한의 세계최고 기술력과 북한의 잠재된 노동력과 자연자원으로 통일된 한국은 세계가 인정하는 경제유력국가로 거듭나게 될 것입니다.

그러므로 독자들께서도 더 늦기 전에 그동안 지배세력이 숨겨온 진정한 돈인 금과 은을 비축해 임박한 세계화폐개혁에 대비해야 합니다. 특히 자금력이 부족한 독자들께는 그들의 오랜 조작덕분에 금에 비해 그 값이 엄청 저렴한 실물 은을 비축할 것을 적극 추천해 드립니다. 지배세력이 중국에 아편을 수출할 당시 금과 은값의 비율은 그 당시 채굴 비율을 반영한 1대 16이었습니다. 그러나 지배세력은 일찍부터 금을 유일한 통화금속으로 만들기 위해 은을 산업용으로 소비하게 만들어 지금 지구에 존재하는 은은 금보다 훨씬 더 적습니다. 거기다 그들의 지속된 조작으로 채굴비율이 1대 9인 현재 금 대비 은 가격은 1대 110이 넘습니다. 스마트폰, 태양광, 전기 자동차 등의 최첨단 제품들의 제조에 없어서는 안 되는 활용도가 다양한 은의 금 대비 가격이 1대 1이 되는 것도 가능하므로 소액의 자금으로라도 은을 비축해 임박한 화폐 개혁에 대비하실 것을 권해드리며 제가 개인적으로 터득한 돈의 비밀을 전하는 글을 마치겠습니다.

색인 (Index)

번호

로마자

A

B

C

D

E

F

G

I

L

M

N

S

U

W

한국어

ㄱ